21世纪交通版高等学校试用教材

Feasibility Study for Highway Projects

公路建设项目可行性研究

过秀成　主编
杨文银　主审

人民交通出版社

内 容 提 要

本书根据工程实践经验，吸收借鉴了最新的规范和标准，系统地介绍了公路建设项目工程可行性研究的主要概念和相关背景知识、可行性研究工作的前期准备及综合调查、区域社会经济分析、交通需求分析及预测的主要理论及方法，并介绍了如何分析公路建设项目的建设条件、技术标准确定的方法、公路选线的基本原则和方法，以及工程概略设计的相关知识。本书还对公路建设项目的投资估算编制、国民经济评价、财务评价等内容做了详细介绍，最后介绍了不确定性分析、环境影响评价、节能评价和工可阶段安全评价的主要方法。

本书可作为交通工程、交通运输等高年级本科生专业教材，也可供土木工程、道路桥梁与渡河工程等专业师生及相关技术人员参考使用。

图书在版编目(CIP)数据

公路建设项目可行性研究/过秀成主编. —北京:人民交通出版社,2007.11

ISBN 978-7-114-06848-5

I. 公… II. 过… III. 道路工程—基本建设项目—可行性研究 IV. F540.3

中国版本图书馆 CIP 数据核字(2007)第 148457 号

书　　名：21世纪交通版高等学校试用教材
公路建设项目可行性研究
著 作 者：过秀成
责任编辑：沈鸿雁　刘永超
出版发行：人民交通出版社
地　　址：(100011)北京市朝阳区安定门外外馆斜街3号
网　　址：http://www.ccpress.com.cn
销售电话：(010)59757973
总 经 销：人民交通出版社发行部
经　　销：各地新华书店
印　　刷：北京盈盛恒通印刷有限公司
开　　本：787×1092　1/16
印　　张：15.75
字　　数：395 千
版　　次：2007 年 11 月 第 1 版
印　　次：2018 年 2 月 第 4 次印刷
书　　号：ISBN 978-7-114-06848-5
印　　数：5001-6000册
定　　价：27.00元

21世纪交通版
高等学校教材(公路与交通工程)编审委员会

总　序

当今世界,科学技术突飞猛进,全球经济一体化趋势进一步加强,科技对于经济增长的作用日益显著,教育在国家经济与社会发展中所处的地位日益重要。进入新世纪,面对国际国内经济与社会发展所出现的新特点,我国的高等教育迎来了良好的发展机遇,同时也面临着巨大的挑战,高等教育的发展处在一个前所未有的重要时期。其一,加入WTO,中国经济已融入到世界经济发展的进程之中,国家间的竞争更趋激烈,竞争的焦点已更多地体现在高素质人才的竞争上,因此,高等教育所面临的是全球化条件下的综合竞争。其二,我国正处在由计划经济向社会主义市场经济过渡的重要历史时期,这一时期,我国经济结构调整将进一步深化,对外开放将进一步扩大,改革与实践必将提出许多过去不曾遇到的新问题,高等教育面临加速改革以适应国民经济进一步发展的需要。面对这样的形势与要求,党中央国务院提出扩大高等教育规模,着力提高高等教育的水平与质量。这是为中华民族自立于世界民族之林而采取的极其重大的战略步骤,同时,也是为国家未来的发展提供基础性的保证。

为适应高等教育改革与发展的需要,早在1998年7月,教育部就对高等学校本科专业目录进行了第四次全面修订。在新的专业目录中,土木工程专业扩大了涵盖面,原先的公路与城市道路工程,桥梁工程,隧道与地下工程等专业均纳入土木工程专业。本科专业目录的调整是为满足培养"宽口径"复合型人才的要求,对原有相关专业本科教学产生了积极的影响。这一调整是着眼于培养21世纪社会主义现代化建设人才的需要而进行的,面对新的变化,要求我们对人才的培养规格、培养模式、课程体系和内容都应作出适时调整,以适应要求。

根据形势的变化与高等教育所提出的新的要求,同时,也考虑到近些年来公路交通大发展所引发的需求,人民交通出版社通过对"八五"、"九五"期间的路桥及交通工程专业高校教材体系的分析,提出了组织编写一套21世纪的具有鲜明交通特色的高等学校教材的设想。这一设想,得到了原路桥教学指导委员会几乎所有成员学校的广泛响应与支持。2000年6月,由人民交通出版社发起组织全国面向交通办学的12所高校的专家学者组成21世纪交通版高等学校教材(公路类)编审委员会,并召开第一次会议,会议决定着手组织编写土木工程专业具有交通特色的**道路专业方向、桥梁专业方向以及交通工程专业**教材。会议经过充分研讨,确定了包括**基本知识技能培养层次、知识技能拓宽与提高层次**以及**教学辅助层次**在内的约130种教材,范围涵盖**本科**与**研究生用**教材。会后,人民交通出版社开始了细致的教材编写组织工作,经过自由申报及专家推荐的方式,近20所高校的百余名教授承担约130种教材的主编工作。2001年6月,教材编委会召开第二次会议,全面审定了各门教材主编院校提交的教学大纲,之后,编写工作全面展开。

21世纪交通版高等学校教材编写工作是在本科专业目录调整及交通大发展的背景下展开的。教材编写的基本思路是:(1)顺应高等教育改革的形势,专业基础课教学内容实现与土木工程专业打通,同时保留原专业的主干课程,既顺应向土木工程专业过渡的需要,又保持服务公路交通的特色,适应宽口径复合型人才培养的需要。(2)注重学生基本素质、基本能力的培养,为学生知识、能力、素质的综合协调发展创造条件。基于这样的考虑,将教材区分为二个主层次与一个辅助层次,即基本知识技能培养层次与知识技能拓宽与提高层次,辅助层次为教学参考用书。工作的着力点放在基本知识技能培养层次教材的编写上。(3)目前,中国的经济发展存在地区间的不平衡,各高校之间的发展也不平衡,因此,教材的编写要充分考虑各校人才培养规格及教学需求多样性的要求,尽可能为各校教学的开展提供一个多层次、系统而全面的教材供给平台。(4)教材的编写在总结"八五"、"九五"工作经验的基础上,注意体现原创性内容,把握好技术发展与教学需要的关系,努力体现教育面向现代化、面向世界、面向未来的要求,着力提高学生的创新思维能力,使所编教材达到先进性与实用性兼备。(5)配合现代化教学手段的发展,积极配套相应的教学辅件,便利教学。

教材建设是教学改革的重要环节之一,全面做好教材建设工作,是提高教学质量的重要保证。本套教材是由人民交通出版社组织,由原全国高等学校路桥与交通工程教学指导委员会成员学校相互协作编写的一套具有交通出版社品牌的教材,教材力求反映交通科技发展的先进水平,力求符合高等教育的基本规律。各门教材的主编均通过自由申报与专家推荐相结合的方式确定,他们都是各校相关学科的骨干,在长期的教学与科研实践中积累了丰富的经验。由他们担纲主编,能够充分体现教材的先进性与实用性。本套教材预计在二年内完全出齐,随后,将根据情况的变化而适时更新。相信这批教材的出版,对于土木工程框架下道路工程、桥梁工程专业方向与交通工程专业教材的建设将起到有力的促进作用,同时,也使各校在教材选用方面具有更大的空间。需要指出的是,该批教材中研究生教材占有较大比例,研究生教材多具有较高的理论水平,因此,该套教材不仅对在校学生,同时对于在职学习人员及工程技术人员也具有很好的参考价值。

21世纪初叶,是我国社会经济发展的重要时期,同时也是我国公路交通从紧张和制约状况实现全面改善的关键时期,公路基础设施的建设仍是今后一项重要而艰巨的任务,希望通过各相关院校及所有参编人员的共同努力,尽快使全套21世纪交通版高等学校教材(公路类)尽早面世,为我国交通事业的发展做出贡献。

21世纪交通版

高等学校教材(公路类)编审委员会

人民交通出版社

2001年12月

前　　言

公路建设项目可行性研究是公路建设项目前期工作的重要组成部分，是建设项目立项和决策的依据。

本教材在吸收最新的标准与规范的基础上，结合多年工程经验，总结了公路建设项目工程可行性研究的主要理论和方法，包括工程技术、交通运输、社会经济、评价技术等多方面内容，注重基础理论、基本方法与基本技能的介绍，并配有一定的算例，理论联系实际，便于读者循序渐进并系统地学习。本书可供交通工程、土木工程、交通运输专业类高年级本科生使用，亦可供相关工程技术人员参考使用。

全教材共十五章，第一、二章介绍了公路建设项目工程可行性研究的基本概念、特点、课程安排以及相关的背景知识；第三章介绍了公路工程可行性研究的前期准备工作和综合调查的基本内容与方法；第四、五章重点介绍了社会经济分析和交通需求分析的主要理论和方法；第六、七章为建设条件和技术标准确定；第八、九章介绍路线方案确定和工程概略设计；第十、十一、十二章介绍了投资估算、经济评价及不确定性分析；第十三、十四、十五章分别讲述了环境影响评价、节能评价和安全评价的基础理论和方法。

本教材主要参编人员有安琳副教授、盛玉刚博士，肖慎硕士、温旭丽硕士、潘昭宇硕士、郑亚明硕士等也参与了部分内容的编写。本教材由人民交通出版社社长杨文银教授级高工主审，杨社长提出了很多有益的意见和建议，在此对杨社长表示衷心感谢。同时要特别感谢东南大学徐吉谦教授的指导。

本教材亦参阅了大量的国内外文献资料，未能一一列出，在此谨向所有作者致以衷心的感谢！

由于编者水平与时间所限，错误在所难免，欢迎广大读者批评与指正！

seuguo@163.com

2007年9月

于东南大学逸夫建筑馆1108室

目　录

第一章 绪 论

可行性研究工作是在20世纪初随着社会经济、工程技术和管理科学的发展而产生的，发展至今已有70多年的历史。20世纪30年代，美国在开发田纳西河流域时，可行性研究就被纳入流域开发进程，成为项目规划建设的重要阶段，对项目实施的可能性、合理性的论证起到了重要作用，使得工程建设稳步开展，取得了明显的社会经济效益。

此后这门学科又经过几十年不断的发展、充实和完善，特别是进入20世纪60年代以后，科学技术和经济管理等的突飞猛进，使可行性研究渗透到很多领域，应用范围更加广泛，不仅用于研究工农业生产的工程项目建设问题，也推广到了交通运输等工程项目建设中。

从20世纪70年代末开始，我国公路建设项目可行性研究工作经历了从探索、推广到提高的三个阶段。全国各省、自治区、直辖市在公路建设项目前期工作中，对不同类型的公路项目均要求开展可行性研究，几十年的实践探索积累了丰富的经验。

第一节 可行性研究的基本概念与特点

一、可行性研究的概念

可行性研究是项目投资决策前进行技术经济论证的一种方法，是对建设项目作全面的分析研究，以确定某一项目是否需要建设，是否可能建设，是否值得建设，以提高项目的可靠性和质量，避免或减少由于前期工作做得不够而带来的损失和浪费。

许多国家都非常重视可行性研究，美国、英国、德国、法国、瑞士、意大利、比利时等西方发达国家在工程项目建设的前期都要开展可行性研究工作。如日本的基本建设程序分四个阶段，其中规划方案阶段就包含了可行性研究工作。前苏联在20世纪70年代以后的基本建设程序中增加了项目的技术经济论证报告，其内容与可行性研究大体相似。

二、公路建设项目可行性研究的概念

公路建设项目可行性研究是指在公路网规划基础上，针对公路建设项目在建设的必要性、技术的可行性、经济的合理性、实施的可能性等方面进行综合研究，并推荐最佳方案，为公路建设部门进行建设项目投资决策、编制初步设计等提供科学依据的一种方法。

建设的必要性是可行性研究的前提。必要性分析不仅要研究为什么要建，还要研究为什么现在就要建，以及建设规模和标准等问题。建设的必要性需要从客观的角度分析和评价拟建公路项目的设想是否可行，判断项目是否符合国民经济建设和社会发展的需要，其作用的程度如何等。如果必要性分析没有通过，则不需要开展下一步的工作。

技术可行性是指在一定的资金条件下，技术是否可行。技术可行性有两层含义，一是研究项目采用现代技术是否可能办到；另一层则是研究完成项目需要采用什么技术，这些技术是尖端技术，还是与国家或地区发展水平相适应的技术。

经济合理性是可行性研究的核心。建设项目的经济合理性是通过费用－效益分析(即经济评价)得到的指标作为评价的定量标准。经济合理性的研究应该包括对不定量效益的研究,做到定性与定量相结合,以全面衡量项目的经济合理性。项目的经济合理性须从不同角度加以衡量,通常分为从企业角度出发的财务评价和从国家角度出发的国民经济评价。

实施可能性是对建设项目的主、客观条件进行的分析,其中投资估算和资金来源是最重要的研究内容。还有其他一些条件,如设计、施工力量,原材料供应,水、电、土地及交通运输条件等,都影响项目实施的可能性。

综上所述,公路建设项目可行性研究是在建设前期对工程项目的一种考察和鉴定,是对拟建项目进行全面的、综合的技术经济研究和系统分析,并通过技术经济论证,作出是否进行该项目的决定(可行或不可行)的一门综合性科学。

三、公路建设项目可行性研究的特点

公路建设项目可行性研究是一项涉及面广、综合性强的工作,具有如下特点。

1. 科学性

可行性研究是一门科学,它要求在充分调查和必要勘察工作的基础上,运用科学的方法,对各种定量的数据进行归纳、推理、计算、比较和论证,得出的结论须是科学、可靠的。随着计算机技术的不断发展,可行性研究中的部分工作可利用计算机辅助完成,这不仅节省了大量人力物力,而且使计算分析的结果更科学、更精确。

2. 综合性

可行性研究是一项专业性、综合性很强的工作,它要研究一个项目的经济合理性、技术可行性,从技术和经济两个方面进行综合评价,论证直接经济效益和间接社会效益。可行性研究涉及交通运输工程理论、工程技术、经济法律、财务金融等多学科的知识。

3. 社会性

公路可行性研究的对象是公路建设项目,而公路建设项目受区域经济、交通运输网络、国土资源、人口资源、环境保护、旅游等诸多因素影响具有广泛的社会性。此外,可行性研究必须进行广泛的社会调查,并且需要社会各方面的支持和合作,提供可靠的资料和准确的数据,并提供人力、财力支持才能完成。因此,可行性研究具有社会性。

4. 时效性

由于社会性因素(人口、经济、资源等)都具有一定的时效性,并且现阶段各种公路网络及整个运输网络都在随时间的推移而不断的修正和完善。因此,作为公路网络规划中的一条路线或一个路段,就必然受时间变化的影响。在可行性研究过程中,就要处理好近期和远期的关系,例如某一公路建设项目的立项在近期是可行的,随着各种可能因素的变化,在远期就可能变得不合理;同样,近期不可行的项目,远期也许可行而且合理。因此,在进行可行性研究时,要充分考虑其时效性,处理好近、远期的关系。

5. 约束性

公路建设项目由于其影响区域范围广而且投资大,占地多,工期长,因此受自然、地理、社会、经济等因素的约束,建设方案须考虑各种约束条件,选择最优方案。

6. 独立性

可行性研究工作应是不受任何个人和部门干预、独立进行的一项专业性技术工作,由专业人员本着实事求是的科学态度,对公路建设项目进行客观的、科学的研究论证,对全社会负责。

四、公路建设项目可行性研究的地位与作用

1. 可行性研究地位

公路建设项目要经历投资前期、建设期及经营期三个时期，其全过程如图 1-1 所示。

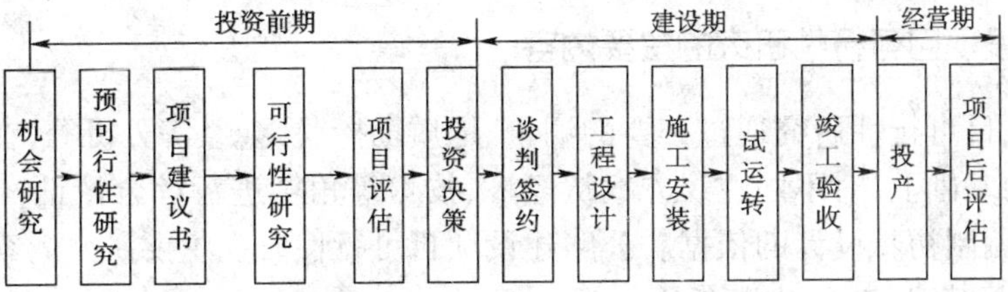

图 1-1　项目投资决策和建设过程示意图

其中前期工作包括：机会研究、预可行性研究、项目建议书、工程可行性研究、项目评估、投资决策。公路建设项目可行性研究是项目投资前期阶段中的一项重要工作，是研究和控制的重点。可行性研究通过对与拟建项目投资效果有关的所有因素进行综合研究分析，提出切实可行的决策和方案，以避免或减少项目投资决策的盲目性，提高建设投资的综合效益，保证项目选择准确、方案科学、工期合理、投资可控、效益良好。

2. 可行性研究的主要作用

(1) 作为项目投资决策的依据

公路工程项目投资大、影响范围广，在建设和使用过程中，情况复杂，易受众多不确定因素的影响，因此，业主和国家审批机关主要根据可行性研究提供的评价结果，确定对此项目是否进行投资和如何进行投资。

(2) 作为初步设计的依据

在可行性研究中，对项目的建设标准、规模、起讫点、主要控制点、主要构造物设置及选型、总体布置、重大技术措施等进行方案论证和比选，确定设计原则，推荐建设方案，经审查批准后，初步设计应以此为基础。初步设计是根据可行性研究对所要建设的项目规划出实际性的建设蓝图，即较详尽地规划出拟建项目的规模、总体布置、具体方案、建设工期、投资概算、技术经济指标等内容，并为下一步实施项目设计提出具体操作方案。初步设计要求不得违背可行性研究已经论证的原则。

(3) 作为向银行申请贷款的依据

国内外金融机构都把可行性研究报告作为给予建设项目贷款的先决条件，对可行性研究报告予以审查，确认项目经济效益较好，具有偿还能力，不会承担过大的风险之后，才会给予贷款。

(4) 作为公路建设项目后评价的参考和依据

目前我国正在逐步推行建设项目后评价，其中的一项重要内容，就是对前期工作的评价，包括对项目建设的必要性、技术可行性及经济合理性的再认识等，这些必须以前期的可行性研究为基础。

(5) 为项目管理提供依据

批准后的可行性研究报告是编制建设工作计划的依据，是与项目有关部门、单位签订合同和协议、确定新技术、新设备研制计划、补充工程、水文地质勘测和相关试验的依据，是从国外引进资金、技术和设备，向国土资源部门和环保部门等申请建设的依据，也为项目建成后的运

营管理提供依据。

第二节　公路建设项目可行性研究的主要内容与阶段划分

一、公路建设项目可行性研究的主要内容

公路建设项目可行性研究通过必要的测量、地质勘探、社会经济分析等，在充分调查分析、获得必要资料的基础上，对不同建议方案从经济、技术等角度进行综合论证，提出推荐建设方案，审批后作为编制初步设计的依据。公路建设项目可行性研究主要研究内容有以下几点：

(1)阐明项目建设依据、建设背景；

(2)对建设项目的地理位置、地形地貌、地质、地震、气候、水文等自然特征需作大致调查与分析；

(3)分析建设地区综合运输网络的交通运输现状、原有公路的技术状况及适应程度和建设项目在交通运输网络中的地位及作用；

(4)阐述建设项目所在地区的经济特征，研究建设项目与经济发展的内在联系，预测交通量、运输量的发展水平；

(5)分析论证建筑材料来源及运输条件；

(6)论证不同建设方案的路线起讫点和主要控制点、建设规模、标准，提出推荐意见；

(7)评价建设项目对环境的影响；

(8)测算主要工程数量、征地拆迁数量，估算投资，提出资金筹措方式；

(9)提出公路项目初步勘测设计方案、施工建设计划安排等；

(10)确定运输成本及相关经济参数，进行经济评价、敏感性分析，对收费公路还需做出财务分析；

(11)从项目经济、环保、节能、安全等方面评价推荐方案，并提出存在问题和有关建议。

具体可参加本书附录1、附录2。

二、公路建设项目可行性研究阶段划分

可行性研究按其工作深度，分为预可行性研究(又称初步可行性研究，以下简称预可)和工程可行性研究(以下简称工可)两个阶段。

1. 预可阶段

预可阶段，主要是在经审查批准的公路网规划基础上，深入研究建设项目的功能与作用、建设的必要性，初步论证其标准、规模、路线走向及大的控制点，初步测算投资效益，为项目建议书做准备。对于大中城市，高等级公路预可行性研究阶段，要从城市发展规划和整个路线布局的全局出发，研究公路绕越城镇的模式和衔接方式，多方征求意见，反复比较论证，提出推荐方案。

可见，预可的重点是论证建设项目的必要性，通过踏勘和调查分析，提出建设项目的规模、技术标准，进行简要的经济效益分析。

2. 工可阶段

这个阶段的工作是整个建设项目前期工作的重点，通过工可阶段的工作，整个建设项目将基本定型，即在预可行性研究和批准的项目建议书的基础上，通过工程可行性研究的深入调

查、分析和论证，对项目建设是否确有必要、经济上是否合理、技术上是否可行要给出肯定与否定的结论，对项目建设的规模、标准、重大技术方案要提出确实可行的推荐方案，尤其是建设总投资的估算，要保证与初步设计的概算相差不超过 10%，为初步设计奠定基础。

总之，工可阶段就是要从建设项目在公路网和该地区的功能和作用出发，分析、研究、论证，并提出能保证其功能和作用发挥的建设规模（内容）、标准和重大技术方案。

第三节　公路建设项目可行性研究的课程安排

一、本课程与相关课程的关系

学习本课程需要丰富的背景知识和扎实的理论基础。除了必须具备的交通运输工程、道路桥梁等专业知识外，还应具备系统工程学、数理统计和运筹学、工程经济学、经济地理、区域规划、计算机应用等方面的知识与技能。与本课程相关的主要内容有以下几方面。

1. 交通运输工程

交通运输工程包括交通工程、道路勘测设计、桥梁工程等，这些课程都是学习本课程的专业基础。公路建设项目可行性研究主要是在这几门课程基础上，专门针对公路建设项目特点，开展交通量分析与预测、道路选线、工程方案设计等内容。

2. 系统工程学

公路建设项目可行性研究，需要将建设项目放入整个区域社会经济系统中，将区域社会经济、综合运输系统、生态环境系统等综合联系起来研究，因此要求研究人员必须具有系统工程学的观点和知识。

3. 数理统计和运筹学

公路建设项目可行性的论证需要进行大量的调查和定量的数学分析和预测，以数据作为论据，从大量的历史、现状统计资料中找出规律、推测未来，做到技术等级科学、规模合理、建设有序，而这些都必须依靠深入细致的定量计算才能办到，要求研究人员具有良好的数理统计知识和数值计算的能力。

4. 工程经济

公路建设项目可行性研究的目标之一就是论证经济的合理性，合理利用建设资金，节省公路建设和营运费用，提高经济效益。这就必须依靠工程经济知识，合理计算、分析、评估公路建设项目的经济性。

5. 经济地理和区域规划

可行性研究中，须在对区域社会经济发展、区域国土规划和政策的正确理解与把握的基础上，在建设项目区域内进行交通需求分析与预测，在进行路线方案比选，因此，必须对路线所经区域的城镇体系规划进行深入剖析。这就要求研究人员应掌握经济地理、区域规划等基础知识。

6. 计算机应用技能

公路建设项目可行性研究工作量大，包括经济和运输的调查分析、交通需求四阶段预测、路线的平纵横设计、项目投资估算等工作内容，人工作业很难保证精度和进度，必须依靠计算机完成，同时依靠计算机也可以节省大量人力、物力。近几年，随着计算机技术的不断发展，软件不断应用到公路工程可行性研究工作中，比如 AutoCAD 用于绘制各种工程图例，EMME2、

TransCAD 等用于交通量的分析预测等。因此,研究人员必须具有良好的计算机操作能力和软件的应用技能。

二、课程内容与课程安排

为了更好地掌握本课程的内容,本书在第二章对一些公路建设项目可行性研究所涉及的主要相关知识作了一个简单介绍。

第三章,围绕如何开展公路建设项目可行性研究工作,介绍了前期的准备工作和综合调查工作,主要包括社会经济调查、工程调查和交通调查等。

第四、五章,是区域社会经济及交通需求分析,介绍区域社会经济分析内容及预测方法,重点对交通量预测方法进行了介绍,要求学生掌握公路建设项目交通量预测的主要技术。

第六、七章,是公路建设项目建设条件分析和技术标准的确定,这部分内容要求学生了解自然条件、技术条件、筑路材料、沿线环境等对建设项目的影响,并要求学生掌握公路通行能力分析、车道数计算、公路服务水平分析等内容。

第八、九章,是路线方案的拟定和工程概略设计,包括路线选线的基本原则、控制因素和主要控制点的分析,以及方案比选等。在此基础上,进行初步的概略工程设计,包括线形、路基、路面、桥涵、交叉、交通工程、景观设计等。

第十、十一、十二章,是投资估算、经济分析和不确定性分析,要求学生掌握公路建设项目投资估算的编制办法,学会如何对一个公路建设项目进行国民经济评价和财务评价,并进行敏感性分析和风险分析等。

第十三、十四、十五章,为评价专题,包括环境影响评价、节能评价和安全评价。

本课程的教学安排如下:

教材内容及学时分配 表 1-1

教学内容	授课	实验	习题
第一章 绪论	2		
第二章 公路建设项目可行性研究背景知识	2		
第三章 前期准备及综合调查	2	2	
第四章 区域社会经济及交通运输分析	2	2	
第五章 交通需求分析及交通量预测	4		1
第六章 建设条件分析	1		
第七章 技术标准确定	1	1	1
第八章 路线方案研究	4		
第九章 工程概略设计	4		
第十章 投资估算	2		1
第十一章 经济评价	2	1	1
第十二章 不确定性分析	2		
第十三章 环境影响评价	2		
第十四章 节能评价	1	1	
第十五章 安全评价	1	1	
总计	32	8	4

思 考 题

1. 简述可行性研究的概念。

2. 理解可行性研究在整个公路工程建设过程中的意义和地位。

3. 理解可行性研究报告的编制要求。

4. 熟悉公路建设项目前期工作流程。

第二章　公路建设项目可行性研究背景知识

公路建设项目可行性研究是综合性很强的学科，学习本课程需要有相当丰富和扎实的背景知识，除了必须具备的交通工程、道路工程等专业知识外，还应具备经济学、勘测设计等理论知识。

第一节　经济学知识

一、经济学基本知识

1. 经济学基本概念

经济学是一门研究社会如何利用稀缺的资源以生产有价值的商品，并将它分配给不同个人的学科。其中隐含两大核心的思想，即物品是稀缺的，社会必须有效地利用这种资源。

经济学按观点和方法不同分为政治经济学和西方经济学；按研究内容的不同可分为微观经济学和宏观经济学；按服务对象的不同可分为综合经济学与部门或行业经济学。

2. 微观经济学与宏观经济学

微观经济学通过对消费者和生产者（企业）的行为分析来说明市场经济的运行规律，即说明市场机制是如何调节经济的。它研究的对象是个体经济单位，即单个消费者、单个生产者、单个市场等。宏观经济学研究经济的总体运行，包括通货膨胀、收入、失业、经济增长和对外贸易等。微观经济学和宏观经济学两个分支共同构成了现代经济学。

微观经济学的原理和方法为公路的经济学分析提供了有力的理论工具。

二、公路经济学

1. 公路经济学的定义

公路经济学是一门应用经济学理论研究和揭示公路工程项目在规划、立项、建设、使用、养护、运营管理过程中的经济活动及内在经济规律，以达到用最小的资源消耗创造尽可能大的经济效益的目的的学科。

2. 公路建设项目的经济分析

为了提高投资效益，取得最佳的投资效果，在公路建设项目投资决策时，就需要从经济角度出发，对多个投资方案进行评价和比选，这就是建设项目的经济分析。

经济分析一般采用指标计算法进行，即用若干个经济指标来反映投资方案的经济效益。常用的经济指标有净现值、净年值、效益成本比、投资回收期、内部收益率等。

常用的经济分析方法有：现值法、年值法、内部收益率法、效益成本比法、投资回收期法、差额分析法等。

三、投资估算基本知识

1. 资金的时间价值

资金（资本）是项目投资中的重要生产要素，是社会再生产过程中能够增值的价值。资金运动过程中,货币、物质是资金的不同存在形式。资金的实质是资金具有增值能力,资金的时间价值是资金增值能力的高度总结,它是指资金在社会再生产过程中与劳动相结合,随时间的推移所产生的增值。

资金的时间价值规律即资金的增值能力,是资金运动的普遍规律,资金具有增值能力是投资者产生投资动机的根本原因。但资金的时间价值只有在生产流通领域中,在与活劳动及物化劳动相结合的过程中才能实现,离开这一点,资金的时间价值根本不可能存在,也谈不上真正的时间价值。

2. 利率与贴现率

由于资金具有时间价值,因此,任何资金的使用都应该是有偿使用,资金的有偿使用是微观经济学分配理论的重要观点,是资金的时间价值的体现,也是推动资金由所有者借贷给使用者使用的原因。资金使用者应该补偿付给资金所有者的报酬称为利息,它反映了资金的机会成本。项目投资者在投资决策过程中,以资金的机会成本为比较对象,以利润最大化为目标,通过投资收益与支出及资金的机会成本的比较作出投资方案是否可行的投资决策。由于资金的时间价值不仅与资金的使用量有关,而且与使用时间有关,因此,实践中通过利率指标来反映资金的使用价值。利率是表征资金时间价值大小的重要指标,是单位时间内资金的时间价值。广义的利率包括投资收益率、存贷款利率、贴现率等。与资金的机会成本对应的利率称为贴现率(基准贴现率),与资金的投资收益大小相对应的利率称为投资收益率。

3. 工程定额

工程定额是在合理的生产组织、合理的使用资源和正常的施工条件下,完成符合国家技术标准、技术规范(包括设计、施工、验收等技术规范)和计量评定标准的单位合格产品或劳动量所消耗的人工、材料、施工机械台班数量的标准,是由国家或地方主管部门经过科学的测定、分析、计算而确定的。

工程定额是具有法令性的一种指标,是一定时期社会生产力和科技水平的反映,其随生产力和科技水平的变化而变化。

工程定额,按生产因素分为:劳动定额、材料消耗定额、机械设备定额;按用途分为:施工定额、预算定额、概算定额。

四、经济评价基础知识

1. 经济评价的概念

公路建设项目的经济评价是根据国民经济发展规划和有关技术经济政策的要求,结合交通预测和工程技术研究情况,比较项目的建设费用和效益,多方案论证,对项目的经济合理性进行分析,为项目决策提供依据。

2. 经济评价的必要性

在完全竞争的市场条件下,企业在实现自身效益最大化的同时,也实现了社会效益的最大化,或者说建设项目的微观经济效果(财务效果),反映了国民经济效果和社会效果,二者是相互一致的,市场价格能实现资源的有效配置,建设项目的财务评价与国民经济评价结果是一致的,没有必要进行建设项目的国民经济评价,只需要进行建设项目的财务分析。

在非完全竞争市场条件下,国民经济评价是必要的。在垄断市场中,企业利润最大化条件与社会利润最大化条件不一致,企业实现利润最大化并不意味着社会也实现了社会利润的最大化,或者说,项目的微观经济效果与国民经济效果并不一致,因而有必要进行国民经济评价。

对其他非完全竞争市场(如存在外部效应、公共物品)而言,同理应进行国民经济评价。

3. 国民经济效益

国民经济效益的计算理论是微观经济学中的支付意愿及消费者剩余理论。由于需求曲线反映了商品给消费者带来的边际效用(即消费者在消费该商品时感受到的满意程度),所以基于支付意愿所确定出来的总费用,即为商品所创造的国民经济效益(全体消费者从中的收益或得到的满足)。

这种方法是在假定不存在外部效果的基础上确定出来的。现实生活中,外部效果总是存在的,外部效果的存在,使得需求曲线并未完全反映商品所带来的全部效用。外部效果除了可能使直接消费者受益外,还可能使间接消费者受益。实际上外部效果的范围很广,除了生产者对消费者产生的外部效果外,还包括生产者对生产者产生的外部效果。例如公路建设过程中,沿线土地的升值是一种公路开发公司给土地开发公司带来的外部效果。外部效果有正的外部效果与负的外部效果,例如,生产过程中所带来的环境污染就是一种负的外部效果。

外部效果的存在使需求曲线所反映的边际效用偏离于商品的边际社会效用,因此,在进行国民经济评价时,应将所有的外部效果考虑进来,即根据外部效果对前述的国民经济计算方法进行修正。

综上所述,在进行公路建设项目的国民经济效益评价计算时,应以支付意愿和消费者剩余理论为基础,并考虑建设项目的外部效果。外部效果的多样性和复杂性,将引起国民经济评价工作的复杂性。因此,我们在经济评价时,通常主要考虑的效益是交通量效益。

4. 机会成本与影子价格的理论

机会成本是生产要素分配的指示器,是国民经济评价中费用计算的理论基础。在国民经济评价中,其人工费、征地费均可根据机会成本来确定。但在其他资源市场中,由于资源有多种投资机会,且所牺牲的效益也不明确,因此,在国民经济评价中,仅依靠机会成本来计算资源费用难度很大,甚至不可能,应通过影子价格计算。

影子价格是国民经济评价中价格计算的理论基础,其概念是指目标函数处于最优状态时,资源对目标函数的边际贡献。从影子价格的概念可知,完全竞争市场中的市场均衡价格即为影子价格,因为在完全竞争市场中,各种资源均实现了最有效的配置,社会利润和企业利润都达到了最大化水平(处于最优状态),此时市场价格等于边际效益(即影子价格)。在非完全竞争的市场条件下,市场价格与影子价格会产生偏离,即垄断会使得市场价格高于影子价格。

在完全竞争的市场条件下,影子价格不仅等于市场价格,还等于机会成本。所以,在进行国民经济评价时,只要找出完全竞争市场,然后根据完全竞争的市场价格计算资源的费用,则这种费用代表了资源的价值(或资源的机会成本)。但现实生活中完全符合完全竞争市场条件的市场是不存在的,但许多资源的国际市场条件与完全竞争市场结构极为类似,所以如果假定国际市场是一个完全竞争市场,那么,根据国际市场上资源的价格所得出的费用,就反映了资源的机会成本。实际工作中,通常将根据国际市场价格所确定出来的资源价格,称之为影子价格,影子价格的计算正是根据这一假定来进行的。事实上,随着市场的开放、统一,世贸组织的形成及国际市场竞争条件的加剧和市场均衡的形成,这一假定越来越具有其合理性。值得注意的是,当某些资源的国内市场竞争条件符合或接近完全竞争条件时,可直接采取市场价格作为影子价格。

第二节　交通工程相关知识

一、交通流理论

交通流理论是研究在一定环境下交通流随时间和空间变化规律的模型和方法体系。该理论被广泛地应用于交通运输工程的许多研究领域，如交通规划、交通控制、道路与交通工程设施设计等。近些年来，尤其是随着智能运输系统的蓬勃发展，交通流理论所涉及的范围和内容在不断地发展和变化，如控制理论、人工智能等新兴科学的思想、方法和理论已经用于解决交通运输研究中遇到的复杂问题。随着计算机技术的发展，模拟技术和方法越来越多地被用来描述和分析交通运输工程的某些过程或现象。

1. 交通流理论的分类

按照研究手段和方法，交通流理论可划分为两类：

传统交通流理论　所谓的传统交通流理论是指以数理统计和微积分等传统数学和物理方法为基础的交通流理论，其明显特点是交通流模型的限制条件比较苛刻，模型推导过程比较严谨，模型的物理意义明确，如交通流分布的统计特性模型、车辆跟驰模型、交通波模型、车辆排队模型等。传统交通流理论在目前的交通流理论体系中仍居主导地位，并且在应用中相对成熟。

现代交通流理论　现代交通流理论是指以现代科学技术和方法（如模拟技术、神经网络、模糊控制等）为主要研究手段而形成的交通流理论，其特点是所采用的模型和方法不追求严格意义上的数学推导和明确的物理意义，而更重视模型或方法对真实交通流的拟合效果。这类模型主要用于对复杂交通流现象的模拟、解释和预测，而使用传统交通流理论要达到这些目的就显得很困难。

传统交通流理论和现代交通流理论并不是截然分开的两种交通流理论体系，只不过是它们所采用的主要研究手段有所区别，在研究不同的问题时它们各有优缺点。在实际研究中常常是两种模型同时使用效果更好。

2. 交通流理论的主要研究内容

根据美国的《交通流理论专著》（*Mdnograph on Traffic Flow Theory*）的研究内容以及阿道夫. 梅（May, Adoif D.）的《交通流理论》（*Traffic Flow Fundamentals*）的研究内容，可以把交通流理论研究内容划分成如下 10 个部分：

（1）交通流特性（Traffic Stream Characteristics）　研究表示交通流特性的三个参数（流量、速度、密度）的调查方法、分布特性及三者之间关系的模型。

（2）人的因素（Human Factors）　研究驾驶员在人、车、路、环境中的反应及其对交通行为的影响。

（3）车辆跟驰模型（Car Fllowing Models）　研究车辆的跟驰行为、交通的稳定性和加速度干扰等数学模型。

（4）连续流模型（Continuous Flow Models）　利用流体力学理论研究交通流三个参数之间的定量关系，并根据流量守恒原理重点研究交通波理论。

（5）宏观交通流模型（Macroscopic Flow Models）　在宏观上研究流量、速度和密度的关系，重点研究路网不同位置的交通流特性。

(6)交通影响模型(Traffic Impact Models) 研究不同管制下的交通影响,包括交通安全、燃料消耗和空气质量等。

(7)无信号交叉口理论(Unsignalized Intersection Theory) 主要利用数理统计和排队论研究无信号交叉口车流的可插车间隙和竞争车流之间的相互作用。

(8)信号交叉口交通流理论(The Theory of Traffic Flow at Signalized Intersections) 研究信号交叉口对车流的阻滞理论,包括交通状态分析、稳态理论、定数理论和过渡函数曲线等。

(9)交通模拟(Tlaffic Simulation) 研究模拟技术在交通流分析中的应用,介绍交通模拟模型的种类和建模步骤。

(10)交通分配(Traffic Assigment) 研究交通分配的基本理论和方法以及这些理论和方法的应用。

上述这10个方面的内容是交通流理论的经典部分,但还不是交通流理论的全部内容,近年来交通流理论有了新的发展内容和方法,如对实时动态交通流预测的有关理论和方法等。交通流理论的发展需要不断地去整理并加以系统化,将新的内容不断地补充到交通流理论体系当中来。

二、交通需求预测理论

区域交通需求预测是对研究期限内的公路运输发展作出科学估计,公路运输发展预测应以社会经济发展规划和综合交通运输发展规划为基本依据。

一般来说,公路交通需求发展预测分社会经济发展预测、交通需求发展预测以及公路建设资金预测三大部分。其中,交通需求发展预测又分综合交通运输发展预测、公路交通发展预测、公路交通分布预测、公路交通量分配预测及枢纽转向交通量预测等部分。

1. 社会经济发展预测

区域交通需求预测的基本依据是未来区域社会经济发展、土地利用规划和预测。区域公路网规划所需的近远期社会经济发展指标必须在已有区域社会经济发展计划(规划)、综合国土规划、产业发展规划中提出近远期社会经济发展指标的基础上重新进行分析、预测。区域社会经济是一个十分复杂的大系统,其中影响区域交通需求的因素主要有:

(1)国民经济的发展规模和速度;

(2)经济结构的变动;

(3)人口因素和生活水平;

(4)基础建设的规模;

(5)能源、冶金等工业的规模、发展速度与布局。

在进行区域社会经济发展指标(主要包括各规划期的人口规模及增长速度、国内生产总值及增长速度、三产结构)定量预测之前,首先必须对该区域社会经济发展的背景、资源、条件、优势、劣势以及现有基础进行全面的分析研究,概括起来有以下几点:资源因素分析、区位条件分析、区域人口分析、政策方针分析、现有经济基础分析。

2. 交通需求发展预测

区域公路交通需求发展预测一般包括客运交通需求预测和货运交通需求预测两部分。

交通需求预测的步骤是先对客、货运交通生成、分布、方式进行预测,然后将客、货运交通方式预测的结果汇总进行交通分配预测,主要包括以下4个方面:

(1)客(货)运交通生成预测;

(2)客(货)运交通分布预测;

(3)客(货)运交通方式划分预测;

(4)客(货)运交通分配预测;

交通生成、交通分布、交通方式划分、交通分配四步骤的交通预测程序是交通预测中普遍采用的"四阶段模式",其中,交通方式划分也可在交通分布之前进行。交通分配预测通常在路网方案分析时进行。

三、运输通道理论

运输通道理论是20世纪60年代在发达国家交通运输界新兴的交通运输理论。它是以交通运输系统思想和理论为指导,综合了系统科学理论,交通运输经济学和交通运输地理学而形成的一个新理论。它主要研究客货交通运输及交通流(客流、货流、车流、船流和航空流)的经济地理基础,运输网络和交通枢纽的合理布局,特别是交通密集地带内交通运输结构的合理布局。

1. 定义

运输通道也称交通运输走廊,根据"国际公共运输联盟"和"西德(原联邦德国)公共运输企业联盟"主编的《公共运输词典》对运输通道的解释为:"在某一区域范围内,连接主要交通流发源地,有共同流向,可以有几种运输方式线路供选择的宽阔地带"。美国交通工程专家William W. Hay对运输通道的解释为:"在湖泊、河流、溪谷、山脉等自然资源分布,社会经济活动模式、政治等因素的影响下而形成的客货流密集地带,通常由多种运输方式提供服务。"加利福尼亚大学运输研究所William L. Garrison教授对运输通道的解释为:"在交通运输投资集中的延伸地带内,运输需求非常大,交通流非常集中,各种不同的运输方式在此地带内互相补充,提供服务。"

对运输通道虽然没有统一的定义,但总的理解是一致的,运输通道所应具备的特点是非常集中的交通流和有几种运输方式可供选择,在某一特定区域范围内,由几种不同的运输方式所构成的交通延伸地带,其运输需求非常大,交通流十分密集。

综合以上观点,本书对区域运输通道概念界定为:在一个特定的区域内,反映了该区域交通主流向,承担并完成了相对集中的交通流,由一条或多条运输线路构成的交通运输组合体。对其概念的进一步诠释有以下两个方面:

(1)区域运输通道"覆盖"了一片特定地区,同时,也反映了交通的主流向,运输通道满足了以该片地区为源或为目的的交通需求,是该片地区的交通支柱,是地区交通状况的主要影响及衡量指标;

(2)区域运输通道主要承担纯交通功能,区域道路有多重功能,而运输通道内的交通设施的功能却十分明显,即满足一种纯交通功能,其主要任务是通过大量、快速、长距离的交通流。

2. 区域运输通道的主要形式

区域运输通道可以有不同的主要交通供应方式,不同的供应方式有不同的特点及适应范围。

(1)以大容量的高速道路为主的区域运输通道

在西方小汽车化的社会中,以大容量的高速道路为主的运输通道(也称快速路走廊)十分普遍,如华盛顿地区的环形走廊以及美国明尼阿波利斯地区的环路走廊。一般来说,这种形式的运输通道均坐落在大型城市的外围地区,它联系了城镇的近郊以及次中心地区,为大量的过境和出入境交通提供一个快速、便捷的通道。快速路走廊一般不单独用于区域的向心或放射方向，除非这个区域没有中心或中心极为分散而且弱小，每个中心的最大岗位数不超过12万人，否则，区域的交通拥挤将是必然的。

（2）大运量的有轨运输线路和高速道路构成的区域运输通道

铁路因为其本身的天然优势，一直在区域交通中处于主导地位。然而，随着道路交通在我国蓬勃发展，如何使铁路和道路交通相互协调形成一个整体已显得迫在眉睫。国外大量的区域铁路和快速道路互相配合，形成了极好的效益。以伦敦地区为例，它拥有极密的公路网和铁路网，在1 580km^2面积内有近1 000km的铁路和2 000km的高速路，路网整体呈放射状，铁路线伸入市中心，550个车站使得90%的居民距车站不到1.6km，居民出行可根据距离或实际情况而自由地选择出行方式，也正是这两种方式的协调发展使得这个混合区域运输通道能够满足每日50万人进入仅约2.5km^2区域的交通需求。由此可见，在今天的区域运输通道规划中如何利用好由大运量的有轨运输线路和高速道路构成的区域运输通道，也是一个急需解决的问题。

（3）水路、航空、管道等构成的综合运输通道

当单一的交通系统已无法独自承受交通流量的压力时，水路、航空、管道构成的综合运输通道就会形成，它可能是机场高速路、航空线路、港口高速路、水运线路、专用管道等形式，但它适应范围很广。在该走廊内，不同的段落可能会因交通的不同需求而包括不同交通方式组合。这种形式的运输通道容量非常大，在高峰时期可容纳高达十余万人的交通需求，它的多方式交通服务也完全符合了区域交通服务的多目的、多方向、多层次、出行距离长短不一、对所需提供的服务要求各不相同的特点，因而是区域运输通道的极佳构成形式，在区域交通中占据相当重要的位置。

3.区域运输通道布局方法

（1）区域运输通道布局的原则：

①不仅要满足交通需求，还要引导区域发展；

②最大限度地吸引交通流；

③最大限度地降低交通的非直线系数；

④区域走廊必须要与区域的整体规划相匹配。

（2）区域运输通道的运输需求预测

运输需求预测是在区域交通需求预测基础上进行进一步修正，制定出符合运输通道运输需求特点的预测方法。区域运输通道规划属于区域交通战略规划的一部分，它对规划内容的广度以及精度与一般交通规划的要求有所不同。区域运输通道运输需求预测原则上不进行交通分配，不必像常规区域交通规划中的那样将OD分配到具体的每一条线路上，最重要的是要有发展的眼光，即从整个社会经济、区域结构发展大系统中，预测未来交通流的主要流向和流量。从经济角度出发，考虑区域内部各个子区域间、区域与外部区域之间存在互补互利、依附从属、相互制约的多种复杂关系，这些复杂关系必须依托一定的运输设施等才能维系。因此预测模型应直接建立在区域社会经济与土地利用分析预测基础上。

（3）区域运输主流向预测

主流向预测是运输通道空间布局研究的重要依据，也是运输资源空间配置的基础。对区域运输主流向的界定主要有两种方法，一种是两步聚类法，另一种是重要节点法。

（4）区域运输通道运输组织模式配置

主要指运输资源在不同运输方式间的配置问题，可采用Logit模型，根据不同运输方式的

特点，按照不同流量适应不同运输方式的原则，对走廊进行运输组织模式规划。

四、公路网结点理论

1. 公路网结点的概念及分类

(1)公路网结点的定义

公路网结点，是一个区域交通需求的代表点，就是那些对区域公路网有重要作用的地理点如城镇、独立厂矿、机场、大型港口、重要的公路、铁路站场、起控制作用的大型与特大型桥梁等。相应区域的经济、人口、交通大部分集中在结点上，故结点也是路网规划中需要连接的点。通过公路对这些地理点的连接就形成了公路网络。

(2)公路网结点的层次划分

结点按其在区域中的地位，可划分为主要(重要)结点和次要(非重要)结点之分。国家级主要结点就是直辖市、省会城市和城市圈(如长三角城市圈)，省级主要结点就是省会城市、大中型城市、重要的能源矿产基地，地市级主要结点就是区域中心城市、县城、重要城镇、大型工矿基地，县级主要结点就是县域中心城镇、中小城镇、独立的厂矿。

结点还可以按照重要性，划分为一级结点、二级结点、三级结点、四级结点等。如对于一个地级市来讲，一级结点一般是区域中心城市，二级结点一般是区域县城，三级结点一般是重点城镇和大型、独立工矿基地，四级结点一般是一般中小城镇。

2. 公路网结点布局要求

结点的分布不仅要满足地区社会经济发展的需要，还应能促进落后地区的发展。一般来说，如果仅根据交通需求决定路网规划，则在相对发达地区结点的分布可能较密，而在落后地区则会稀少。所以在选择结点时，不仅要在数量上进行控制，还要在分布的均匀性上进行调整。

(1)适应性

从满足社会经济、城镇、大交通发展需要，在原有的经济流、城镇发展轴、交通走廊的基础上，选择布局公路网结点。其特点是适应、满足现状社会经济发展的需要，具有相当的发展沿革，具有一定的社会、经济、文化、交通区位优势，总体上进一步发展的基础较好。

(2)引导性

从长远社会经济发展的角度出发，有城镇、交通发展战略视野，考虑区域发展、内外呼应、联动发展的需要，在原有基础薄弱、现有地位不高的基础上，选择具有发展潜力的公路网结点。引导型结点具有较强的先导性和战略性，在发展初期作用并不明显，发展中会逐步凸现出它的重要地位与作用，并最终极大地推动和促进国民经济和社会的极大发展。

适应型与引导型结点的关系也不是一成不变的，都是相对某个规划期而言的，引导型结点在规划期末随着社会经济的发展可能逐步转变为适应型结点，担负新的角色与作用；同样，在大的发展背景、国家政策的改变下，适应型结点也会为抓住新的发展机遇，承担发展引导的作用，从而转变为新的引导型结点。

3. 结点重要度计算

重要度是对区域内各结点相对重要性的综合量度。不同类别的结点对路网中路线的走向、技术等级应有不同的影响能力，结点重要度就是对结点社会经济活动的度量。

通过求结点的重要度以量化其重要性程度。用重要度来排定结点的顺序，进而选择结点的方法称为重要度法。

由于运输网络建设是为社会经济发展服务的，因此，作为运输网络建设重点的被选结点应该在区域内具有较强的政治、经济、商业、金融等功能，并对区域的社会经济发展起主导作用。

可选择人口（反映区域活动机能）、工业产值（反映区域产业机能）和社会物资产耗总量（反映社会的运输需求）、商品零售总额（反映区域商业功能）及人均纯收入等指标作为选择运输网络结点的定量分析指标。这些指标共同构成了区域社会经济的评价指标体系，且各指标之间存在着较明显的相关关系。

为了尽可能地排除各指标间相互关系对综合指标的不利影响，能够使结点重要度更有效地代表各结点的经济活动强度，通常采用统计学中的主成分分析法或层次分析法计算各指标的权重。

重要度的计算如下：

$$Z_i = \left(a_1 \frac{R_i}{R} + a_2 \frac{G_i}{G} + a_3 \frac{S_i}{S} \right) \times 100\% \tag{2-1}$$

式中：Z_i——第 i 结点的重要度（现状或未来预测值）；

R_i——第 i 结点的人口，万人；

R——区域内各结点的人口平均值，万人；

G_i——第 i 结点的工业总产值，万元；

G——区域内各结点工业总产值的平均值，万元；

S_i——第 i 结点的社会物资产耗总量或商品零售总额，万元；

S——区域内各结点社会物资产耗总量或商品零售总额的平均值，万元；

a_1, a_2, a_3——各指标权重。

4. 结点布局方法

(1) 绕越布局

从直观上讲，公路过境交通绕越城镇不外乎两种方式：直接穿过城镇或避开城镇绕行。但在实际布局中，由于受城镇的布局形态、性质、规模以及公路等级、与城镇衔接的主要公路条数的影响，公路过境交通绕越模式就复杂得多，目前国内外常见的绕越模式有引出式、分离式、切线绕越式、环形绕越式、穿越式等，见图 2-1。

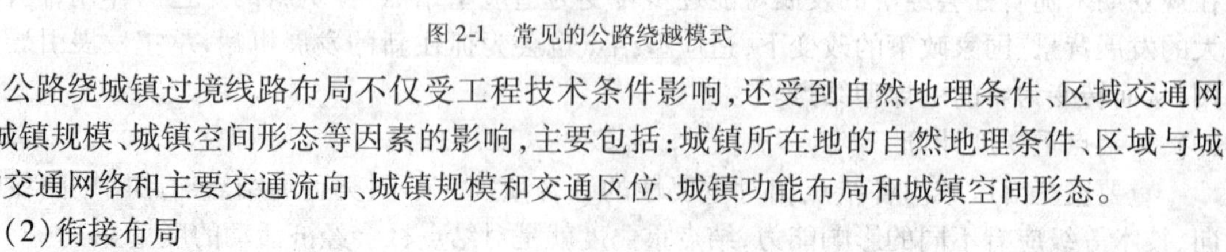

图 2-1　常见的公路绕越模式

公路绕城镇过境线路布局不仅受工程技术条件影响，还受到自然地理条件、区域交通网络、城镇规模、城镇空间形态等因素的影响，主要包括：城镇所在地的自然地理条件、区域与城镇的交通网络和主要交通流向、城镇规模和交通区位、城镇功能布局和城镇空间形态。

(2) 衔接布局

从平面布局上看，"公路－城镇"系统由公路、过渡缓冲地带、城镇区域三部分组成，公路是直接为过境交通流和出入境交通流服务的，城镇是城镇组织、居民生产、生活的区域，过渡缓冲地带主要考虑为城镇发展留有余地和为出入境交通集散提供过渡缓冲，公路与城市道路之间在过渡缓冲带通过联络线联络。因此，我们就可以看出，“公路与城镇衔接系统”由过境的公路（网）－联络线路（网）－与之相接的城市道路（网）三部分构成。

对于一个城市，在一定的时期内，其出入境交通流量最大值是确定的，城市内部的道路系统变化量是很小的，公路与城镇的衔接主要取决于三个要素：走向、距离、联络线。前两个决定公路经过城镇的布局形式，后一个决定联络线的数量和接口形式。当城镇发展规模与公路数量确定以后，公路走向、距离取决于城镇规划的发展空间和布局形态，联络线的数量和形式取决于城市道路系统的现状和总体规划。因此，对公路与城镇衔接模式的研究，主要对出入境交通量确定、联络线的数量及布局形式、适合连接的城市道路性质与接口布设进行分析。

公路与城镇连接的主要形式有引出式、分离式、切线绕越式、环形绕越式、穿越式五种，不同规模的城镇因城镇规模、布局形态、路网布局、交通流量、地理地形不同采取连接的形式各异，同一城镇不同的公路与城镇的连接形式也不相同。

公路与小城镇的连接最为简单，其衔接布局无须多加研究。但对于大中以上城市来讲，由于城市规模较大，其过境交通流量较小，而出入境交通流量较大，对出入境交通流如何通畅出入应着重加以分析研究。而与城市连接的公路条数较多，其走向、与城市的距离、联络线路的条数与布局位置、与联络线相接的城市道路性质、条数、接口位置等都直接影响出入境交通的通畅，因此，存在一个公路与城镇的衔接问题。

第三节　道路工程相关知识

一、基本概念

道路线形是指道路中线在空间的几何形状和尺寸，道路中线是一条三维空间曲线，由直线和曲线组成。在道路线形设计中，是从平面线形、纵面线形和空间线形（又叫平、纵组合线形）三方面来研究的。公路的基本结构组成包括路基、路面、桥涵、隧道、沿线设施等。

（1）路基。路基是指按照路线位置和一定技术要求作为路面基础的带状构造物，一般由土、石按照一定结构尺寸所构成，承受由路面传递下来的行车荷载。路基使道路联系，构成车辆及行人的通行部分。用一法向切面通过道路中线剖切路基得到的图形叫路基横断面，横断面由行车道、中间带、路肩、边沟、边坡、截水沟、碎落台、护坡道等部分组成。

（2）路面。在路基表面用各种材料分层铺筑的结构物，以供车辆在其上以一定的速度安全、舒适地行驶。其主要作用是加固行车部分，使之有一定的强度、平整度和粗糙度。路面按其使用性能、材料组成和结构强度可以分为高级、次高级、中级、低级，按其力学性能可分为柔性路面、刚性路面和半刚性路面。

（3）桥涵。是指道路在跨越河流、沟谷和其他障碍物时所使用的构筑物，当桥涵的单孔跨径≥5m，多孔跨径总长≥8m 时叫桥梁，反之叫涵洞。

（4）隧道。公路穿过山岭、置于地层内的结构物叫隧道。隧道在公路上能缩短里程，避免翻越山岭，保障行车的快速直接，是山区公路中采用的特殊构造物之一。

（5）沿线设施。为保证公路行车安全、舒适和增加美感，公路除设置基本结构物和特殊结构物外，还需设置各种沿线设施。沿线设施是公路沿线交通安全、管理、服务、环保等设施的总称。

二、设计参数

道路线形和结构设计的标准必须与道路上行驶的汽车的性能，如速度、交通量、车型等相适应。反映车辆这些特性的数据则是道路几何设计和各部结构设计的基本依据。主要有设计车速、设计车辆以及设计交通量。

1. 设计车速

又叫计算行车速度，是指道路几何设计所采用的车速，即具有控制性的路段上（如急弯、陡坡等），具有中等驾驶水平的驾驶人，在天气良好、低交通密度时，安全行驶所能维持的最大速度。设计车速是道路几何设计（如确定平曲线半径、超高、纵坡坡度、坡长、视距等）的基本依据。作为技术指标，直接决定了道路的线形几何要素，同时又与道路的重要性、经济性有关，是用来体现道路等级的一项重要指标。

影响设计车速的因素很多，主要有地形、地貌、设计交通量、汽车的技术性能、驾驶人的适应性、行车的安全性和经济性等。

2. 设计车辆

作为公路设计依据的车型叫设计车辆。车辆的几何尺寸、质量、性能等，直接关系到行车道宽度、弯道加宽、道路纵坡、行车视距、道路净空、路面及桥涵荷载，因此设计车型的规定及采用对决定道路几何尺寸和结构具有极其重要的意义。

我国公路设计车辆所采用的外廓尺寸见表 2-1。

公路设计车辆外廓尺寸（单位：m） 表 2-1

车辆类型	总长	总宽	总高	前悬	轴距	后悬
小客车	6	1.8	2	0.8	3.8	1.4
载货汽车	12	2.5	4	1.5	6.5	4
鞍式列车	16	2.5	4	1.2	4 + 8.8	2

3. 设计交通量

交通量是指单位时间内通过公路某一断面的车辆数，又叫交通流量。交通量可以年、日或小时计，主要有年平均日交通量（双向）、最大日交通量（双向）、高峰小时交通量等。

设计交通量是指预期到设计年限末，用以作为道路设计依据而确定的交通量。有设计年平均日交通量和设计小时交通量。

在进行道路设施规划设计时，为了保证道路在规划期内满足绝大多数小时车道能顺利通过，不造成严重阻塞，同时避免建成后车流量很低，投资效益不高，所选用的小时交通量成为设计小时交通量。一年 8 760h 中，每个小时交通量均在发生变化，并且变化幅度很大，作为设计依据的小时交通量，一般采用一年中第 30 位（从大到小排列）小时交通量为依据，亦可根据当地条件在第 20 位至第 40 位小时交通量之间采用最为经济合理的位置。根据调查资料分析，第 30 位小时交通量与年平均日交通量的比值（设计小时交通量系数）比较稳定，一般约为 15%。

二、三、四级公路通常以设计年平均日交通量作为设计依据，即以现有交通量为准，考虑将来经济的发展和道路改造引起交通量变化的需要，推算设计年限（从公路建成通车年起算）的交通量。

4. 设计年限

一般高速公路和一级公路的设计年限为 20 年，二级公路为 15 年，三级、四级公路为 10

年，也可根据实际情况适当缩短。

三、路线设计

道路设计主要包括道路等级与技术标准的确定，交通量与通行能力计算，选线与定线，平、纵、横断面设计，路面设计等。本书主要对其中部分内容作简单介绍，详细说明可以参考《道路勘测设计》等教材。

1. 平面设计

直线、圆曲线、缓和曲线是平面线形的组成要素（见图2-2），平面设计就是根据汽车行驶的力学性质和行驶轨迹要求，合理地确定各线形要素的几何参数，保持线形的连续性和均衡性，避免采用长直线，并注意使线形与地形、地物、环境和景观等协调。

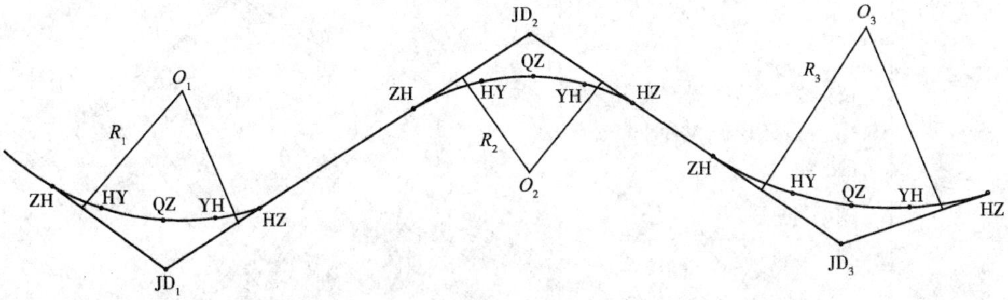

图2-2　路线平面

直线是平曲线的基本组成部分，直线的数学表达式为：

$$\frac{y-y_1}{y_2-y_1}=\frac{x-x_1}{x_2-x_1} \tag{2-2}$$

两点之间的直线长度为：

$$AB=\sqrt{(x_2-x_1)^2+(y_2-y_1)^2} \tag{2-3}$$

直线与 x 轴夹角为：

$$\beta=\arctan\frac{\Delta y}{\Delta x}=\arctan\frac{y_2-y_1}{x_2-x_1} \tag{2-4}$$

圆曲线设计的任务就是在满足技术标准的前提下，充分考虑行车安全、工程经济和线形舒适顺畅，选择适当的半径值，并计算曲线要素。

根据汽车行驶在曲线上力的平衡原理，圆曲线半径计算公式为：

$$R=\frac{V^2}{127(\mu\pm i_h)} \tag{2-5}$$

式中：V——行车速度，km/h；

μ——横向力系数；

i_h——超高值坡度。

缓和曲线是指在直线与圆曲线之间或者半径相差较大的两个转向相同曲线之间设置的一种曲率连续变化的曲线（如图2-3所示）。

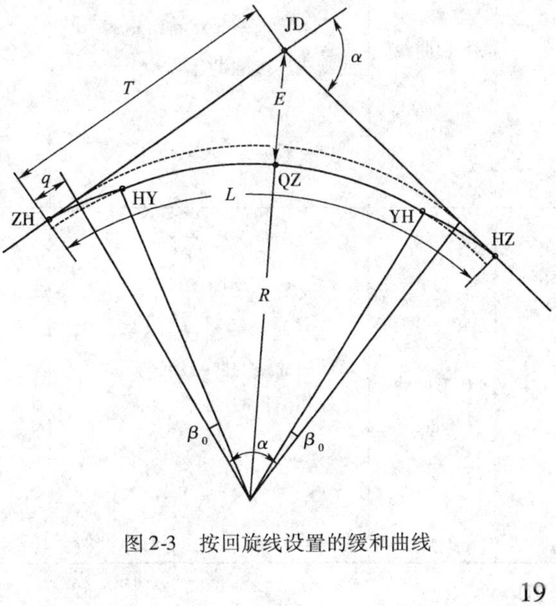

图2-3　按回旋线设置的缓和曲线

缓和曲线的特性与回旋曲线相似,其一般方程如下:

$$rl = A^2 \tag{2-6}$$

式中:r——回旋线上某点的曲率半径,m;

l——由缓和曲线起点到任意点的弧长,m;

A——回旋曲线参数。

平面线形由直线、圆曲线、缓和曲线三个要素组成,其可以组合成不同的组合线形,如表 2-2 所示。

平 面 组 合 线 形　　表 2-2

序号	名　称	定　义	示　意　图
1	基本形	按直线—回旋线—圆曲线—回旋线—直线的顺序组合的曲线成为的曲线	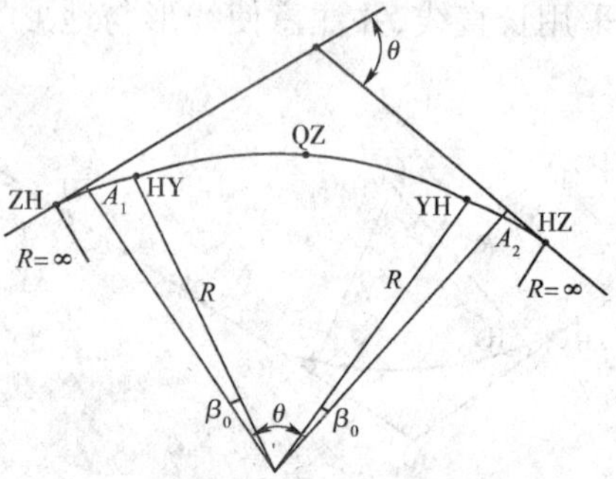
2	凸形曲线	两同向回旋线间未插入圆曲线而径相连接的组合形式	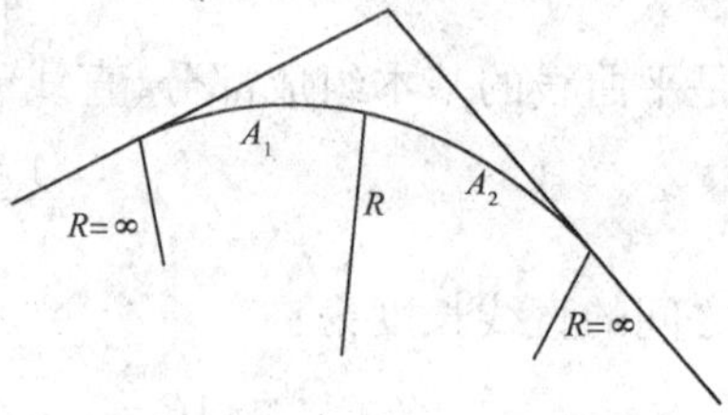
3	S 形曲线	两个反向圆曲线间用两个反向回旋线连接的组合形式	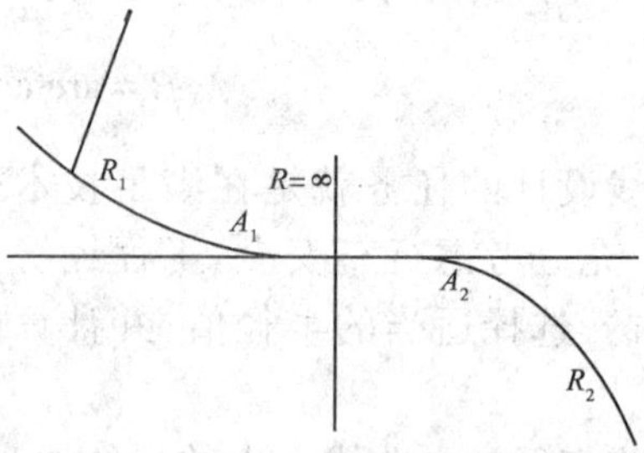
4	C 形曲线	同向曲线的两回旋线在曲率为零处相衔接的形式	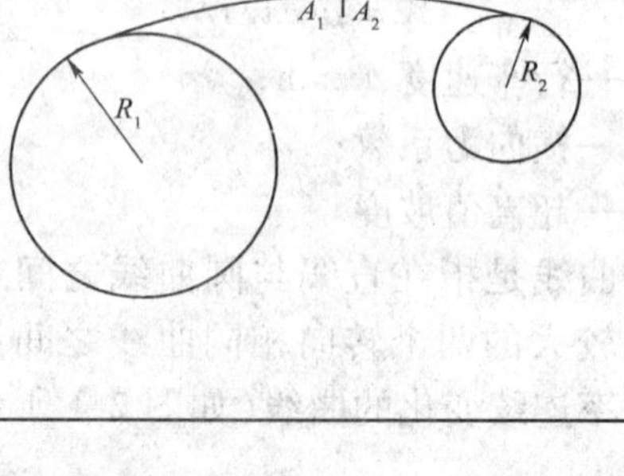

续上表

序号	名 称	定 义	示 意 图
5	复合型曲线	两个及两个以上的同向回旋曲线，在曲率相等处相衔接的组合形式	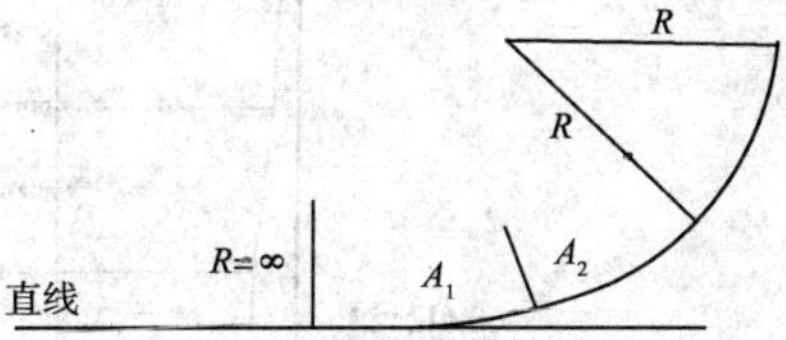
6	复曲线	两个或者两个以上半径不同、转向相同的圆曲线径相连接或插入缓和曲线的组合曲线	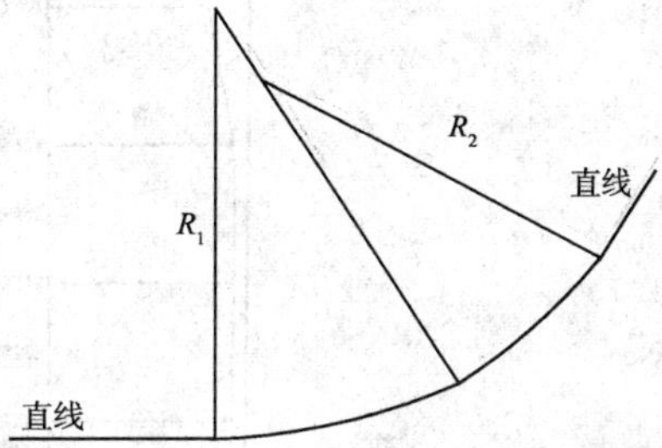
7	回头曲线	在山区公路为克服高差在同一坡面上展线时所采用的、其圆心角一般接近或大于180°的曲线	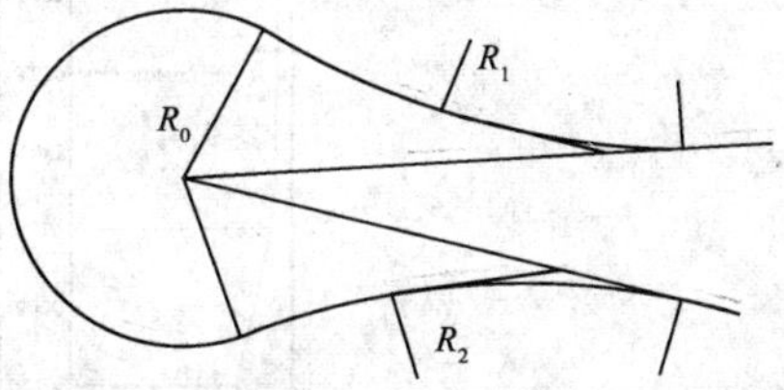

2. 纵断面设计

纵断面设计主要是解决公路线形在纵断面上的位置、形状和尺寸问题，包括纵坡设计和竖曲线设计两项。纵断面设计是路基设计、桥涵设计及其他设计的基础。

纵坡设计是根据选线意图，结合道路沿线地形、地质及桥涵和重要建筑物进出口、沿街地坪高程等方面的要求，在综合考虑工程技术与工程经济的基础上最后定出路线的坡度线。纵坡设计标准根据汽车的爬坡性能和道路的排水需要，分为最大纵坡和最小纵坡，从满足汽车行驶安全出发，与纵坡设计有关的标准还有坡长限制、合成纵坡及缓和坡段等，这些在标准中都有详细规定。

设计时，必须满足《公路工程技术标准》(JTG B01—2003)关于纵坡的有关规定，不轻易使用极限值，纵坡应力求平缓，避免连续陡坡、过长陡坡和反坡，重视平纵线形的组合。

纵断面上两个坡段的转折处，为了行车安全、舒适及视距的需要用一段曲线缓和，称为竖曲线。竖曲线几何要素计算如图2-4和图2-5所示。

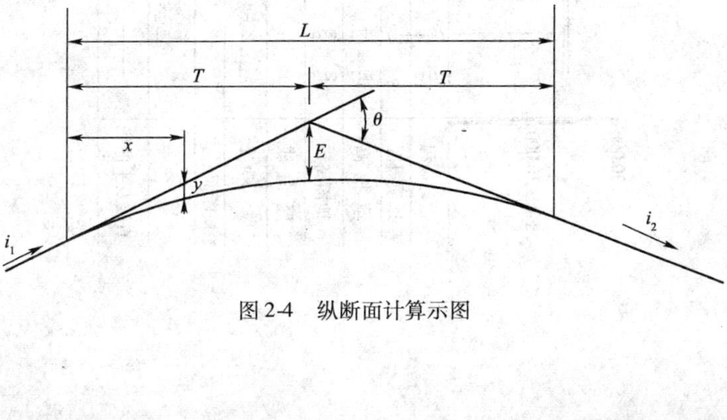

图2-4 纵断面计算示图

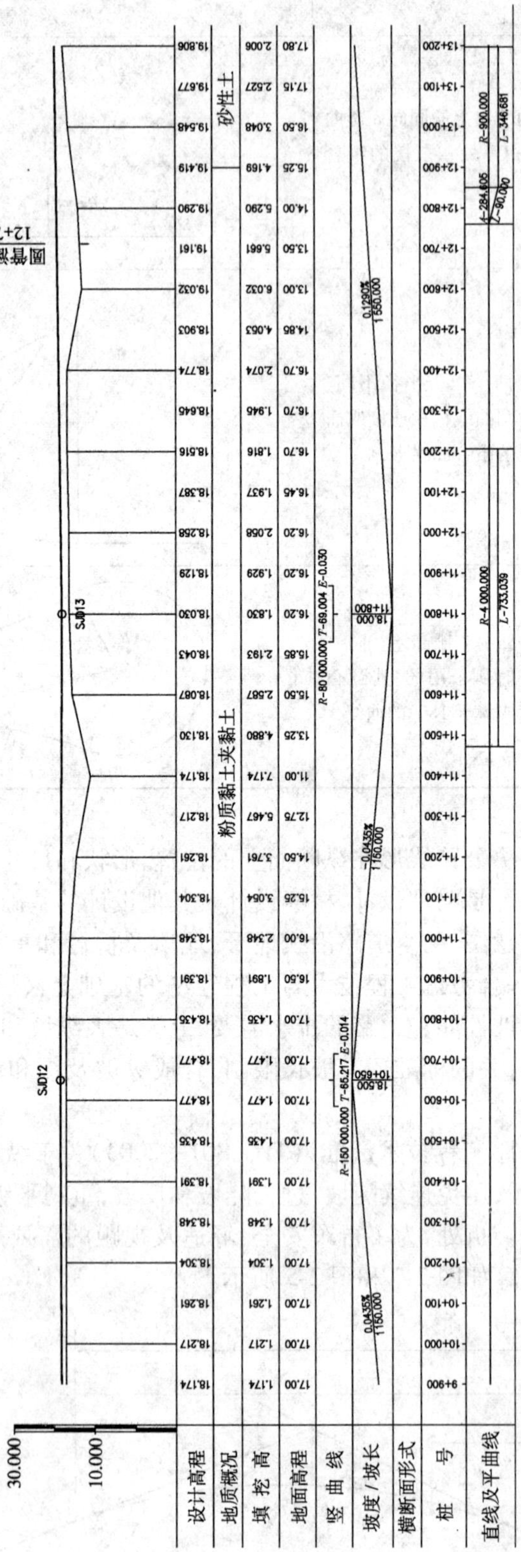

图 2-5 纵断面设计图示例

竖曲线切线长 $T=L/2$,竖曲线曲线长为 $L=R\theta$,竖曲线外距为 $E=T^2/2R$。竖曲线上任意点纵距 y 的计算式为:

$$y=\frac{x^2}{2R} \tag{2-7}$$

式中:y——计算点纵距;

x——计算点桩号与竖曲线起点的桩号差;

R——竖曲线半径。

竖曲线上任意点设计高程的计算:

$$H=H_0-(T-x)i_1\pm y \tag{2-8}$$

式中:H——设计高程,m;

H_0——变坡点高程,m;

i_1——纵坡度;

±——当为凹形竖曲线为"+",凸形为"-";

其余符号含义同前。

3. 横断面设计

公路路基横断面一般由行车道、路肩、边坡、边沟、中间带等组成,如图 2-6。特殊公路横断面组成还包括护坡道、碎落台、截水沟、爬坡车道、加减速车道、错车道等。

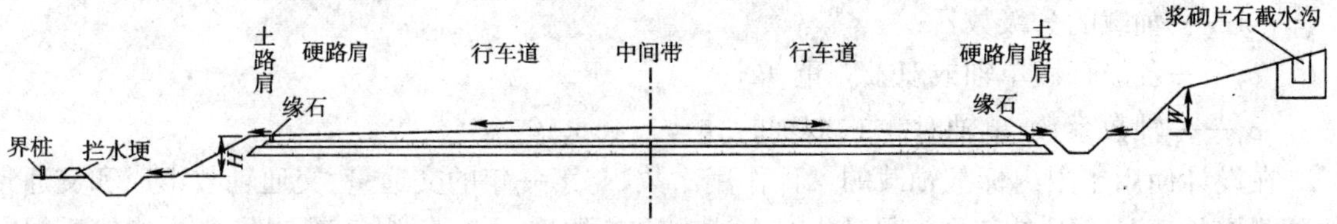

图 2-6 公路路基横断面示例

公路横断面的类型主要有三类,分别是单幅双车道、双幅多车道、单车道。在具体设计横断面之前,先确定路基的标准横断面,一般包括路堤、路堑、半填半挖、护肩路基、挡土墙路基、砌石路基等。断面中的边坡坡度、边沟尺寸、挡土墙断面等必须按现行规范和标准确定。横断面设计方法和步骤如下:

首先,在计算图纸上绘制横断面的地面线,在 CAD 中,可通过数字化仪或者数字地面模型自动获得。

其次,从路基设计表中获取路基中心填挖高度,对于有超高和加宽的曲线路段,还应获取左高、右高、左宽、右宽等数据。

第三,根据现场调查的土壤、地质、水文资料,参照标准横断面图,画出路幅宽度、填或挖的边坡线,在需要设置各种支挡工程和防护工程的地方画出该工程结构的断面示意图。

最后,根据综合排水设计,画出路基边沟、截水沟、排灌渠等的位置和断面形式,必要时注明各部分尺寸。此外,对于取土坑、弃土堆、绿化等也尽可能画出。

随着计算机技术的不断发展,CAD(计算机辅助设计)技术日益完善,道路设计理念也在不断发展,本书只给予基本的介绍,具体内容可参考相关书籍。

四、路面设计

路面的功能不仅是使汽车在道路上能够全天候地行驶,而且能保证汽车以一定的速度安全、经济、舒适地行驶。为了保证道路最大限度地满足车辆运行的要求,提高车速、增强安全性和舒适性,降低运输成本和延长道路使用年限,要求路面具有一定的强度和刚度、稳定性(包括高温稳定性、低温稳定性和水稳定性)、耐久性、表面平整度和表面抗滑性能等基本性能。

1. 刚性路面设计

水泥混凝土路面板具有较高的力学强度,同时又具有较高的弹性模量,在荷重作用之下变形微小,因此从力学观点出发,把水泥混凝土路面称之为刚性路面。水泥混凝土路面有许多种类,如不配筋素混凝土路面、配筋的钢筋混凝土路面、连续配筋混凝土路面、预应力混凝土路面、钢纤维混凝土路面等。由于它们具有相近的力学特征和工作特性,因此都纳入水泥混凝土路面范畴,各类水泥混凝土路面的设计原理与方法基本上类似。

水泥混凝土路面结构设计以 100kN 的单轴—双轮组荷载作为标准轴载。不同轴—轮型和轴载的作用次数,按下式换算为标准轴载的作用次数:

$$N_s = \sum_{i=1}^{n} \alpha_i N_i \left(\frac{P_i}{100}\right)^{16} \tag{2-9}$$

式中:N_s——标准轴载的作用次数,次/天;

N_i——各级轴载的作用次数,次/天;

n——轴载的分级数目;

P_i——各级轴载单轴或双轴总重,kN;

α_i——轴数系数,单轴时为 1,双轴时 $\alpha_i = 1.46 \times 10^{-5} P_i^{-0.3767}$。

在设计使用年限内标准轴载的累计作用次数,与第一年的交通量、交通轴载组成和交通量的预测增长情况等因素有关。同时应对上述交通参数进行详细调查、观测与分析。然后根据所得到的交通资料,按下式计算确定设计使用年限内设计车道的标准轴载累计作用次数 N_e。

$$N_e = \frac{[(1+\gamma)^t - 1]}{\gamma} N_s \cdot \eta \cdot 365 \tag{2-10}$$

式中:N_e——标准轴载累计作用次数;

γ——由调查确定的交通量年平均增长率;

t——设计使用年限;

η——车轮轮迹横向分布系数。

水泥混凝土路面所承受的轴载作用,按设计基准期内设计车道所承受的标准轴载累计作用次数分为 4 级,分级范围如表 2-3。

交 通 分 级 表 2-3

交 通 等 级	特重	重	中等	轻
设计车道标准轴载累计作用次数 $N_e(10^4)$	>2 000	100 ~ 2 000	3 ~ 100	<3

2. 柔性路面设计

通常把以沥青磨耗层及一定厚度的基层为主的沥青路面称之为柔性路面。相对于水泥混凝土路面而言,沥青混凝土路面结构层材料的弹性模量及强度较低。沥青路面通常包括沥青面层、基层、底基层、垫层等。

自建国以来,我国对沥青混凝土路面设计方法开展了长期系统的研究,设计方法总的来说是以理论解析为基础，按车辆换算公式、路面容许弯沉值、沥青混合料疲劳规律、半刚性材料疲劳规律、材料设计参数、弯沉综合修正系数、设计方法的验证、防冻层设计等八个步骤进行。经过大量的试验、分析，经充分论证、典型结构厚度反复试算和现有公路的验证之后，交通部于2006年颁布《公路沥青路面设计规范》(JTG D50—2006)。

沥青混凝土路面设计使用年限为15年，设计以双轮组单轴100kN为标准轴载，以BZZ-100表示。当以设计弯沉值及沥青面层层底拉应力验算时，各种车辆的前、后轴均应按下式换算成标准轴载P的当量作用次数N：

$$N=\sum_{i=1}^{K}C_1C_2n_i\left(\frac{P_i}{P}\right)^{4.35} \tag{2-11}$$

式中：N——标准轴载的当量轴次，次/天；

n_i——被换算车型的各级轴载作用次数，次/天；

P——标准轴载，kN；

P_i——被换算车型的各级轴载，kN；

C_1——被换算车型的轴数系数；

C_2——被换算车型的轮组系数，单轮组6.4，双轮组1，四轮组0.38；

K——被换算车型的轴载级别。

当轴间距大于3m时，应按单独的一个轴载进行计算；当轴间距小于3m时，按双轴或多轴进行计算，轴数系数为$C_1=1+1.2(m-1)$。

当以半刚性基层层底拉应力进行验算时，各种车辆的前、后轴均应按下式换算成标准轴载P的当量作用次数N'：

$$N'=\sum_{i=1}^{K}C'_1C'_2n_i\left(\frac{P_i}{P}\right)^{8} \tag{2-12}$$

式中：N'——标准轴载的当量轴次，次/天；

C'_1——被换算车型的轴数系数；

C'_2——被换算车型的轮组系数，单轮组18.5，双轮组1，四轮组0.09。

其余符号含义同前。

当轴间距大于3m时，应按单独的一个轴载进行计算；当轴间距小于3m时，按双轴或多轴进行计算，轴数系数为$C'_1=1+2(m-1)$。

路面设计弯沉值是指路面竣工后第一年不利季节时，在标准轴载作用下路面温度为20℃时所能容许的最大回弹弯沉，它与交通量、公路等级、面层和基层类型有关。

$$l_d=600N_e^{-0.2}A_cA_sA_b \tag{2-13}$$

式中：l_d——设计弯沉值(0.01mm)；

N_e——设计年限内一个车道累计当量轴次(次/车道)；

A_c——公路等级系数，高速公路、一级公路为1.0，二级公路为1.1，三、四级公路为1.2；

A_s——面层类型系数，沥青混凝土面层为1.0，热拌和冷拌沥青碎石、沥青贯入式路面(含上拌下贯式路面)、沥青表面处治为1.1；

A_b——基层类型系数，半刚性基层沥青路面为1.0，柔性基层沥青路面为1.6。

路面结构设计采用双圆均布垂直荷载作用下的弹性层状连续体系理论进行计算，结构层的最小压实厚度与适宜厚度建议值可参考规范。

思 考 题

1. 了解公路经济学的定义。
2. 掌握国民经济评价理论的主要内容。
3. 了解道路勘测设计的主要内容和方法。
4. 了解路面设计原理的主要内容和方法。

第三章　前期准备及综合调查

公路建设项目可行性研究的前期准备工作主要包括制定研究工作的开展步骤、拟定工作计划、确定研究区域并划分交通小区。在此基础上进一步展开对研究区域的社会经济调查、交通调查和工程调查等工作，其中交通OD调查为交通调查的重点，本章也作了较为详细的描述。

第一节　制订工作计划

公路建设项目可行性研究是一项工作量大、涉及面广的社会系统工程，同时涉及多学科交叉，因此开展公路建设项目可行性研究工作必须事先拟定一个工作计划，按照一定的步骤循序渐进的开展，一般工作步骤如下（图3-1）。

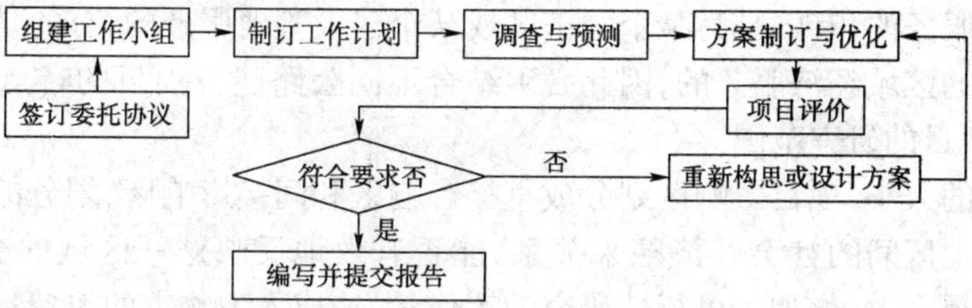

图3-1　可行性研究的基本工作步骤

1. 组成可行性研究领导小组

可行性研究的领导小组，必须是由具有较丰富的公路勘测、设计、施工的工程实践经验和对宏观经济、公路经济、交通工程等有较广博知识的人员构成，领导小组负责对可行性研究工作的组织、领导、督促和检查，保证公路建设项目可行性研究的关键步骤和工作能顺利开展。

2. 前期技术准备

在综合交通调查实施前，必须先拟定工作计划和进度、划分项目影响区域、影响区域的相关数据编码、调查表格的设计、人员的组织及培训、任务的落实等准备工作。

3. 外业踏勘和调查

包括经济调查、交通量调查、路况调查、地形图或航测照片定线、线路桥隧踏勘、地质调查，建筑材料调查以及必要的线路桥隧测量和地质勘察钻探等工作。

机动车起讫点调查（OD调查）的布点应在准备工作阶段初步拟好，外业阶段先与项目所在地区公路管理部门商定，然后布置到各调查点，组织交通、路政、监理、运营等部门协同完成。

4. 调查资料整理、计算与分析

可行性研究工作的调查量大，涉及面广，应及时对调查资料进行整理，按一定的格式录入计算机，并进行相关分析。

5. 主要问题研究

包括公路运输量、交通量预测和评价，工程规模与技术标准的确定，线路和桥隧方案研究，环境保护工作，工程量估算、投资估算与资金筹措方案分析，经济评价，建设安排。

6. 编写报告文本及绘制附表、附图

第二节　技术准备

公路建设项目可行性研究的技术准备主要包括落实可行性研究的要求、拟定工作计划(大纲),划分交通小区,并对交通小区及项目影响区进行编码。

一、拟定工作计划

按公路建设项目可行性研究的工作任务的要求,拟定工作计划(大纲)。工作大纲主要包括公路建设项目可行性研究的工作目标、工作内容、工作进度和成果内容、形式、质量及技术要求等。在落实要求、拟定计划的同时,还应了解资料和经费的限制情况。

二、交通区的划分

1. 项目直接影响区、间接影响区的确定

公路建设项目可行性研究,其研究范围的大小取决于项目本身的特点及功能,有的建设项目是为地区经济服务的,有的是为某个经济区或某个建设基地服务的,有的是为某个港口的集疏或某个大通道的区域经济服务的,因此必须结合不同公路建设项目的特点和功能进行分析研究,合理确定项目的研究范围。

根据受影响的大小,项目影响区划分成直接影响区和间接影响区,划分的标准就是看能否揭示影响区内各地区间的社会经济往来关系,能否有效地反映这一区域的交通流分布状况。直接影响区确定得太大,增加了可行性研究的工作量,造成人力物力的浪费;确定得太小,则不能达到分析研究的目的和要求。

目前对项目影响区的划分还没有一个统一的标准,但直接影响区一般具有以下几方面的特点:

(1)项目的实施,会使这些地区或区域的社会经济显著受益;

(2)项目实施后,项目承担的大部分运量来自这些地区或区域,即交通量的发生源或吸引点大部分在这些地区或区域内;

(3)项目实施后,会使这些地区或区域内其他道路或者其他运输方式显著分流,交通条件大为改善;

(4)从地理位置看,直接影响区一般距项目很近或者项目就通过这些地区或区域,直接影响区从地理范围上看类似于运输通道这一概念。

因此,通常将公路建设项目直接经过的市、县等行政单位划分作为直接影响区,必要时划分到区或乡镇;而把直接影响区范围之外,凡公路建设项目上行驶车辆所及的范围,作为间接影响区。

同时,项目直接影响区和间接影响区的确定,还要与影响区内特殊的经济区的分析结合起来,因为有的建设项目就是以这些经济区为主要服务对象,而这些经济区的功能、特点、发展趋势对公路建设项目的可行性研究结论具有重大影响。

例如江苏省S340改扩建工程可行性研究中,其建设对路线途经的南京、镇江、常州、无锡、苏州(包括其下辖的县级市)及全省的经济发展具有深远的影响。依据影响作用的大小,上述市域划分为直接影响区(图3-2阴影部分),江苏其他地市、山东及中国北部、安徽北部、安徽南部、浙江及中国南部、上海市为间接影响区（图 3-2 中的非阴影部分）。

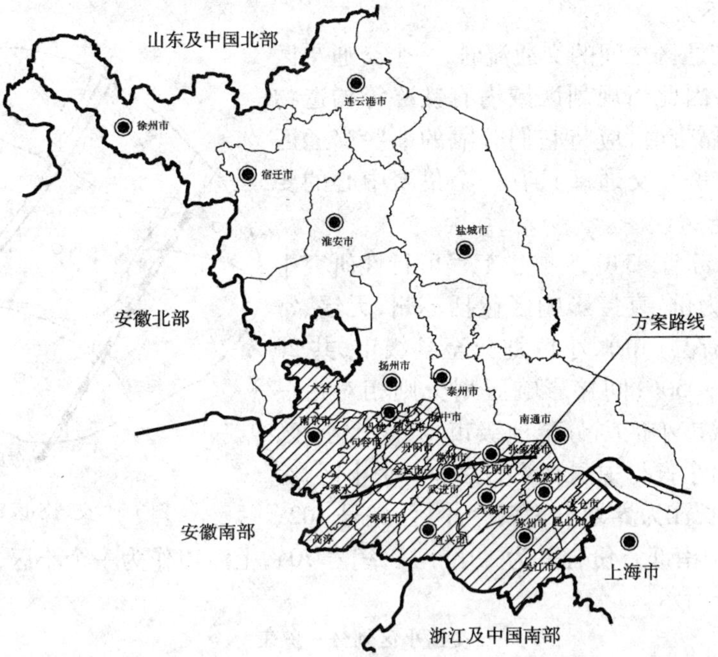

图 3-2　影响区划分示例

2. 交通小区的划分

为了分析项目影响区的社会经济发展情况，车流及客货流的发生、集中情况和起讫点分布情况，还需把项目直接影响区和间接影响区划分成若干相对独立的单元，一般称为交通小区。交通小区是公路可行性研究中社会经济调查与分析、交通调查与分析等工作的最小地域单元。

划分小区的目的是为了将交通起、讫点汇总在适当的小区范围内，将区域交通需求的产生、吸引与区域的工农业产值、人口等社会经济指标联系起来，将交通需求的分布情况用交通小区之间的交通分布图（期望线）表现出来，同时便于后续交通分配模拟公路网上的交通流。

交通小区划分是否适当，将直接影响到交通调查、分析、预测的工作量和精度，因此，在划分交通小区过程中，应注意以下几个原则：

（1）在确定交通区域范围时，除包括规划区域本身外，还应包括与规划区域有较大交通联系的其他区域。

（2）从了解交通源与交通源之间的交通流角度上讲，交通小区划分越小越好，但会使交通分析工作量增大，因此交通小区划分的基本原则是在准确、全面反映区域交通源特征的前提下，使规划工作量尽可能减少。

（3）交通小区划分大小、多少应视交通复杂程度和研究目的而定，一般来说，直接影响区划分较小，间接影响区较大，而且距离项目研究区域越远的区域交通小区划分越大。

（4）交通矛盾突出的地方，交通小区划分得小一些，反之则大一些，例如城市地区、城镇密集地区的交通区划分一般较小，农村地区、山区、牧区等交通区则相对较大。

（5）由于基础资料，如经济、人口等一般都是按照行政区划调查、统计、规划的，因此，为了便于收集、统计基础资料，交通小区划分一般不打破行政区划。国省道的工程可行性研究一般以市、县为单位划分交通小区，县乡道路的工程可行性研究一般以乡镇为单位划分交通小区；

只有在互通立交设置相距较近，为了弄清各互通立交转向、交通发生源时才作进一步细划，否则分区过细意义不大。

(6)在研究交通区之间的交通流时，一个交通小区视为一个交通源，因此当规划区域内有铁路等构造物或河流等天然分隔带时，应将它们分隔的那些交通区一分为二，以满足一个交通区只有一个集聚中心的要求，如图 3-3 所示。

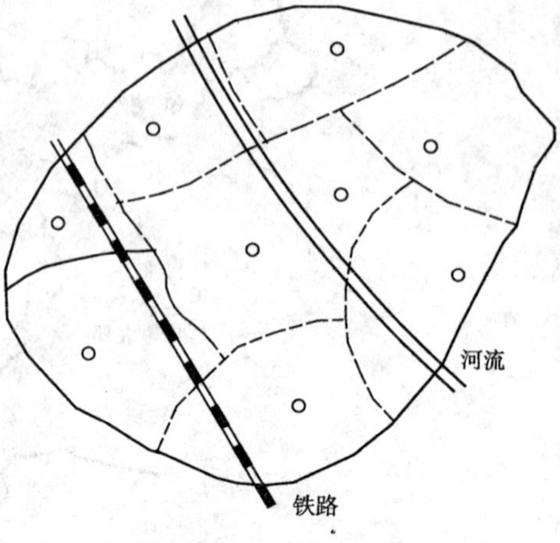

图 3-3　交通小区划分示意图

在此，仍以江苏省 S340 改扩建工程可行性研究中的交通小区划分为例：直接影响区包括苏州、无锡、常州、镇江、南京所有县(市)，小区划分至县级市，共 26 个小区，编号 101 ~ 506；间接影响区划分则相对粗一些，江苏省其他城市小区划分至地级市，共 8 个小区，编号 601 ~ 608，山东省与中国北部归并为一个小区，编号 701，安徽省以长江为界划分为两个小区，编号 702、703，浙江省与中国南部省份合并为一个小区，编号 704，上海市作为一个小区，编号 705。具体如表 3-1 及图 3-4 所示。

交通小区划分一览表　　　　表 3-1

小区编码	小区范围	小区编码	小区范围	小区编码	小区范围
101	南京市	302	武进市	601	扬州市
102	六合县	303	常熟市	602	泰州市
103	江浦县	304	金坛市	603	南通市
104	江宁县	401	无锡市	604	盐城市
105	高淳县	402	锡山市	605	淮安市
106	溧水市	403	宜兴市	606	宿迁市
107	溧阳县	404	江阴市	607	连云港市
108	句容市	501	苏州市	608	徐州市
201	镇江市	502	昆山市	701	山东及中国北部
202	丹徒县	503	吴中市	702	安徽北部
203	扬中市	504	吴江市	703	安徽南部
204	丹阳市	505	太仓市	704	浙江及中国南部
301	常州市	506	张家港市	705	上海市

3. 交通小区编码

为了便于建立数据库，进行数据管理和分析，应对区域交通小区、项目影响区公路网结点和公路网进行编码。编码方式主要有两种：一是按自然数编码；二是按规定码编码。

交通小区编码，可采用自然数编码，如图 3-5a)所示，也可采用特殊格式编码，通常是按大的行政区进行编码，一般是 4 位，前两位作为地级市的代码，后两位则按自然数随机生成，如图 3-5b）所示。

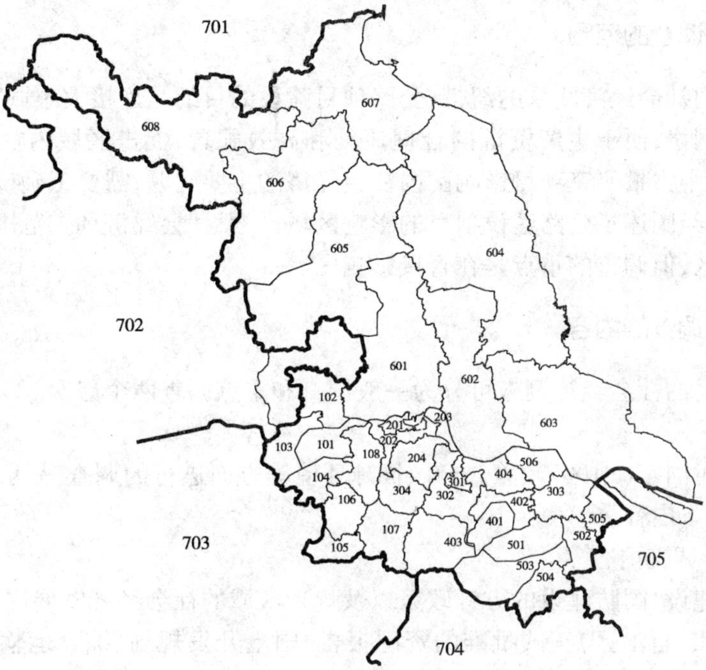

图 3-4　交通小区划分示例

路网结点编码一般按自然数进行编码，或通过计算机随机生成。

线路编码通常按交通部规定的统一编码标准进行编码，如 G102、S206、X057 分别代表 102 国道、206 省道及 057 县道，新规划的线路可暂时用自然数码代替，对于拟建公路建设项目为了统计分析的方便可用统一的特殊格式编码，如 1000 等一个较大的数。

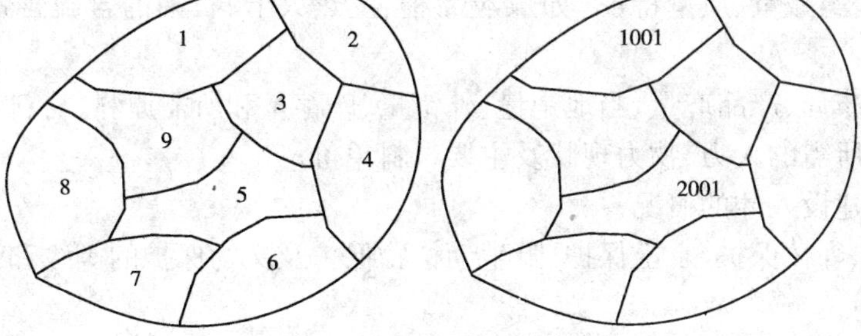

a)　　　　　　　　b)

图 3-5　交通小区编码示意图
a）按自然数编码；b）按行政区编码

第三节　社会经济调查

公路运输是一种有目的的人工活动，公路建设项目的立项和建设必须服务和适应社会经济的发展，并通过项目的建设促进社会经济加速发展。为了分析研究公路运输与社会经济发展的适应情况，论述公路项目建设的必要性，准确地预测交通量的变化状态，准确地对建设项目进行国民经济评价和财务评价，进行公路建设项目可行性研究时，必须全面、系统、准确、及时地开展社会经济调查工作，为整个可行性研究打下基础。

一、社会经济调查的范围

公路是地区间社会经济联系的纽带，公路项目建设的目的是连接大小城镇，形成区域交通网络和区域经济网络，便于生产资源的合理流动和高效配置，促进区域内社会经济的快速发展。因此，为了集中力量研究项目影响区内社会经济的主要问题，需要正确确定调查范围的大小，本章第二节已经阐述了公路建设项目的影响区域，一般社会经济调查范围需要涉及直接影响区和间接影响区，但调查的重点是在直接影响区。

二、社会经济调查的内容

公路建设项目的社会经济调查可分为一般调查和重点调查两个层次。

1. 一般调查

一般调查指对国家(地区)政策、方针、资源环境等方面进行的调查，一般调查以定性调查为主，主要包括如下内容。

(1)政策方针调查内容

①国家经济建设、国防建设的方针政策以及规划区域的社会经济发展规划；

②国家、省(市、自治区)正式批准的资源报告、国土开发规划、综合运输网规划及有关行业发展规划等；

③有关的人口政策、用地政策、资源政策、环保政策及交通运输政策等；

④国防建设的需要，要求路线方案的走向；

⑤现行的有关公路工程技术标准、规范、定额、指标及基本建设法规等；

⑥当地政府及交通部门对公路的需求及改建方案的建议。

(2)资源环境调查内容

①矿藏分布、蕴藏量、质量特征(如煤炭品种、发热大卡、石油的含硫含蜡量、金属矿石的品种等)；

②主要工矿布局、产品产量、当地销量、外销量、库存量和所需原料、材料、燃料的数量；

③公路建设所需的人力、物力现状及主要材料单价；

④现有公路建设人才的概况；

⑤环境保护、森林保护、水土保护、野生动植物保护及文物保护的等级和范围。

2. 重点调查

重点调查是对项目影响区域内国民经济的发展状况进行实际调查，以定量调查为主，重点调查包括以下内容：

(1)项目影响区域和各分区域的总人口、各产业人口、总面积、耕地面积、社会总产值、主要产品产值、国民收入、人均收入等；

(2)项目影响区域的经济结构、产业结构、产业政策、城镇建制、布设格局及其发展方向；

(3)重大经济布局的调整和安排，新建、扩建、改建的大型工矿、企业，如汽车工业及电站等项目；

(4)主要产品如煤炭、石油、金属矿石、钢铁、矿建材料、水泥、木材、非金属矿石、化肥及农药、盐、粮食、日用工业品及其他的产量。

三、社会经济调查的方式与方法

公路建设项目可行性研究中的社会经济调查是一次性的专门调查，从搜集调查资料的方法来看，有直接观察法、报告法和采访法等，它们各有不同特点及其适用场合。

直接观察法，即由调查人员到现场对调查对象进行观察计量的方法。这种方法能够保证所搜集资料的准确性，但它的应用受很大的限制，因为这样的调查方法需要大量的人力、物力、财力和较长的时间，并且在有些条件下，如对许多历史资料的搜集，就不可能直接进行计量和观察。这种方法在公路建设项目可行性研究中主要用于交通流量调查如 OD 调查，在其他场合更多地是采用报告法和采访法。

报告法，是利用调查区域内企业、事业单位和政府机关已有的统计报表资料和其他方式积累的资料向可行性研究编制单位提供数据的方法。这种方法可以节省资料搜集的时间，但不一定很准确。

采访法和前两种方法截然不同，它是根据被询问者的答复来搜集统计资料的方法。这种方法又可分为口头询问法和被调查者自填法两种。

口头询问法，是由调查人员对被调查者逐一采访，并提出所要了解的问题，借以搜集资料，或由调查人员召集了解情况的有关人员，以座谈会的形式，按一定调查提纲，展开讨论式的调查，以搜集各项资料和情况。这种调查方法由于能与被调查者亲自接触，逐项询问研究，所以对实际了解得比较深入，可保证调查资料的准确程度。但是，这样需要的调查人员较多，花费的时间也较长，不宜于进行全面调查。

被调查者自填法，即调查人员把调查表交给被调查者，说明填表的需求和方法，并对有关指标和注意事项加以解释，由被调查者按实际情况一一填写，填好后交调查人员审核收回。这种方法比口头询问法节省人力和时间，但被调查者必须具有较强的责任感，以及对调查对象有相当了解，才能保证资料的准确性。

值得注意的是，由于社会经济现象本身的复杂性和表现现象特征多样性，因而，采用的调查方法应该根据实际情况，灵活运用，有时需要将几种方法结合起来以适应调查任务和对象特点的要求，并且随着客观情况和工作条件的变化，不断改进和完善。

四、社会经济调查的资料来源

公路建设项目可行性研究中的社会经济调查涉及的面广、量大、内容繁杂。为了快速、准确、全面地搜集所需的社会经济资料，必须事先了解各种数据资料的基本来源。当然有一些资料（如交通量等）需要进行现场观测统计，但很多数据资料，特别是有关历史的数据资料，可以在现有的文件中找到，其中主要的几种载体形式如下：

（1）企业、事业单位以及政府机关的定期统计报表；

（2）正式出版的各级政府的《统计年鉴》；

（3）各级政府机关编制的国民经济和社会发展规划与长期战略计划；

（4）各地方政府编制的地方志；

（5）有关部门的发展规划与长远计划；

（6）其他形式的资料汇编或报刊。

表 3-2 ~ 表 3-5 为社会经济调查表示例。

社会经济概况调查表

表 3-2

调查单位______________市(地)______________县(市、区)______________　　填表时间:______________

年份	土地面积		人口(万人)			国民总收入(万元)		工农业总产值(万元)				国民生产总值(万元)	主要产品产量(万吨)																备注
	总面积	耕地面积	总人口	非农业人口	农业人口	总收入	人均收入	总产值	年平均增长率	工业产值	农业产值		煤炭	石油	金属矿石	非金属矿石	钢铁	矿建材料	水泥	木材(万立方米)	化肥	农药	盐	粮食	棉花	水果	水产品	其他	

填表人:______________　复核人:______________

注:①各价格可按 1980 年、1990 年、2000 年不变价格计算,1980 ~ 1990 年按 1980 年价格计算,1990 ~ 2000 年按 1990 年价格计算;

②金属矿石主要指铁矿、金矿、铜矿等矿藏;

③矿建材料主要指砂、石等材料;

④非金属矿石主要指云母、石英、金刚石、石墨等矿藏;

⑤有行政区划变化的要加以注明。

主要产品产销量调查表 表 3-3

调查单位__________市(地)__________县(市、区)__________ 填表时间:__________

品　名	年产量(万吨)	外销量(万吨)	主要销售地
煤炭			
石油			
金属矿石			
钢铁			
矿建材料			
水泥			
木材(万立方米)			
非金属矿石			
化肥			
农药			
盐			
粮食			
棉花			
水果			
水产品			
其他			

填表人:__________复核人:__________

注:①外销量系指销往本县(市、区)之外的数量,如无绝对数,可按比例估计;

②主要销售地若在本省填至县(市、区),若在外省填至省(市);

③金属矿石、矿建材料、非金属矿石同表 3-2;

④外销量有突出变化的要加以注明。

主要物品供耗量调查表 表 3-4

调查单位__________市(地)__________县(市、区)__________ 填表时间:__________

品　名	年耗量(万吨)	外部采购量(万吨)	主要来源地
煤炭			
石油			
金属矿石			
钢铁			

续上表

品　　名	年耗量(万吨)	外部采购量(万吨)	主要来源地
矿建材料			
水泥			
木材(万立方米)			
非金属矿石			
化肥			
农药			
盐			
粮食			
棉花			
水果			
水产品			
其他			

填表人:____________复核人:____________

注:①外销量系指销往本县(市、区)之外的数量,如无绝对数,可按比例估计;

②主要销售地若在本省填至县(市、区),若在外省填至省(市);

③金属矿石、矿建材料、非金属矿石同表3-2;

④外销量有突出变化的要加以注明。

主要矿藏资源调查表　　表3-5

调查单位____________市(地)____________县(市、区)____________　填表时间:____________

序号	项目	蕴藏量(万吨)	基年开发量(万吨)	未来25年开发计划(万吨)					备　注
				5	10	15	20	25	
1	煤炭								
2	石油								
3	盐								
4	铁								
5	铜								
6	石料								
7	砂								
8	黏土矿								
9	铝矾土								
10	其他								

填表人:____________复核人:____________

第四节　交 通 调 查

一、交通调查的目的

综合交通调查是交通量分析预测和经济评价的基础,交通调查和分析的主要目的是为了把握影响区内交通运输发展的规律及趋势、提供交通量预测所需的资料、为经济评价某些参数的确定采集基础数据,同时了解其他有关交通现状的资料。

二、交通调查的范围

1. 空间范围

交通调查的空间范围与本章第二节所确定的影响区一致,每一个“影响小区”为一个独立的调查区。交通调查的影响区亦分为直接影响区和间接影响区两类,与经济调查完全一致,重点是在直接影响区。

2. 时间范围

交通调查是调查交通的现状和历史,以年为记录单位。交通调查的目的之一,是从历史、现状资料预测未来。按照统计学的观点,采用时间序列法推算未来。历史资料越长越好,但是,在我国建立这样长的历史数据进行时序预测通常是不可能的,这是因为我国经济和交通各项指标受不同历史期的影响很大。因此,为了能有效反映项目影响区的交通运输发展规律,通常调查的时间至少需要 15 年以上。

三、交通调查的内容

交通调查是公路建设项目可行性研究的基础性工作,它除包括与交通发展相关的社会经济调查(见本章第三节)外,还主要包括交通运输调查、基础设施调查和 OD 调查等内容,其中 OD 调查是公路建设项目可行性研究非常重要的一环。

1. 交通运输调查内容

(1)铁路、公路、水运、航空及管道五大运输方式历年完成的客货运输量及所占的比重;

(2)公路交通运输部门完成的历年公路客货运量及周转量;

(3)非交通部门车辆完成的历年公路客货运量及周转量,可以通过当地统计年鉴资料上的数据,减去公路交通部分完成量,推算出来;

(4)国家、省级公路的历年交通量和县、乡级公路的基年交通量;

(5)铁路、公路、水运、航空、管道等运输方式的基年 OD 表;

(6)铁路、公路、水运、航空、管道等运输成本、平均速度、实载率(使用率)以及汽车平均工作率、平均车日行程、平均运距等运营指标;

(7)机动车保有量。

2. 基础设施调查内容

(1)公路网各线路起讫点、主要经过点、里程、等级、路面、地形条件、大中桥、隧道、渡口、主要客(货)站场规模和布局及适应状况等;

(2)公路网内交通事故情况(次数、伤亡人数、经济损失及事故多发地段);

(3)铁路网各线路起讫点、主要经过点、里程、等级、通过能力、主要站场规模及适应状况;

项目影响区域综合运输基本概况及比重表

表 3-6

调查单位______________市(地)______________县(市、区)______________ 填表时间:______________

项目	交通里程(km)						全社会运量(万人,万吨)											全社会周转量(万人公里,万吨公里)										
	铁路	公路	水运	空运	管道	合计	铁路		公路		水运		空运		管道	合计		铁路		公路		水运		空运		管道	合计	
							客运	货运	客运	货运	客运	货运	客运	货运		客运	货运	客运	货运	客运	货运	客运	货运	客运	货运		客运	货运
年份	1	2	3	4	5	6	7	8	9	10	11	12	13	14	15	16	17	18	19	20	21	22	23	24	25	26	27	28
1978																												
1980																												
1985																												
1990																												
1991																												
1992																												
1993																												
1994																												
1995																												
1996																												
1997																												
1998																												
1999																												
2000																												
2001																												
2002																												
2003																												
2004																												
2005																												

填表人:______________ 复核人:______________

注:①客运单位为万人公里;

②货运单位为万吨公里;

③交通里程是指本调查区域的里程数,空运及水运里程按当地空运,水运部门的统计资料填报。

项目影响区域现有公路网技术状况调查表

表 3-7

调查单位________市(地)________县(市、区)________　　填表时间:________

序号	项目	单位	1990 年									1995 年									2005 年									行政等级				备注
			合计	高速公路	一级专用公路	一级公路	二级专用公路	二级公路	三级公路	四级公路	等外公路	合计	高速公路	一级专用公路	一级公路	二级专用公路	二级公路	三级公路	四级公路	等外公路	合计	高速公路	一级专用公路	一级公路	二级专用公路	二级公路	三级公路	四级公路	等外公路	合计	国道	省道	县乡道	
1	公路总里程	km																																
	比重	%																																
2	路面铺装里程	km																																
	比重	%																																
	其中:高级次高级路面	km																																
	比重	%																																
	砂石路面	km																																
	比重	%																																

填表人:________　复核人:________

注:①按国道,省道,县乡路的通车里程填报,共分四张表填报(含一张汇总表),以便全面了解规划区路网现状及分析现状;

②行政等级以基年资料填写。

表 3-8

项目影响区域公路运输车辆构成基本情况表

调查单位________市(地)________县(市、区)________　　填表时间:________

序号	年份	总计(veh)	汽车合计(veh)	交通部门保有量(veh)									非交通部门保有量(veh)									胶轮拖拉机(veh)							摩托车(veh)	备注
				货车			客车			集装箱拖挂箱	特种车	合计	货车			客车			集装箱拖挂箱	特种车	合计	交通部门			非交通部门			合计		
				大中型	小型	小计	大中型	小型	小计				大中型	小型	小计	大中型	小型	小计				大中型	小型	小计	大中型	小型	小计			
1	1978																													
2	1980																													
3	1985																													
4	1990																													
5	1991																													
6	1992																													
7	1993																													
8	1994																													
9	1995																													
10	1996																													
11	1997																													
12	1998																													
13	1999																													
14	2000																													
15	2001																													
16	2002																													
17	2003																													
18	2004																													
19	2005																													

填表人:________　　复核人:________

项目影响区域公路建设造价调查表

表 3-9

调查单位________________市(地)________________　　　　填表时间:________________

建设年份	路线名称	起讫地点	总里程(km)	地形类别	公路技术等级及路面类型	道路交叉类别	总造价(万元)	每公里造价(万元)	备注(路面宽、建设性质等)

填表人:________________　复核人:________________

注:以地市为单位填写;

道路交叉类别分全封闭全立交、半封闭和不封闭三种类别。

(4)航道网各航道起讫点、主要经过点、里程、等级、通过能力、主要站场规模及适应状况；

(5)航空线起讫点、里程、机场位置、通过能力及适应状况；

(6)管道起讫点、主要经过点、里程、通过能力；

(7)邮电设施密度及适应状况；

(8)铁路、航道、航空、管道及邮电设施的发展规划。

四、交通调查的方法

对于项目影响区域各运输方式的客、货运输量(全社会)的数据，一般可直接从年鉴上获得。由于这些数据是今后公路交通量预测的宏观控制值，因此，调查的年份要相对长一些，至少应收集到15年以上的数据。

在项目影响区(路段)的客货运量(交通量)的调查中，对公路的调查要详细，对铁路、水运的调查可相对粗些。例如，铁路、水运等的运量只要求调查到各区域之间的平均运量及主要货种即可。同样对于与拟建项目相关的公路交通量调查一般只调查到各区域间的路段平均交通量及交通组成，而拟建项目则不同，在进行调查时，应调查到公路网节点间的路段交通量及交通组成。

OD流量一般只调查公路的OD量，具体调查方法参见本章第五节。

对于运价的调查，一般只调查公路运价，包括客、货运价，调查年份一般从距调查基年15年至今。如能收集到铁路、水运等其他运输方式运价则更好。

运输成本调查一般也只调查公路运输成本，调查指标按目前统计口径即可，调查年份至少也应在15年以上。在调查运输成本时，应注意调查影响成本中工资、燃料、材料、车辆等的国家和行业政策及发展趋势。当然如能收集到铁路、水运等其他运输方式的运输成本则更好。

基础设施调查应以公路基础设施调查为主，铁路、水运调查为辅。在对公路基础设施调查中，对拟建公路项目要详细，对其他公路可粗略些。

建设资金调查的重点在于对资金渠道的调查，调查内容包括现有资金渠道、资金数量及相应的筹资政策、规定、费率及措施等。

表3-6～表3-9为公路建设项目可行性研究交通调查样表示例。

第五节　工程调查

可行性研究报告工程部分调查研究工作主要是为了了解项目建设条件、工程地质环境和各方意见等，为工程方案的设计提供基础资料。

一、工程调查的主要任务

(1)调查项目建设的条件和环境，听取各方意见、分析项目建设的有利条件与不利条件，论证项目实施的技术可行性。

(2)研究项目建设重大技术方案并进行比较，提出推荐意见。属于重大技术方案的一般有：建设项目的等级和标准；路线走向；特大桥梁与长隧道的位置和选型；互通立交设置的数量、位置和选型；分期建设的实施方案；收费公路的收费方案；以及路基建设或处理方面的重大方案(如两行车方向路幅分开、高架、大规模软土处理等)。

(3)分析研究项目建设存在的主要技术难点,提出需要安排的重大科研课题或重大技术、设备的引进项目。

(4)按照不同阶段的要求,提出项目建设的工程数量以便进行投资估算。

二、调查内容

1. 地形资料

工程可行性研究的工程方案设计,须有1:1万、1:5万、1:10万或1:20万比例尺的地形图。如果得不到1:1万比例尺的地形图,就需要通过测量,绘制该比例尺的地形图。为了区分不同的地形,还需要掌握有关地形的特性指标,如相对高差、地形的平均坡度等资料。

2. 地质资料

工程可行性研究除要求进行比较详细的调查研究和现场地质踏勘外,还需要进行必要的地质勘探。地质资料主要有大桥、隧道处地质构造、钻探柱状图,不良地质地段的分布。在对不良地质地段及大桥、隧道进行勘探时,设计人员与地质勘探人员应共同协调,确定地质勘探方法、范围。一般来讲,对于不良地址地段,采用简易钻探的方法比较经济。

3. 地震资料

在对沿线地区的地震情况进行调查时,应掌握地震带的分布,并掌握该地区的地震烈度和区域,按规定的形式绘制地震烈度分区图。

4. 水文资料

水文资料调查应明确路线有可能跨越的河流位置,流域面积,河流的流向、流量、流速、水深、丰水位和枯水位,汛期的持续时间,有关地区的降雨量及雨量分布。北方地区还应收集河流的冰冻深度、冰凌汛期等影响施工建设的有关资料。

5. 气象资料

气象资料包括项目所在地区的气候类型、干湿程度、季节变化、气候变化及平均气温、冰冻期、无霜期等。

6. 建筑材料资料

建筑材料调查分为两部分内容,即地方建筑材料的调查和工业废料的调查。地方建筑材料的调查,主要是指对沿线可能被利用的土方、砂石料的分布、品质、数量的调查;工业废料是指粉煤灰、矿渣等可以用来筑路的工业废弃物。通过建筑材料的调查,绘制出建筑材料分布示意图,并按表格的形式,提供筑路材料场的调查结果。

7. 方案研究的图表

在进行路线方案研究时,应考虑多种因素进行平纵组合的线形设计,以避免在初步设计时对线形作较大的修改。路线方案比选时所需的图纸有路线方案比较图,1:1万或1:5万比例尺图;平面及纵断面图,平面图比例尺为1:1万;路基标准横断面图;路面结构方案图;大桥桥型示意图;隧道方案比较图;互通式立交平面布置示意图等。

方案研究所用的表格有线路方案比较表、主要技术经济指标表、路基土石方数量表、排水与防护工程数量表、挡土墙工程数量表,路面工程数量表、大桥方案比较表、立交方案比较表等14种,其具体内容与格式可参见《公路建设项目可行性研究报告编制办法》。

第六节 OD 调 查

一、概述

1. OD 调查定义

公路上的人、货物或其运输工具，从某一地点向另一地点的移动，称为出行，出行的两个端点即起点与终点（也称讫点）称为出行端点。在某一区域内，为获得通过两个出行端点的车辆类型、荷载品种、交通方向、人员流动情况、交通目的等资料所进行的调查，称为起讫点调查。由于“起点”一词在英语中为 Origin，“讫点”为 Destination，故将起讫点调查简称为 OD 调查。根据调查对象的不同，可以把调查机动车出行起讫点的工作称为机动车起讫点调查，调查旅客出行起讫点的工作称为旅客出行调查，调查货物起讫点的工作称为货物起讫点调查。公路建设项目可行性研究中的 OD 调查一般以机动车 OD 调查为主。

2. OD 调查的目的和意义

OD 调查技术于 20 世纪 40 年代在国外即开始使用，60 年代开始盛行。最初 OD 调查结果仅在城市交通规划中应用，后来被逐步应用在城市间的交通规划和区域运输规划中。近年来，OD 调查所得结果已被应用于我国公路网规划，新建或改建公路项目可行性研究、设计、交通组织和管理等各个方面。大量的 OD 调查数据，对掌握调查区域的交通流向、流量情况，获得车种、荷载种类等资料，为远景交通量的预测、道路类型和等级的确定、互通立交的设置、道路横断面的设计、交通服务设施的配置、交通管理与控制、规划方案和建设项目的国民经济评价及财务分析等提供定量依据，进而为交通规划的完善、建设项目可行性研究和决策奠定基础。

3. OD 调查的内容

OD 调查是为了获取公路上交通流的构成、流量、流向、车辆起讫点、货物类型、车辆实载率等数据，OD 调查的内容则是通过 OD 调查表来具体反映这些数据的。OD 调查表格式的设计应根据项目侧重点的不同而略有差异，设计的基本指导思想是力求简单（调查员文化水平可能不高）、适用（考虑在路旁站立填写）。

二、OD 调查的组织和实施

对于一个已经确定的公路建设项目的 OD 调查，主要应包括组织调查机构、调查准备、确定抽样率、调查人员培训、制订调查计划、典型实验、实地调查等步骤，其中具体细节可参考相关文献资料。

1. 组织调查机构

OD 调查是一项涉及面广、工作量很大的工作，需要许多单位、许多部门相互协作、共同完成，因此需要设立一个专门的机构，统一负责指挥、协调工作。

2. 调查准备

设计、印刷调查表格，表格设计的原则是既要满足调查的要求，又要简明扼要，使被调查者容易填写或回答。结构合理，尽量为以后的统计分析工作减少工作量。

3. 确定抽样率及抽样方法

对已定的公路建设项目 OD 调查进行具体分析，确定抽样率和抽样方法。

4. 调查人员培训

调查质量、调查精度很大程度上取决于调查人员，尤其是路边访问法，调查人员的责任心、填表质量将直接影响到调查的成败。因此，从人员挑选开始，就要严格要求，一般的条件是具有高度的责任感，具有一定的文化程度，身体健康，对实地熟悉等。培训过程中要反复讲明调查的目的、要求，填表的内容、格式，要方便调查表格回收的整理统计，要模拟实地调查时可能出现的各种情况，要强调培养调查人员的耐心、热情与韧性。

5. 制订调查计划

调查的实施计划应从实际出发，安排既要紧凑，又要留有一定的余地。

6. 典型试验

在调查工作全面开展之前，应先作小范围的典型试验，取得经验教训，进一步完善计划和方法，确保达到预期效果。典型试验还可结合调查人员培训一起进行。

7. 实地调查

实地调查的过程中，必须严格把关，及时抽查，以随时发现问题，保证调查的精度。

三、OD 调查的区域划分和调查地点选择

1. 区域划分

一般 OD 调查都是从描绘调查区域的略图开始的。调查区可分为直接影响区和间接影响区。直接影响区与间接影响区间的边界线称为境界线，它使直接影响区形成一个封闭区域。直接影响区或间接影响区均可分为一系列小区。各小区应编号，并假定所有出行的起点或讫点均在其形心（活动中心）。交通小区划分的原则和方法见本章第二节。

2. OD 调查地点的选择

OD 调查地点选择，对调查数据和今后的分析预测都将产生重大影响，它是 OD 调查工作的关键之一，通常需考虑以下几点：

（1）选定的调查点，应以能够全面掌握项目直接影响区与间接影响区之间、直接影响区内各小区之间以及小区内部等各主要线路交通流情况为基本原则；

（2）与研究项目平行或竞争的路线，应主要考虑设点的路线；

（3）与研究项目交叉的主要路线，应考虑设点（目的是掌握互通交通量）；

（4）应尽量避免市内交通的影响，设点应稍远离城镇；

（5）应选择路基较宽、线形较直（视距 250m 以上）的路段设点，上行与下行调查处（指同一调查点）之间应留有不少于 150m 距离；

（6）在不影响调查目的的前提下，应适当结合调查经费和调查人员的数量而考虑设点的多少，尽量避免设置作用重复的点；

（7）为核实日常交通量观测值和掌握昼夜交通量之比率，在有典型代表性的路段上，可同时设置几个 12h 和 24h 交通量的观测点。

总之，对 OD 调查，选点必须慎重，设点太多，会使调查费用增加；设点太少，会导致调查结果失真。因此，选点工作应有当地熟悉交通线路情况的人员参加。在正式调查之前，调查人员应亲赴现场查看，落实具体调查地点，以确保调查资料不失真。

在选定 OD 调查点后，需要绘制一份调查点布置图，如图 3-6 所示。

四、OD 调查的主要方法

OD 调查的方法很多，有路边访问法、给驾驶员发明信片法、记录汽车牌照法、给车辆贴标

签法、家庭访问法和给车主发调查表法等。这些方法各有其优点和局限性,应根据调查的目的、数据要求,并权衡人员、经费和时间的要求来选择。我国目前多采用路边访问法,因此,本节内容以介绍此法为主。

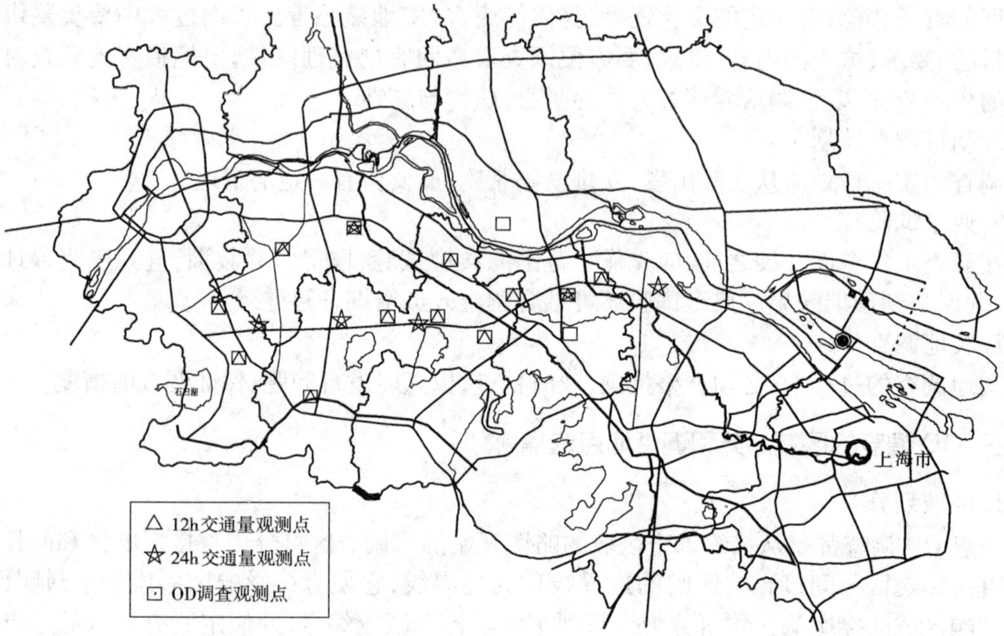

图 3-6　交通量观测及 OD 调查点布置图

1. 调查填表说明

OD 调查表的表头部分,包括路线名称,调查点地名;调查地点所在省、地、县名称,由调查人员填写,这几项方格内的代码由工作人员统一填写;调查点编号、行车方向、调查日期、调查时间由调查人员在方格内用数字填写。

OD 调查表正表部分,根据询问情况由调查人员填写车型编号,客、货车额定客位、吨位、实载人数、实载吨位、货种编号等项;起点、终点用汉字填写省、地县名称;起点、终点编码由 OD 调查人员统一填写。

客车及摩托车填写额定客位及实载人数;货车及拖拉机填写额定吨位、实载吨位及货种;客货两用车既填写额定客位及实载人数,又填写额定吨位及实载吨位。

对于特种车辆,如军车、警车、消防车、救护车等不进行调查。

表 3-10 为一典型的 OD 调查表。

2. 路边访问法

路边访问法是实际应用最为普遍的一种方法,调查内容包括车型、核定载客(货)量、货类、实载量等,以下作详细介绍。

路边访问法是在路上选定 OD 调查点让驾驶员停车,询问该车起点和终点以及所需的其他资料。访问完毕,即发给驾驶员 OD 调查标签,标签上即有该调查点编号。如在 108 调查点被调查到的车辆驾驶员将发给印有 108 编号字样的标签,驾驶员将该标签贴于车窗醒目处,这样一旦该车经过其他调查点时,不再进行访问调查,以避免重复统计。只有当贴有 108 号标签的车辆重新又回到 108 号点时,才再次被访问,这样就保证了重复出行的车辆及当日往返的车辆不被遗漏。

公路机动车 OD 调查表样表

表 3-10

调查点位置 调查月、日		地区(市) 县 乡镇				调查点编号 行车方向 1______ 2______ 调查时间（按 24h 记）		
全部车辆(1)				小客车/摩托车/大客车(2)		货车(3)		
车型 1. 小客车(≤12 座) 2. 大客车(>12 座) 3. 小货车(≤2.5 t) 4. 中货车(2.5 ~ 7.0t) 5. 大货车(>7.0t) 6. 摩托车 7. 拖拉机	车辆所有者 1. 交通运输部门 2. 个体 3. 社会车辆 车号	起点 省______ 地区(市)______ 县______ 乡镇______	终点 省______ 地区(市)______ 县______ 乡镇______	额定客位 (个)	实载人数 (人)	额定吨位 (t)	实载吨位 (t)	实载货类 1. 煤炭 7. 木材 2. 石油 8. 非金属矿石 3. 金属矿石 9. 化肥、农药 4. 钢铁 10. 盐 5. 矿建材料 11. 粮食 6. 水泥 12. 其他
车型 1. 小客车(≤12 座) 2. 大客车(>12 座) 3. 小货车(≤2.5 t) 4. 中货车(2.5 ~ 7.0t) 5. 大货车(>7.0t) 6. 摩托车 7. 拖拉机	车辆所有者 1. 交通运输部门 2. 个体 3. 社会车辆 车号	起点 省______ 地区(市)______ 县______ 乡镇______	终点 省______ 地区(市)______ 县______ 乡镇______	额定客位 (个)	实载人数 (人)	额定吨位 (t)	实载吨位 (t)	实载货类 1. 煤炭 7. 木材 2. 石油 8. 非金属矿石 3. 金属矿石 9. 化肥、农药 4. 钢铁 10. 盐 5. 矿建材料 11. 粮食 6. 水泥 12. 其他
车型 1. 小客车(≤12 座) 2. 大客车(>12 座) 3. 小货车(≤2.5 t) 4. 中货车(2.5 ~ 7.0t) 5. 大货车(>7.0t) 6. 摩托车 7. 拖拉机	车辆所有者 1. 交通运输部门 2. 个体 3. 社会车辆 车号	起点 省______ 地区(市)______ 县______ 乡镇______	终点 省______ 地区(市)______ 县______ 乡镇______	额定客位 (个)	实载人数 (人)	额定吨位 (t)	实载吨位 (t)	实载货类 1. 煤炭 7. 木材 2. 石油 8. 非金属矿石 3. 金属矿石 9. 化肥、农药 4. 钢铁 10. 盐 5. 矿建材料 11. 粮食 6. 水泥 12. 其他

注：起讫点填至县或区(对于城市)。

调查员：__________ 审核员：__________

由于调查过程中需要拦截车辆，因此对正常的道路交通影响较大，调查过程中需注意不要造成车辆过多的延误甚至阻塞，因此需要交警的协助，当交通量较大时可采用抽样的方法。

路边停车，在一定程度上会影响交通。一般来讲，设置一块解释调查目的的、醒目的标志牌，可使驾驶员对调查有所准备，比较容易取得驾驶员的合作并减少对交通的影响。标志牌应在访问点前数百米处，使驾驶员尽早减速，以避免车辆驶近调查地点时尘土飞扬和发生交通事故。

路边访问法须访问两个方向的车辆，应尽一切努力避免交通阻塞，因为阻塞可能使本地驾驶员绕道避开访问点（有可供选择路线时），从而使交通流的模式产生畸变。在大流量的路线上，可作抽样调查。比如采用50%的抽样率，即抽取车牌号码末尾一位是单数或双数的车辆进行访问调查。

通常进行的12h OD调查，每个调查点可分为2个工作班，每班工作6 h，每个班由交通警察、访问员、流量观测员组成，由一人负责，每个班的人数可视交通量大小而定。18岁~35岁具有初中以上文化程度的年轻人通常是合适的访问员；观测员应由对车型熟悉的人来担任。

路边OD调查法以其简单、实用、调查方便等特点而成为目前我国进行OD调查的常用方法，其优、缺点如下。

（1）优点

访问者与被访问者之间的直接接触，可获得较为完全准确的资料；回答率较高（相对于间接的自愿回答而言），因此，可以使调查偏差减到最小；样本可以从交通流中选取，以满足预定的统计标准。

（2）缺点

需要大量的工作人员，因此费用较其他方法要高；在交通量较大的道路上，可能会出现交通延误，特别是在高峰期间；调查人员须在公路上工作，妨碍正常的交通秩序，有一定危险性，特别是在交通量很大的道路上。

3. 其他调查法

除路边调查法以外，OD调查还可采用其他方法，如发（收）表格法、登记车辆牌照法、车辆拴签法、明信片调查法、家访调查法、运输集散点调查法、电话询问法等，在此仅作简单介绍，有关这些方法的详细内容可参考相关交通调查资料。

（1）发（收）表格法

将调查表格发给机动车驾驶员，由他们逐项填写，填写前需作好动员和解说工作。调查表格的设计是最重要的一环，表内所用名词应尽量是驾驶员熟悉的术语，选词应明确，不生二义。最好不加说明便能看懂，必要时加以注释，必须说明时宜用括号加在项目旁，不要写在最下端或者背面，填表者一般都没有这种找寻说明的耐心习惯。

表格的回收率（指收回有效表格占全部发出表格总数的比例）是衡量调查效果的重要指标。

（2）登记车辆牌照法

由各调查站分时段记下通过测点的全部车辆牌照的末几位数字（一般只记后3~4位数字），然后汇总各个调查站的记录进行核对。在交通十分繁忙以致无法使车辆停下的路段，以及小范围的车流OD调查，均可使用此方法。凡第一次记到牌照的测点便是该车辆的起点，凡是最后一次记到牌照的地点便是该车辆的讫点。

显然，此方法也只能得到车辆起讫点分布的资料，它不干扰交通，但比较粗略，其他出行情况是无法获得的，对不足的部分，应作适当的补充调查。

(3)车辆标签法

在拟定的调查区域内，设定若干调查点，在各调查点的停车处将标签拴在车辆的挡风玻璃两侧或门拉手上，标签上要注明发标签地点和驶出时间，在其他停车处解下标签并记下地点和驶入时间。此法可调查出起讫点和行程时间，在交通量过大或人力有限时较为适用，对其调查资料的不足部分内容应作适当的补充调查。

(4)明信片调查法

和发(收)表调查类似，将已付邮资、印有调查项目的明信片在不同地点分发给驾驶员。明信片上预先印好表示调查站的代号，明信片的不同颜色代表车辆的不同分类。明信片所列问题必须少而精，一般为5~7个问题。采用此法需要有大于20%的回收率方为有效。

五、OD调查的人员安排及设备配备

1. OD调查的人员及设备配备

调查人员的配备，视所采用的方法和调查范围的不同而定。高等级公路可行性研究OD调查需动用上百人，包括现场工作人员和服务人员。按现行有关规定，尚需交通警察或路政管理人员(事先征得交警主管部门的同意)配合进行，以协助调查员让驾驶员停车来进行访问。所需设备包括停车标志牌、停车板、记录板、文具、桌椅等。

2. OD调查人员职责及位置

(1)交通警察的职责及位置

交通警察的职责是拦车，所拦车辆包括：未贴OD调查标签且应参与调查的车辆；贴有本调查点所发标签的车辆。其余车辆则被放行，不参加调查。交通警察所站位置距调查点约200m处。

(2)访问员职责及位置

访问员的职责是对已被拦截的停靠车辆进行逐个询问调查，按OD调查表内容逐项询问记录，询问结束后，在车辆内醒目处贴上OD调查标签。需要注意的是要避免在同一调查点的不同访问员重复调查一辆车或对有些车辆的漏查。具体调查内容详见OD调查表。

(3)交通流量观测员的职责及位置

交通流量观测员的职责为观测记录经过OD调查点的交通量，分时段记录(用划正字等方法)，只记录机动车，车种共分为8种，时段取为1h，每小时正点换时段。

表3-11为交通流量观测记录表。交通流量观测记录表需按车型、按时段汇总后填入交通量汇总表，见表3-12。

六、OD调查资料的整理和统计分析

1. OD调查资料整理

公路机动车OD调查是一个相当庞大的工作，其收集的数据资料十分丰富，数据的处理过程也比较复杂，工作繁重。OD调查资料的处理包括表格核查、编码、建立数据库、输码及统计分析等5个部分。

OD交通量的统计分析是以交通量观测和OD调查结果为基础，换算成年平均日交通量，进行统计分析。

白天12h OD调查所取得的数据，应根据样本扩大系数、昼夜率、月交通不均匀系数、日交

交通流量观测记录表 表 3-11

路线名称及编号:			调查点编号:			调查方向:	
车型 / 时段	小客车（≤12 座）	大客车（>12 座）	小货车（≤2.5t）	中货车（2.5~7t）	大货车（>7t）	摩托车	拖拉机

说明：①时段按小时分，每一时段间画一通栏横杠；

②只调查机动车，非机动车不计入；

③调查方向：顺桩号行车为 1，逆桩号行车为 2。

交 通 量 汇 总 表 表 3-12

路线名称及编号：
调查点编号：

方向：
调查日期：

调查时间	小客车	大客车	小货车	中货车	大货车	摩托车	大型拖拉机	小型拖拉机	其他机动车	机动车合计
06:00										
07:00										
08:00										
09:00										
10:00										
11:00										
12:00										
13:00										
14:00										
15:00										
16:00										
17:00										
合 计										

注：①行车方向，顺桩号为 1，逆桩号为 2；

②小客车（≤12 座），大客车（>12 座），小货车（≤2.5t），中货车（2.5~7t），大货车（>7t）。

通量不均匀系数来扩大修正，见下式：

$$OD_{ij} = V_{ij} \times \partial_{ij}^{t} \times Z_{ij} \times K_{y} \times K_{z} \times K_{ij}$$

$$\partial_{ij}^{t} = Q_{ij}^{t} / OD_{ij}^{t} \tag{3-1}$$

式中：OD_{ij}——i 区至 j 区扩样后的年平均日交通量，pcu/d；

V_{ij}——12h 调查得到的 i 区至 j 区的实测样本交通量，veh/d；

∂_{ij}^{t}——第 i 个调查站点 j 车种在第 t 个时段时的实际抽样率；

Z_{ij}——第 i 个调查站点 j 车种 24h 与白天 12h 交通量之比；

K_y——月变系数；

K_z——周变系数；

K_{ij}——第 i 个调查站点 j 车种基础年年平均日交通量与实测交通量之比；

Q_{ij}^t——第 i 个调查站点 j 车种在第 t 个时段内交通总量，veh；

OD_{ij}^t——第 i 个调查站点 j 车种在第 t 个时段内实际调查的 OD 数量，veh。

2. OD 结果分析

OD 调查所收集到的大量数据，需要借助计算机进行数据处理，分析结果主要有：

(1)各 OD 调查点各种车辆 OD 表；

(2)各 OD 调查点车辆汇总 OD 表；

(3)整个研究区域各种车辆 OD 表；

(4)整个研究区域车辆汇总 OD 表；

(5)各 OD 调查点货运车辆(或货运量)OD 表；

(6)各 OD 调查点客运车辆(或旅客人数)OD 表；

(7)整个研究区域货运车辆(或货运量)OD 表；

(8)整个研究区域客运车辆(或旅客人数)OD 表。

根据汇总得到研究区域全路网基础年总机动车 OD 出行矩阵，可绘制出交通关联图，包括内部交通构成图(图 3-7)、对外交通构成图(图 3-8)，以分析研究区域的内部交通出行构成比例、各对外方向的出行构成比例、过境交通组成比例等出行特征。

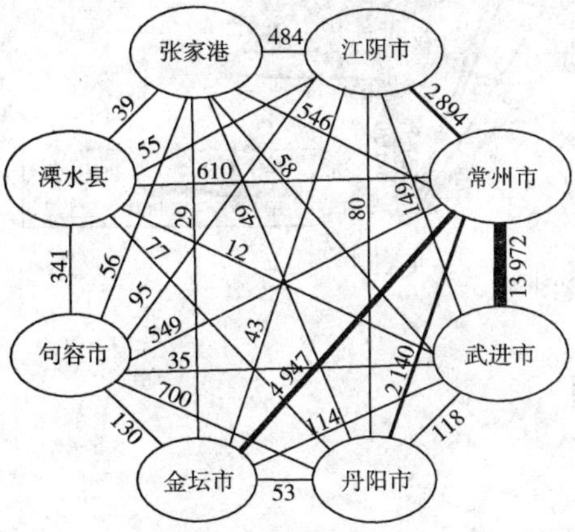

图 3-7 内部交通构成图

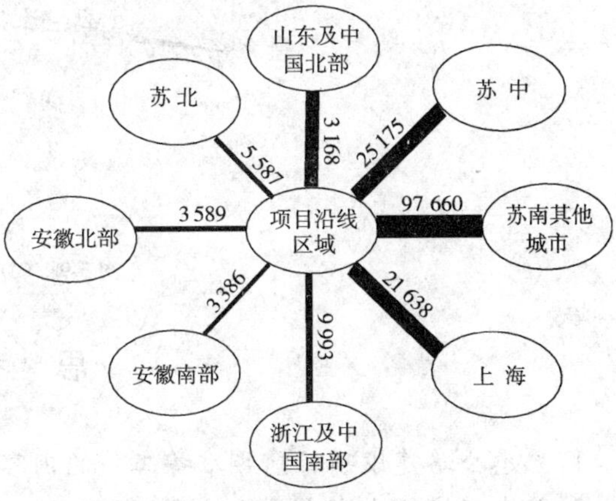

图 3-8 对外交通构成图

根据交通关联图的分析可知：现状内部出行中，以常州为起讫点的出行量最大，其中武进由于与常州的距离近，且联系紧密，双方的出行在内部出行中占 50%，其次是以武进为起讫点的出行，以张家港为起讫点的出行最少；项目区域对外交通中，与苏南其他城市的交通出行最大，占出入境交通总量的 28.7%，其次是与苏中的交通量，占出入境的 14.8%，再次是与上海之间的交通出行，占出入境的 12.7%，最少的是与山东及中国北部的交通出行，只占出入境交通总量的 1.8%。

同时，根据汇总基础年 OD 矩阵，可以绘制出交通 OD 分布图。图 3-9 为江苏省某公路建设项目根据研究区域全路网基础年 OD 矩阵绘制的 OD 分布图。

除此之外，还可得到反映交通流特性方面的数据，如：24h 各断面交通量、各种车型的比例、大型车混入率、高峰小时交通量、重交通方向系数、昼夜率、货车平均吨位、客车平均座位、货、客车载运系数（即平均每辆实载货物吨数或旅客人数）、货车的载货品种构成等。

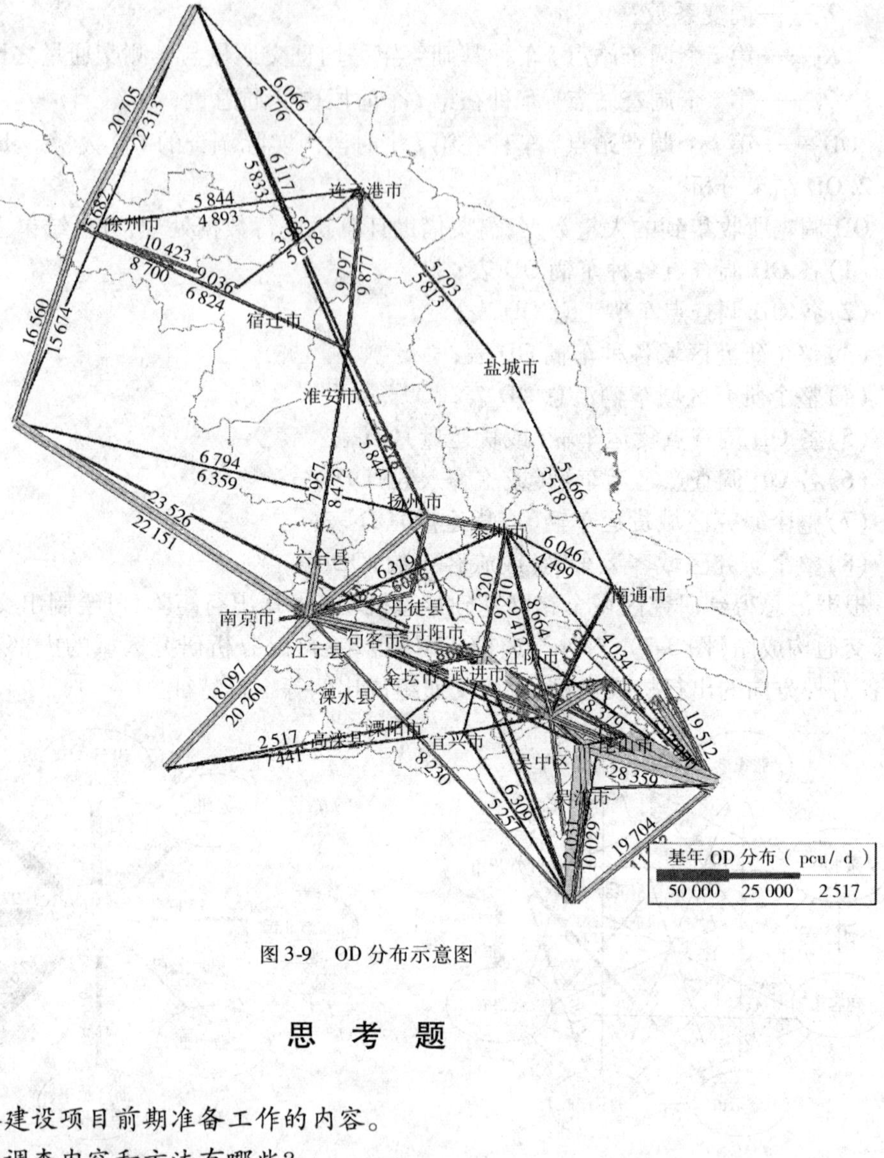

图 3-9　OD 分布示意图

思　考　题

1. 熟悉公路建设项目前期准备工作的内容。
2. 社会经济调查内容和方法有哪些？
3. OD 调查的目的和意义是什么？
4. OD 调查的方法有哪些？

第四章　区域社会经济及交通运输分析

区域社会经济及交通运输分析是交通需求分析和预测的基础,同时也为分析建设项目建设必要性提供定性和定量依据,主要包括人口、资源、经济及交通运输的分析,并预测区域社会经济发展和交通运输发展。

第一节　社会经济分析

社会经济分析是指利用社会经济资料,对社会经济活动过程及其结果进行研究,分析社会经济增长或制约的影响因素,掌握社会经济的发展趋势,进行社会经济预测。社会经济分析的方法有:动态数列、统计指数、平衡及相关分析、抽样推断、统计估算及预测、综合分析等。本书主要就公路建设项目可行性研究中社会经济分析的内容及应注意的问题和若干常用概念进行介绍。

一、分析内容

1. 人口分析

主要是人口的增长分析,就一个地区或国家,人口的增加不仅取决于自然的增加,还取决于机械的增加,就是说人口增长率还受到人口迁入和迁出的影响。因此,出生、死亡、迁入、迁出是分析人口增长的四大因素,具体可以用下式表示:

$$\begin{aligned}\text{人口增长率} &= \text{人口自然增长率} + \text{人口净迁移率}\\ &= (\text{出生率} - \text{死亡率}) + (\text{迁入率} - \text{迁出率})\end{aligned} \tag{4-1}$$

人口自然增长的分析就是研究人口增长的规律、把握人口增长发展的趋势。人口机械增长即迁入和迁出,主要受人口迁移规律和人口迁移政策的影响。人口迁移规律主要取决于社会经济发展水平,具有明显的阶段性。

需要注意的是,上述人口迁移包括的范围都是“在册”的,即在有关部门进行登记并持有居住户口的人口数,但是由于社会经济快速发展以后,各地没有“在册”而又长期居住的人员数量不少,特别是一些沿海发达地区、经济特区和一些大中城市,这部分流动人口更多。所以公路影响区范围内这部分流动人口量特别大的地区,应该引起重视。

2. 资源分析

公路可行性研究中关于资源的调查和分析,可立足在有关部门提供的资料和所进行的分析工作的基础上,逐步开展。资源分析主要偏重在资源开发、燃料及原材料供需方面。

(1)资源开发

资源开发分析的目的是研究资源开发的趋势及规律,分析主要资源的储量、开发条件和资金情况。

某种资源能否成为地区的优势,很重要的一点就是看其储量情况。储量的大小一般用三个概念表示:远景地质储量、探明储量、经济可采储量。储量情况不仅包括储量的大小,而且还包括质量的高低,分布地域情况等,所以应对储量进行综合分析。

地区某种资源的储量优势并不等于地区经济实力上的优势,资源开发条件的优劣成为储量优势转变成经济实力的关键。资源的开发条件可以分为内部开发条件和外部开发条件。内部开发条件主要指开发资源的技术条件,各种效率指标以及开发成本等。外部开发条件主要指国民经济其他部门对开发资源的配合情况,例如交通运输配合条件,电力配合条件以及水利配合条件等。

(2)资源以及燃料、原材料供需分析

由于资源在地域上分布的不平衡,各地区经济发展所需的资源以及燃料、原材料在供需上往往出现矛盾,因此要进行合理的调配。分析的主要内容有:由于经济发展,地区所需的资源或燃料、原材料的数额、品种及规格;当地所能生产的数额、品种及规格;需要调进或调出的数额、品种及规格;调进或调出的地域分布等。

3. 地区经济分析

经济分析是社会经济分析的重点所在,是确定拟建公路项目的规模和标准的前提。经济分析的内容十分广泛,但对公路建设项目来说,主要包括如下几个方面:

(1)国民经济总体水平及增长速度分析。主要分析国内生产总值、社会总产值、工农业总产值、工业总产值、农业总产值的总量及增长变化情况。

(2)国民经济构成情况分析。包括国民经济部门构成,产业构成,农业、轻工业、重工业的构成,基础产业与其他产业发展的协调情况等。

(3)主要工农业产品产量分析。主要工农业产品产量体现着一个国家和地区一定时期内生产的实物成果总量,体现着一个国家和地区的产业优点和工业、农业各自的内部构成。

(4)居民人均收入水平及其变化分析。居民收入水平在一定程度上体现着经济效益的好坏和劳动就业状况,而且反映着人民的生活水平和福利状况。居民收入分析为后面的项目效益计算提供依据。

(5)区域经济发展战略分析。着重分析经济发展的方向,战略目标,产业结构变革、产业布局及实现目标的途径。

二、分析步骤

社会经济分析方法可以多样,但是要有科学的工作程序来保证,分析才能不走弯路,减少工作量,分析的结论才能切合实际。一般说来社会经济分析有如下的工作步骤。

第一步,明确分析目的。只有明确了分析的目的,才能具体确定需要解决的重要问题,比如确定分析的具体内容和先后缓急,确定所需的资料及其来源,确定所采用的分析指标和分析方法等,从而在整个分析过程中有所依据。

第二步,对各种来源的资料进行缜密评价。从调查、整理以至各种指标的计算等方面进行全面分析和检查。典型调查和抽样调查的资料,还须检查典型单位的代表性,检查抽样的样本的代表性。对于间接资料的运用,要注意资料原来的分析任务及其计算范围、口径、方法等和我们的分析工作要求是否一致。资料的准确性是分析质量的关键与保证。

第三步,资料的整理、比较、分析。在进行资料的评价之后,要求进一步从中选择编制工程可行性研究所需要的资料,作为分析依据。不能直接得到分析资料时,还要以可靠的资料为依据,经过科学的分析,进行必要的推算。在确定的资料基础上,进行深入细致的分析,寻求社会经济的内在联系及规律性,使社会经济分析工作由量见质。

第四步，作出结论。根据不同方法所做的分析工作，对所要解决的问题进行判断、概括和综合，得出分析的结果。这一阶段是非常重要的，要求具有较高的理论水平和政策水平。

三、常用指标及分析方法

1. 总量指标

最初收集并经过汇总的数字资料都是绝对数，它反映着社会经济水平或工作总量，这种绝对数指标，称为总量指标，它可划分为实物指标和价值指标两种。根据事物的自然属性和特点，采用自然、物理计量单位的总量指标称为实物指标；根据现象的社会属性，采用货币计量单位的总量指标称为价值指标。

2. 相对指标

相对指标是社会经济现象和过程两个相互联系的指标的比率，以一个抽象化的数字表明这些现象和过程所固有的数量对比关系。常用的相对指标有：与计划数字进行对比的计划完成指标、与历史数字进行对比的动态指标、与总体数字对比的结构指标、与同类典型数字对比的比较指标、与有联系的不同质的总体数字对比的强度指标等。

3. 平均指标

平均指标是对总体各单位某一数量指标值的平均，用来反映这种数量变化所达到的一般水平。平均指标一般有：算术平均数、调和平均数、几何平均数、中位数、众数。

（1）算术平均数

算术平均数有简单算术平均数和加权算术平均数之分，设有一组资料为 $X_1, X_2, \cdots, X_n$，算术平均数计算公式如下：

简单算术平均数
$$\bar{X} = \frac{\sum_{i=1}^{n} X_i}{n} \tag{4-2}$$

加权算术平均数
$$\bar{X} = \frac{\sum_{i=1}^{n} f_i X_i}{\sum_{i=1}^{n} f_i} \tag{4-3}$$

式中：f——权数。

（2）调和平均数

调和平均数是根据变量值的倒数计算的，故又称倒数平均数，计算公式为：

$$X = \frac{\sum m}{\left(\sum \frac{1}{X} m\right)} \tag{4-4}$$

式中：$m = f \cdot x$

（3）几何平均数

设有一组资料为 $X_1, X_2, \cdots, X_n$ 几何平均数计算公式如下：

$$\bar{X} = \sqrt[n]{X_1 \cdot X_2 \cdots X_n} \tag{4-5}$$

（4）中位数

把总体中的各单位标志值按大小顺序加以排列，处在数列中点位置的就是中位数。资料分组情况下中位数计算公式为：

$$m_0 = L + \frac{\frac{\sum f}{2} - S_{m+1}}{f_m} \times d \tag{4-6}$$

式中：m_0——中位数；

L——中位数所在组的下限；

f_m——中位数所在组的次数；

$\sum f$——总次数；

S_{m+1}——累计至中位数所在组以下一组止的次数；

d——中位数所在组的组距。

（5）众数

众数是总体中最普遍出现的标志量。资料分组情况下计算公式为：

$$m_0 = L + \frac{\nabla_1}{\nabla_1 + \nabla_2} \times d \tag{4-7}$$

式中：m_0——众数；

L——众数组的下限；

∇_1——众数组次数与以下一组次数之差；

∇_2——众数组次数与以上一组次数之差。

4. 增长指标

（1）发展速度

发展速度以相对数形式表示，是两个时期发展水平指标相比的结果，主要说明报告期水平已发展到基期水平的若干倍或百分之几。由于对比所用基期的不同，发展速度分为定基发展速度和环比发展速度。定基发展速度是报告期水平与某一固定期水平的对比，说明社会经济现象在一个较长时间的变动情况；环比发展速度是各期水平与前一期水平的对比，表明报告期水平比前一期水平的逐步发展的变动情况。发展速度的平均，一般采用几何平均法：

$$\bar{X} = \sqrt[n]{X_1 \cdot X_2 \cdots X_i} \tag{4-8}$$

式中：$\bar{X}$——平均发展速度；

X_i——各时期发展速度。

（2）增长速度

增长速度是反映现象增长程度的相对指标，由增长量对比基期水平而得。公式为：

$$增长速度 = \frac{a_n - a_0}{a_0} = \frac{a_n}{a_0} - 1 \tag{4-9}$$

式中：n——时期；

a_n——报告期末现象指标标志值；

a_0——基期现象指标标志值。

这说明，增长速度等于发展速度减 1。同样，由于采用基期的不同，增长速度也分为定基增长速度和环比速度。

应当注意，平均增长速度是不能根据各期的增长速度或总的增长速度来直接计算，原因是逐期增长的连乘积并不等于总增长速度。计算时必须先将总增长速度加 1，折算为总发展速度，然后计算平均发展速度，并减 1。

（3）平均增长速度

常用的平均增长速度计算方法有水平法和累计法两种。

水平法，又称几何平均法，采用如下公式：

$$r = \left[\left(\frac{a_n}{a_0} \right)^{1/n} - 1 \right] \times 100\% \tag{4-10}$$

式中：r——平均增长速度；

a_n——末期水平；

a_0——基年水平；

n——间隔期年数。

此种计算方法的优点是简便易行，缺点是计算中实际上只用了最末水平和最初水平两个数字，如果中间时期出现了特殊的高低变化，或者最初、最末水平受特殊因素影响，就会降低甚至失去这个指标说明问题的意义。

累计法，又称代数平均法或方程法，它是用间隔期内各年发展水平总和同基期水平对比来计算每年增长速度，平均速度数值的大小，不取决于最后一年发展水平，而取决于各年发展水平总和和同基期水平。计算公式如下：

设 a_0 为基期水平，$a_1,a_2,\cdots,a_n$ 代表各年发展水平，$\sum_{i=1}^{n} a_i$ 代表各年发展水平之和，n 代表间隔期年数，R 代表平均每年发展速度，$R-1$ 为平均每年增长速度，则：

$$a_0 \cdot R + a_0 \cdot R^2 + \cdots + a_0 \cdot R^n = a_1 + a_2 + \cdots + a_n$$

$$a_0(R + R^2 + \cdots + R^n) = \sum_{i=1}^{n} a_i$$

$$R + R^2 + \cdots + R^n = \left(\sum_{i=1}^{n} a_i\right)/a_0 \tag{4-11}$$

这个方程的正根就是所求的平均发展速度。

最小二乘法求运输量平均增长速度的方法。这种方法的优点也是考虑了各年的变化情况，并使之误差最小。同时免去了累计法解高次方程的困难。此种方法是以最小二乘法进行参数估计。其方程式为：

$$\ln \mathrm{TE} = a + bt \tag{4-12}$$

式中：TE——经济量；

t——时间变量（$t=1,2,\cdots,n$，n 为数据取样时期）；

a,b——待估计参数。

计算所设的 t 的系数 b，就是平均增长速度。同样，平均增加量也可由下式求得：

$$\mathrm{TE} = \beta_0 + \beta_1 t \tag{4-13}$$

本式中的估计参数 β_1，就是交通经济的平均增加量。

5. 变异指标

变异指标是表明平均指标对总体中各单位标志量的变异指标，一般有平均差、标准差和离散系数。计算公式如下：

$$平均差 = \frac{\sum |X - \bar{X}|}{n}，标准差 = \sqrt{\frac{\sum (X - \bar{X})^2}{n}}，离散系数 = \frac{标准差}{X}$$

6. 数据修正

收集到的数据有时变动不均匀，不容易看出它的变动趋势，这时就有必要对其进行加工分析，这种加工分析方法叫做修正。常用的资料修正方法一般有时距扩大法、移动平均法、方程修匀法 3 种。

时距扩大法是把原来的数据所包括的各个时期，加以合并，得出较长时距的资料，用以消除由于时距较短受偶然因素影响所引起的波动，从而揭示现象变动的趋势。用时距扩大法修正，要求所扩大的各个时期的时距相等，以相互比较。

移动平均法采用逐项移动的方法计算扩大时距的序时平均数。移动所采用的平均方法可以不同，例如简单平均、加权平均等。

方程修匀法是采用能反映现象发展趋势的方程所计算的理论值对原资料进行修正，例如直线修正、曲线修正、插值修正等。

第二节　社会经济发展预测

公路建设项目可行性研究是为项目决策服务的，公路项目的评价年限为项目竣工后20年，而公路建设项目可行性研究工作在项目开工年份之前，这样，可行性研究的年限一般要求在30年左右。我国目前的社会经济计划一般还没有超过20年的规划，所以社会经济发展计划或规划，在年限上不能满足可行性研究的要求，这是可行性研究要进行社会经济预测的原因之一。

社会经济是多种因素所组成的统一体，各地区、各部门的社会经济相互衔接，相互配合并综合平衡，构成了一个整体。但是现实各地区规划、部门规划及各种专业规划之间的相互配合及衔接会出现不协调现象，同时地区规划、部门规划及专业规划可能在编制时间上不一致，编制方法和深度上不一致，使得各种规划间的结论并不完全一致，这就对正确把握社会经济发展趋势等产生一定影响，这是可行性研究要进行社会经济预测的原因之二。

社会经济是一个复杂的大系统，有其不可预测的一面，也就是说，对未来社会经济发展水平的预测是比较困难的，人们对社会经济活动所做的预测或规划，重点是对社会经济的发展趋势所做的研究，其未来具体社会经济指标的数值大小只能是对社会经济发展的一种展望，将来社会经济实际发展水平可能会有一定的差别。而公路建设项目可行性研究则要求分析研究项目在各种可能的社会经济水平下的经济合理性，所以未来社会经济发展水平最好确定在一个合理的范围之内，而不仅仅是考虑一种方案的经济发展水平，这是公路可行性研究要进行社会经济预测的原因之三。

综上所述，我们可以看出社会经济发展预测工作十分必要，它对建设项目可行性研究起着重要的作用。

一、预测内容

1. 经济预测

公路项目的影响区域很大，其中又分为许多具体的小区，这些小区的社会经济发展又有所差别，因而也就不可能有一种一致的发展趋势，就必须研究各小区的具体情况。但是编制公路建设项目可行性研究的时间、人员及物力有限，不可能对每一个小区都按照上面介绍的方法进行详细预测，现实的做法往往是，首先对于整个影响区，主要是直接影响区的社会经济发展水平作出预测，然后采用分配或平衡的方法具体落实到各个小区。

通常将区域总量预测结果落实到各个小区的做法是，根据各个小区和整个区域的规划水平，计算各个小区相关产值占总体的比例，用以分摊整个影响区域的社会经济预测结果。也可以比较粗略地进行各个小区的社会经济预测，然后根据整个区域的预测结果进行闭合计算，根据历史年份上各小区与整个区域的社会经济资料，建立模型：

$$E_i = a + bE \tag{4-14}$$

式中：E_i——各小区的社会经济指标；

E——整个区域的社会经济指标；

a,b——回归参数。

据此计算各小区的社会经济发展，当然还须进行闭合平衡，即各小区预测结果总和与整个影响区预测结果一致。

2. 人口预测

人口是影响交通需求的一个主要因素，在直观上，人口的流动是客运流量的构成基础，而间接的，一个小区的人口数量是该小区生产和消费水平的重要标志之一，对货物的流动方向及数量也会产生很大影响。因此，掌握未来年份的人口数量、流动情况和年龄分布特点，对于交通需求预测是十分必要的。

公路建设项目可行性研究的人口预测模型可采用交通规划中的人口预测模型，它们的应用基于规划的时间要求及规划精度的不同要求。一般地，长期的、精度要求高的规划需要使用较复杂的模型，以达到预测的要求，如群体生存模型和神经网络模型等。而对于精度要求比较低的规划，或是短期规划，人口的发展比较稳定，人口流动和变化趋势比较小时，可以考虑采用比较简单的曲线模型。

曲线人口预测模型是一类比较简单的模型，它主要以人口的增长率作为变量，预测今后人口的发展趋势。对此本书作简单介绍。

(1)线性增长模型

线性增长模型假设每年人口增长量为一个常数 a，那么第 n 年的人口数量 P_n 为：

$$P_n = P_0 + na \tag{4-15}$$

式中：P_0——基年的人口数量；

a——年人口增长数量(人/年)；

n——预测的年份数(年)。

(2)指数增长模型

线性增长模型是基于某地区人口每年的增长数量是常数的假设而产生的。在一个不太长的时段内，或者在人口增长率不太高的情况下，这个假设是近似成立的。但人口的增长是以人口数量本身基数的指数增长，也就是说，使用指数增长的方法来描述人口变化更加切合实际。假设某地区的人口增长率为 r，则：

$$P_n = P_{n-1}(1+r) \tag{4-16}$$

如果用基年的人口数量 P_0 来表示 P_n，根据上式的递推公式，可得：

$$P_n = P_0(1+r)^n \tag{4-17}$$

(3)罗吉斯曲线预测模型

罗吉斯曲线是由比利时数学家维哈尔斯特(P. F. Veihulot)在研究人口增长规律时提出来的，它又称为生长理论曲线，罗吉斯曲线预测模型为：

$$y_t = \frac{1}{k+ab^t}(k>0, a>0, 0<b<1) \tag{4-18}$$

式中，k、a、b 为参数，t 为时间。当 $k>0, a>0, 0<b<1$ 时，由于 $\ln b<0$，所以 $y'_t>0$，此时，y_t 为增函数，即 y_t 随 t 的增大而增大。且在点 $\left(\frac{\ln k-\ln a}{\ln b}, \frac{1}{2k}\right)$ 出现转折，y_t 的增长率由逐渐增大变为逐渐减小。在 $t=0$ 时，$y_t=\frac{1}{k+a}$。当 $t\to+\infty$ 时，$y_t\to\frac{1}{k}$，所以 $y_t=0$ 和 $y_t=\frac{1}{k}$ 都是它的

渐近线,它的图形为一条S形曲线,且对于拐点对称,它与龚柏兹曲线很相似,也是描述某些经济变量由开始增长缓慢,随后增长加快,达到一定程度后,增长率减慢,最后达到饱和状态。

罗吉斯曲线的倒数是修正指数曲线,依照修正指数曲线估计参数的方法,可得 b、a、k 的计算公式:

$$\hat{b}=\left[\frac{\left(\Sigma_3 \dfrac{1}{y_t}-\Sigma_2 \dfrac{1}{y_t}\right)}{\left(\Sigma_2 \dfrac{1}{y_t}-\Sigma_1 \dfrac{1}{y_t}\right)}\right]^{\frac{1}{n}} \tag{4-19}$$

$$\hat{a}=\left(\Sigma_2 \frac{1}{y_t}-\Sigma_1 \frac{1}{y_t}\right)\frac{\hat{b}-1}{(b^n-1)^2} \tag{4-20}$$

$$\hat{k}=\frac{1}{n}\left[\Sigma_1 \frac{1}{y_t}-\hat{a}\left(\frac{\hat{b}^n-1}{b-1}\right)\right] \tag{4-21}$$

这里 n 为总数据的 1/3,$\Sigma_1 \dfrac{1}{y_t}$、$\Sigma_2 \dfrac{1}{y_t}$和$\Sigma_3 \dfrac{1}{y_t}$分别为总数据三等分后的各部分和。若 y_t 的倒数为小数时,可乘以 10 的适当乘方化为整数,以方便计算。

二、预测方法

社会经济是一个大系统,和所有其他系统一样,社会经济活动的全过程可以分为三个步骤或环节,即输入、内部结构、输出。社会经济预测基本都是按这一过程,运用不同方法,从不同角度进行预测。

社会经济预测技术可以分为四种类型,即与输入有关的社会经济预测技术、与内部结构有关的社会经济预测技术、与输出有关的社会经济预测技术,以及与全过程有关的社会经济预测技术。常用的预测方法有趋势外推法、回归分析法、经济计量法、投入产出法、经济优化规划法、系统动力分析法、经济控制理论法等。无论哪一种预测方法,都存在着大量的模型、假定及判断,并且要经过综合比较确定。而所有这些模型、假定、判断以及综合过程对社会经济预测是非常重要的。这是因为社会经济因素繁多,相互影响,要认识和确定各种现象间明确的因果关系或确定的对应关系,完全通过对社会经济为依据模型化的途径,其有效性是有限的。因此社会经济预测有赖于经济理论的指导和丰富的实践经验。

1. 预测基本程序

虽然社会经济可以采用不同的技术进行预测,但基本程序是大致相同的。预测的精度不仅要靠技术、资料等因素,同时也要以基本的预测程序即预测步骤为保证。一般有以下几个步骤:

(1)确定预测目标;

(2)选择预测目标的影响变量因素;

(3)数据资料的收集、整理分析;

(4)模型的选择、建立、检验与验证;

(5)预测期自变量数值的确定;

(6)综合分析、确定预测结果。

在下面的介绍中,着重结合可行性研究中常用的回归分析法,说明几个主要步骤应注意的问题。

2. 变量因素的选择

在确定了社会经济预测的具体目标后,要用经济理论和逻辑分析研究影响预测目标的各种因素,分析造成预测目标增长或减少的原因,确定各种因素与预测目标间的因果关系,选择有显著因果关系的影响因素作为预测目标的变量因素。应注意因素的消长变化情况对预测目标的具体影响,适当选择变量因素,有的变量在一定时间内与预测目标有因果关系,但其他时间却并没有明显的因果关系,例如作为权宜之计的某些经济行为,所以应该具体深入分析。

3. 预测模型的选择

预测模型的选择,主要有两个问题:其一是单因素分析和多因素分析的选择,其二是具体模型形式的选择。

(1)单因素分析

单因素分析简单、明了、实用,工作量小,往往能抓住社会经济活动的主要矛盾,能揭示出许多合乎规律的东西。它的缺点在于:一是对于社会经济这个复杂的系统来说,抓住其运动的主要因素确实不易,选择变量因素,往往感到困惑;二是这种方法单独依靠某一因素,反映不出社会经济内部结构变化对预测目标的影响。

(2)多因素分析

社会经济的影响因素很多,并非单一因素所起作用的简单叠加,而是各种因素相互作用,互为消长,综合发生作用的结果,把多种因素放在一个预测模型中,综合考虑,这正是多因素分析法最大的优点。另外,这种方法还有以下两个优点:一是减少了选择变量的困难,二是能够看到社会经济内部结构变化所产生的影响。这正好弥补了单因素分析法的不足。但多因素分析法要求的资料多,调查工作量大,预测期变量的取值困难,变量因素越多,困难就越大。同时选择的变量因素增多以后,由于变量因素之间的交叉作用,往往显示不出主要因素所起的作用,甚至在某些因素并不完全独立的情况下,会引起计算上的困难。

所以单因素分析与多因素分析各有优缺点,在社会经济众多的因素之中,通过分析综合,有效地选择有显著影响的因素,尽量减少变量因素的个数,对单因素分析和多因素分析进行适当的选择。

4. 预测检验

数学模型建立之后,要对其进行检验。检验是从统计上看参数估计量是否成立,所拟定的模型是否与实际情况符合。检验的方法较多,下面介绍其中的几种:

(1)方差分析

一个因变量某次观察值 y_i 与这个因变量的平均数 $\bar{y}$ 的差,反映了因变量对其平均值波动的大小,因变量所有 n 个数据所产生总的波动水平,可以用 n 个数据产生变差的平方和,即 y 的总偏差平方和表示,如下:

$$\text{TSS} = \sum(y_i - \bar{y})^2 \tag{4-22}$$

因变量的总方差,可以分为两部分,一部分叫 y 的残余变差,或称剩余平方和;一部分叫 y 的说明变差,或称回归平方和。式中 $\hat{y}_i$ 为估计量。

$$\sum(y_i - \bar{y})^2 = \sum(y_i - \hat{y}_i)^2 + \sum(\hat{y}_i - \bar{y})^2 \tag{4-23}$$

在进行回归检验时,往往要首先进行方差分析,检验在计算中有无错误。检验的方法是看调查数据计算出的方差是否等于剩余平方和与回归平方和之和。

(2)相关系数

从回归分析的过程看,只要有一组自变量和因变量的资料,就可以回归出一个方程式来,那么这两个变量之间有没有线性关系？这个方程对实际数据点的拟合度如何？是否有实际应用价值？要回答这些问题，需要进行两个变量之间的相关系数计算。相关系数的计算用下式进行。

$$R=\frac{\sum(x_i-\bar{x})(y_i-\bar{y})}{\sum(x_i-\bar{x})^2(y_i-\bar{y})^2} \tag{4-24}$$

式中：R——相关系数；

x_i——自变量；

y_i——因变量；

$\bar{x}$——自变量之平均值；

$\bar{y}$——因变量之平均值。

相关系数 R 表示两个变量之间的线性相关的密切程度，只有相关系数 R 的绝对值大到一定程度时，才能用回归方程近似地表示 y 与 x 之间的关系。因此在相关系数计算出后，应检验所得的相关系数是否合乎要求。即把计算出来的相关系数与相应的自由度和要求的显著性水平条件下的相关系数临界值进行比较，如果所计算出的相关系数小于其临界值，则说明两变量相关性不大。相关系数临界值可以借助相关系数检验表完成。

（3）回归标准误差

回归标准误差 S 的数学表达式为：

$$S=\sqrt{\frac{\sum(y_i-\hat{y}_i)^2}{n-k}} \tag{4-25}$$

式中：$\sum(y_i-\hat{y}_i)^2$——剩余平方和；

$n-k$——自由度，k 为自变量的个数。

回归标准误差的大小，可以用回归标准误差与因变量之平均值的商来判定，即用 $S/\bar{y}$ 来判定，一般希望其小于 10%～15%。

（4）t 检验

t 检验用来检验回归系数估计值是否成立以及是否具有统计意义。对于一元回归 $y=bx+a$ 来讲，a 的检验意义不大，主要是 b 的检验。

$$t=\frac{\hat{b}}{\hat{S}_b} \tag{4-26}$$

式中：$\hat{b}$——斜率估计值；

$\hat{S}_b$——b 的样本方差估计值。

$$\hat{S}_b=\frac{\sum(y_i-\hat{y}_i)^2(n-k)}{\sum(x_i-\bar{x})^2} \tag{4-27}$$

按上式计算后，查 t 分布表，根据自由度和确定的显著性水平，查表中相应的临界值 t'，如果，$t>t'$，说明回归方程的斜率 b 不是零，可认为 b 有统计意义；反之，则说明 b 的统计意义不强，不能成立。

（5）绝对误差和相对误差

绝对误差表示估计值与实际统计值之间的误差，一般用列表方式表示每一个估计值的误差。相对误差表示估计值与实际统计值的相对误差，即 $\frac{y_i-\hat{y}_i}{y_i}$，一般也用列表方式表示。

（6）置信区间

估计值与实际值有偏差，但偏差到什么程度，往往并不清楚，所以要研究估计值在某一范围内的区间估计，即置信区间。

置信区间的计算一般分为两个步骤。首先是计算出各估计值的标准离差 $S(y)$，它表示回归方程周围个体数据点的密集程度。

其次是置信区间的计算，上限为$\hat{y}_i + t' \cdot S(y)$，下限为$\hat{y}_i - t' \cdot S(y)$，$t'$为 t 分布临界值，可以由 t 分布表查到。

第三节　区域综合运输现状及发展分析

一、综合运输现状分析

我国是一个地域广大，人口众多的国家，各个地区的自然条件、资源分布、工业布局、人口与市场分布、经济特点等差异很大，由此形成了各自的交通运输特点。区域综合运输现状及发展分析是为确定公路与其他运输方式未来运输量的相互转移服务，同时也为可行性研究之后的项目评价进行必要的准备。

1. 综合运输概况

研究区域内各运输方式（铁路、公路、水运、航空、管道）线路的长度、线路密度、走向，以及各种运输方式运输量、周转量、运输能力等特点。

2. 货类特点

运输方式都有各自的优势范围，由此决定了他们的货流特点。一般来说，铁路运输适宜于担负远距离的大宗货物，如煤炭、石油、金属矿石、矿建材料等。水运是最经济的运输方式，适宜于担负大宗低值、时间性要求较低的货物，如煤炭、石油、矿石等。航空运输则适宜承运远距离的贵重和时间性较强的货物。而公路运输则是一种机动、灵活、适应性强、运送速度快、能实现“门－门”的运输方式，在中短途运输中具有明显的优势，个别货类如鲜活易腐品、零担高档物资，长途运输也较经济。

3. 运输工具的特点

研究区域内各种运输方式的运输车辆数量、车型构成、吨（座）位、技术性能、客货比例等，目的是为了了解这些车辆是否能够满足不同性质的客、货运输需要，以及经济发展，哪部分客、货量将会增加，对哪种车辆将有更高、更多的要求。各类汽车保有量可从当地统计部门和公安交通管理部门获得，实际营运车辆的车型构成可从 OD 调查中得到。应注意考虑未来新经济战略的实施和公路运输车辆出现的变化，未来年度车型构成的确定是交通量预测和路面设计的基础。表 4-1 所示为区域交通运输调查内容。

区域交通运输调查内容　　表 4-1

调查项目	调查内容
公路	总长度、密度、结构、布局、车辆、运量、周转量等
铁路	总长度、密度、分布、运量、周转量等
水运	总长度、通航里程、各级航道比例、布局、运量、周转量等
航空	布局、航线、运量
管道	长度、布局、运量

二、区域相关公路现状分析

任何一个公路建设项目都不是单独存在的个体，新建项目的存在势必对其他公路形成影响。同样，建设项目也会受到相关公路的影响。因此，对相关公路的现状进行研究是很有必要的，主要从相关公路的技术状况、交通量以及现状适应程度进行必要的分析。

1. 技术现状

一条道路的技术状况包括道路等级、道路通行能力、设计车速、车道数以及服务水平等。要建设一条新道路，进行技术标准的确定是非常关键的。同样，一条老路运行是否合理有效，其技术状况起着决定性的作用。主要分析如下内容：

(1)相关道路的等级、道路的通行能力是否与道路等级相符合；

(2)实际车速与设计车速相差多少；

(3)车道数是否适应交通需求；

(4)服务水平状况如何；

(5)相关公路的技术现状对建设项目的影响。

2. 交通量现状

(1)相关公路的现状交通量及交通构成的分析；

(2)比较道路实际交通量与设计交通量的偏差及引起交通量偏差的原因；

(3)分析建设项目的建成将对其交通量引起的变化趋势，是诱增还是转移；

3. 适应程度分析

公路现状的适应程度包括路网的适应程度、路段的适应程度等许多方面。具体为路网容量与路网实际交通量是否适应，以及道路分布的均匀性。原有道路的适应程度着重从以下几个方面进行分析：

(1)路网实际交通量与设计交通量的比较；

(2)路网拥堵率；

(3)路网事故率；

(4)路段实际车速、实际交通量。

三、通道内建设项目关系分析

公路项目的基本功能都是实现旅客或货物的空间位移。这样各项目之间具有一定的替代性，同时这种替代性很大程度上受项目要实现功能以及项目的空间布局的影响。各个建设项目都有各自的建设必要性，都有客观的运输需求，只是在实现客货运的空间位移过程中所伴随的技术经济指标不同而已，由此也就存在各个项目在运营过程中所取得的效益有所不同，就存在优与劣的现象。因此，在不同的客观条件下，通道内建设项目之间就存在如下的四种关系：

1. 竞争关系

每一个项目的建设都有其服务对象，都具有各自的技术经济特性，也都有最适合的运输需求。但是各个建设项目所主要服务的运输需求总是逐渐增长的，这个增长是连续性的，而一条道路的运输能力的增长却是跳跃性的，它不可能与运输需求总是保持一致，在很多时候两者是不同步的。这样为了更好地满足交通需求，就需要有两个或两个以上的建设项目来满足交通需求。这两个或两个以上的建设项目在空间上就并存于一个运输通道内，一起来满足此运输通道内的交通需求。这通常使得至少有一条公路建设项目的效益不能达到最优，迫使它“供给替代”，去寻找次适合于它的运输需求，若还不能在适合于它的运输需求中得到充分利用，就会进一步“供给替代”，如此反复地寻求下去，直到该项目的运输能力得到充分发挥为止。不过，一般情况下各个建设项目只会逐渐地接近这个终极目标，而不一定能达到这一目标，除非运输需求远大于运输供给。这个逐步寻求最优的过程也正是运输通道内各个建设项目之间竞争关系形成的过程。

相同的交通源之间在空间上并存两条或两条以上的道路建设项目，这就必然始终存在或强或弱的竞争关系。这种在同一运输通道内，在空间上并存的具有竞争关系的公路我们称之为竞争公路。在大多数情况下，竞争公路都具有相同的交通源，即具有相同的起讫点。在研究建设项目之间的竞争关系之前，首先要对公路的技术等级有所了解。我国公路分为高速公路、一级公路、二级公路、三级公路、四级公路，各级公路只要服务于同一交通需求就都有可能形成竞争关系，只是竞争的强弱不同而已。总体上来说公路等级相差越大，其竞争性越弱。车辆在出行时究竟选择哪一条道路，这要取决于竞争公路之间的各个因素。

2. 垄断关系

要形成竞争关系，必要条件是一定要有两条或两条以上的建设项目在空间上并存。但有时公路建设项目常会受空间的限制，一个运输通道内只存在一个建设项目，这时此项目就形成了垄断。或者一个建设项目相对于其他的建设项目来说一段时期内具有绝对优势，这样也会形成垄断。比如说，跨江工程项目，就只能由一座或若干座桥梁来实现，此时公路桥梁就对连接大江两岸的交通形成了垄断。

3. 协作关系

并存于同一运输通道内的交通建设项目之间，并不是总是相互竞争的，竞争的同时夹杂着相互合作的关系。不同建设项目都有自己的优势服务领域，为了使各个建设项目都尽量的效益最优，最大限度地发挥运营潜力，在项目运营过程中就要寻找最佳合作关系，协调项目之间的关系，通过项目之间的协作使运输需求的满足程度得到普遍的提高。其实，任何建设项目之间从共存的那一刻起，它们之间的协作关系就已经存在了。就同竞争关系一样是始终存在的，在一定的条件下它们是可以相互转化的。在某一时期内竞争关系可能占主导地位，但随着交通需求的变化，竞争关系可能转化为协作关系。公路建设项目之间的协作关系，也是公路运输供给分工的前提与保障。高速公路在实现大量客货运的中长距离运输之前，必须依靠一般公路将小批量、离散的运输需求集结成一个临时的大宗需求。通过这种协作使各种公路设施的优势得到充分发挥，使运输需求得到更好的满足。

4. 非相关关系

同一运输通道内可能并存多个建设项目，它们之间相互影响，但影响力随着距离的增大而减弱。当距离大到一定程度的时候它们之间的影响可以忽略，这时这些建设项目之间就是非相关关系，即项目之间很少产生联系，这种关系在工程项目间是普遍存在的。

通过对建设项目间的关系的分析可知，不同建设项目之间的关系并不是绝对的某一种关系，可能是几种关系的并存，并且随着交通需求的变化它们之间的关系也不断发生变化，有时竞争关系占主导地位，有时协作关系占主导地位。为了充分发挥运输通道内建设项目各自的优势，更有效地满足需求，发挥公路运输通道的总体效能，取得最大的经济及社会效益，就必须对新建项目与已有项目之间的关系进行分析。

四、区域运输发展规划分析

综合运输体系包括公路、铁路、水运、航空和管道五个部分，它们各自适用于一定条件，所以就要考虑诸种运输方式的现状与发展规模，特别要注意项目影响区内的铁路和水路的情况。

构建综合运输体系应做到：坚持以发展为主题，全面提升综合交通体系有效供给能力和服务水平；坚持以改革促发展，突出抓好铁路体制创新和机制创新，建立综合交通运输管理部门，完善监管制度，推进运输市场化进程，促进交通运输大发展；坚持效率优先，兼顾公平，突出抓好综合运输大通道的建设，进一步健全财政性资金管理和使用制度，加大落后地区和农村交通的政策扶持力度，促进协调发展；坚持以科技应用创新为动力，加快信息化和智能化建设，提升运输质量和服务水平，推进交通增长方式的转变；坚持新建和改扩建相结合，解决网络结构的层次性矛盾，全面提高运输的机动性和通达性。

随着交通运输的快速发展，各种运输方式在社会化的运输范围内和统一的运输过程中，按其技术经济特点组成分工协作、有机结合、连接贯通、布局合理的交通运输综合体。从运输业的历史和现状看，各种运输方式一方面在运输生产过程中存在着协作配合、优势互补的要求，另一方面在运输市场和技术发展上又相互竞争。这两种要求交织在一起，使发展综合运输体系成为一个长期的由低级到高级的发展过程。

对区域综合运输体系发展规划的分析，侧重其对建设项目的影响，这些规划项目对本建设项目建设必要性影响多大，对交通量分流作用如何，对建设项目的选线定位、桥位、互通等的确定都应作一定的分析。

思 考 题

1. 社会经济分析的内容有哪些？
2. 社会经济分析的常用指标及分析方法有哪些？
3. 如何分析交通运输现状特点？
4. 如何进行相关公路现状及运输通道内建设项目的关系分析？

第五章　交通需求分析及交通量预测

交通需求分析及交通量预测是公路建设项目可行性研究的重要组成部分，是综合分析建设项目的必要性和可行性的基础，同时也是确定公路建设项目技术等级、工程设施规模以及经济评价的主要依据。交通需求分析和交通量预测的水平和质量，将直接影响到项目决策的科学性。

目前，由于公路建设项目主要涉及区域之间的社会经济联系和交通需求，因此公路建设项目交通需求预测主要是采用区域交通规划领域较为成熟的“四阶段”预测法，国外发达国家一般都是采用此方法进行公路项目规划和可行性研究工作，我国公路部门从 20 世纪 80 年代后期开始逐渐采用此方法进行交通需求预测。

第一节　概　　述

一、交通需求预测的原则

区域交通需求预测要比城市交通需求预测复杂和困难，因此，在公路建设项目预测过程中要坚持以下几条原则。

1. 系统分析原则

具体体现在四个方面：要将区域社会经济系统与国家社会经济系统、国际社会经济系统及周边地区社会经济系统相联系；要将区域交通运输系统与区域社会经济系统相联系；要将区域运输系统中各种运输方式联系起来；要将区域公路运输系统中各个要素相联系。

2. 政策协调原则

对区域未来交通需求的预测必须建立在与国家、区域和地区社会经济发展政策相协调的基础上，以政策为导向来进行交通需求预测。

3. 定性与定量相结合的原则

预测无法回避社会经济发展中同时带有规律性和偶然性的矛盾，既要充分应用科学的定量分析手段揭示交通需求发展的规律，也要充分考虑未来发展中的偶然性（不确定性），充分利用政策、专家经验和领导决策等定性分析手段把握预测的方向。

4. 弹性原则

不同发展时期的社会经济发展带有偶然性，不同特征年份预测结果应充分考虑未来交通需求的多种可能性，预测结果应留有必要的弹性范围。

5. 历史与未来发展相结合原则

这是上述四原则的自然延伸，我们只能从区域社会经济与交通运输历史发展、演变中探索出区域交通需求发展的规律性，而对区域未来的交通需求预测则既要考虑区域交通需求的历史现状，又要根据区域未来社会经济发展政策、条件、制约因素的分析，作出合乎逻辑的判断、决策。

二、交通需求预测的流程

交通量预测的任务是揭示未来公路建设项目影响区域的交通流时空分布规律，以及拟建项目在未来各特征年的交通量情况，这就要求弄清楚交通源、交通目的地、交通工具、交通设施的未来状况，而这些又与其未来的主要影响因素——社会经济、区域发展政策、综合运输方式结构、交通运输发展趋势等互相关联。

公路建设项目的交通需求预测主要是采用区域交通规划领域较为成熟的"四阶段"预测法，即交通生成、交通方式分担、交通分布、交通分配，其中交通方式分担可放在交通分布之后进行。交通量主要包括三部分：正常趋势型交通量、诱增交通量及转移交通量。具体预测的流程如图 5-1。

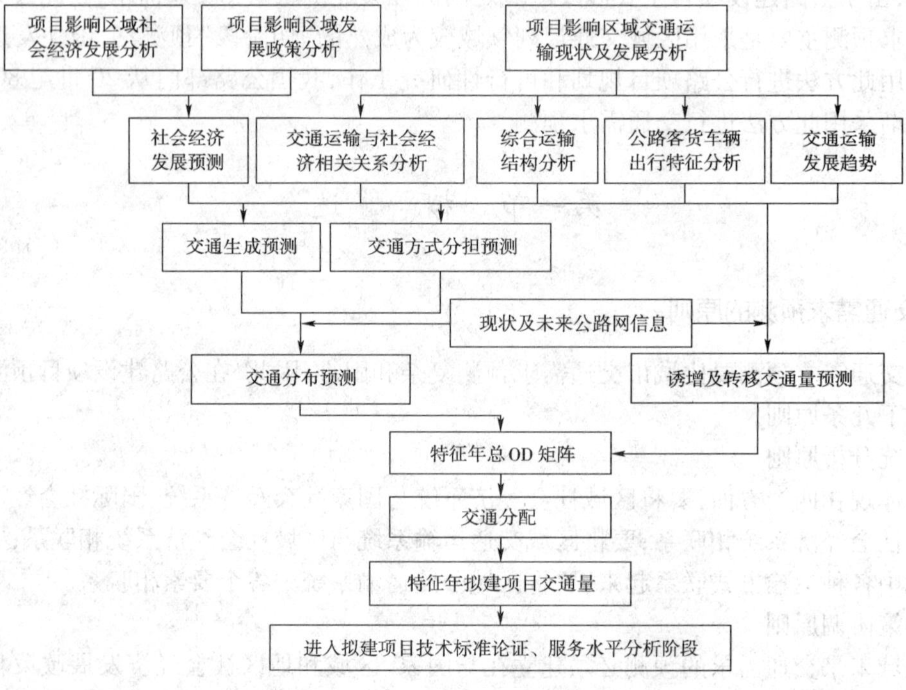

图 5-1　交通需求预测的流程

1. 正常趋势型交通量

指公路建设项目影响区内，现有公路网上的交通量按其固有发展规律，自然增长的交通量。根据"四阶段"预测理论，本章第三、四、五节分别从趋势型交通量的生成、方式分担、交通分布进行论述，并在第六节诱增及转移交通量预测的基础上，在第七节中讲述交通量分配的方法。

2. 诱增交通量

指由于道路新建或改建而新产生的交通量。

3. 转移交通量

指拟建公路建成后，当存在与其他交通方式并行的公路路线时，由于竞争关系，新建或改建公路必将从其他交通方式中吸引一部分交通量，称为转移交通量。转移交通量必须在预测道路交通量时加以计算。

第二节　区域综合运输分析

区域综合运输分析主要包括综合运输结构分析、交通运输与社会经济的弹性分析、运输能力利用分析、运输特点分析等。

一、综合运输结构分析

综合运输结构分析一般从两个层次来进行。首先分析拟建项目影响区内综合交通运输方式的构成、各种运输方式占运输总量的比重及其变化情况,并分析发生变化的原因。然后介绍拟建项目走廊内主要相关的各种交通运输线路状况,包括运输线路的走向、长度、等级(包括线路等级和港、站等级)以及历史发展沿革等,在此基础上,分析拟建项目走廊内综合交通运输方式的构成、各种运输方式运量占走廊运输总量的比重及其变化情况,并分析发生变化的原因。

通过上述分析,可以对拟建项目所涉及的综合交通运输情况有一个总体把握,为进一步定性与定量分析作准备。

二、交通运输与社会经济弹性分析

弹性可简单地理解为反应性或敏感性。它是衡量某一变量的变化所引起的另一相关变量的相对变化的指标,通常表示为在某一变量变化1%时,另一变量变化的相对程度。运输弹性的概念在运输经济分析中常常用到,在公路建设项目可行性研究中,运输弹性是指运输的生产弹性。研究运输弹性的目的是为了从总体上把握经济发展和交通运输的关系,确定未来年交通运输的发展趋势。

运输增长和经济发展互为因果关系,运输制约经济,反过来,经济又影响运输。运输的规模和增长速度与国民经济的水平和增长速度密切相关。运输弹性就是用以衡量运输变动对经济变动的反应程度,也就是用以衡量经济变化(增长或下降)百分之一所引起的运输变化百分之几的指标,即:

$$\text{弹性系数}\ e=\frac{\text{运输变化的百分率}}{\text{经济变化的百分率}}$$

这里的运输变化可分为运量变化和周转量变化,同时,根据不同目的,可以单独分析各种运输方式,也可以分析综合运输。经济变化可以采用不同的经济指标来反映,如国内生产总值(GDP)、工农业总产值、人均收入等。

运输弹性有大有小,具有阶段性,通常发展阶段的标志,以弹性系数大于1、小于1或等于1来表示。如果经济增长或下降,使运输量以同一百分率增加或减少,则运输弹性 $e=1$。如果运输量变动幅度大于经济变动幅度,即 $e>1$,就叫运输弹性大,或运输是有弹性的(elastic),反之,$e<1$,就叫运输弹性小,或运输缺乏弹性或无弹性(inelastic)。

世界各国公路交通的发展历程不尽相同,但有一个共同的规律。经济发展初期,因重工业、基础产业的迅速发展,加上技术限制,需运送大量的原材料和初级产品,货运量激增,公路货物的运输弹性系数较大。随着工业化发展及产业结构的调整,产业结构转向技术密集型,产品运输向轻、小、高附加值方向发展,导致货物运量减少,因此一般GDP的增长速度都高于公路货物运输量(周转量)的增长速度,弹性系数呈下降趋势,一般小于1.0。根据发达国家的情况来看,在工业化发展初期,交通运输的弹性系数较大,e 接近于1.0,然后下降,e 小于1.0,在经济发展后期,货运弹性小于客运弹性。

公路客运与货运相比,不同时期的增长率也不一样。在经济发展初期,货物增长速度比客运快,即货运弹性高于客运弹性;但在经济发展过程中,随着国民收入的增加及人民生活水平的提高,人们对旅行的需求也会不断增大,公路旅客运输量(周转量)的增长速度及增长持续时间比同期公路货物运输量(周转量)的增加来得快和长。所以,在相当长的时间内,客运弹性系数将接近乃至大于1.0,然后开始下降;在经济发展后期,货运弹性一般小于客运弹性。弹性系数与地区发展的阶段性相关,因而可在总的趋势中呈某种起伏。

公路客、货交通量的增长,总体上与公路客、货周转量同步。当然,弹性系数与地区发展环境的阶段性及综合运输网络的供给状况相关,因而可在总的趋势中呈一定的波动。

三、运输特点分析

对运输特点的分析必须建立在拥有各种运输方式OD资料的基础上。公路运输OD资料可以通过前述OD调查得到,铁路运输、水运运输OD资料可通过铁路、水运相关部门收集得到。

对运输特点的分析包括各运输方式承担的客运特点、货类特点、货类构成及其发展趋势分析;各运输方式的交通区间构成(区间内、区间内与区间外、过境运输)及其发展趋势分析;各运输方式平均运距、客运及分货类不同运输方式最佳分界点里程及其发展趋势分析(可根据实际情况按其交通区间构成情况分类分析);各种运输方式的分工特点及发展趋势分析;可能发生转移的主要货类特点(来源地、消费地)及其运量增长态势分析等等。

通过对各种运输方式运输特点进行分析,可以为确定客运和分货类货运的交通方式分担率提供基础资料,并为定性定量预测综合运量作准备。

除了上述主要分析内容外,还应就各种运输方式发展规划对各种运输方式内部运量和不同方式之间转移运量的影响进行定性分析。

第三节　交通生成预测

公路建设项目影响区域交通的发生、吸引即区域的交通生成,交通生成预测又可分为客、货流的生成预测。交通生成量的大小是由许多相关因素决定的,如该地区的经济发展水平、产业结构、资源分布、自然地理条件、人的行为因素、政策因素、用地规划、发展规划、建设规划等。

区域交通发生、吸引量是社会经济发展对交通运输需求的具体反映,发生、吸引量的预测,应以社会经济发展趋势为基本依据,常用方法有增长率法、相关分析法、生成率法、弹性系数法、时间序列法等。

一、增长率法

增长率法是把现状OD矩阵的发生量(吸引量)乘以它们的增长系数,从而得到未来预测特征年小区的发生量(吸引量),计算公式为:

$$T_i = F_i \times T_{oi} \tag{5-1}$$

增长系数与人口和机动车保有量等经济指标有关,通常用下式计算发生、吸引量的增长系数:

$$F_i = \frac{P_i}{P_{oi}} \times \frac{E_i}{E_{oi}} \tag{5-2}$$

上述式中：T_i——未来预测特征年 i 区的发生量（吸引量）；

F_i——至预测特征年 i 区的交通生成增长系数；

T_{oi}——基年 i 区发生量（吸引量）；

P_i——i 区预测特征年人口；

P_{oi}——i 区基年人口；

E_{oi}——i 区基年经济指标；

E_i——i 区预测特征年经济指标。

二、相关分析法

相关分析法是对发生、吸引量与人口、经济、土地利用等指标进行相关分析，建立发生吸引量模型，利用模型求得将来发生吸引量的一种方法。常用的模型形式如下：

$$T = a_0 + a_1x_1 + a_2x_2 + \cdots + a_nx_n \tag{5-3}$$

式中：T——区域发生（吸引）量；

$x_1,\cdots,x_n$——区域社会经济指标；

$a_0,\cdots,a_n$——回归系数。

该线性模型适合于区域经济结构、布局差别不大，经济与交通参数收集比较齐全的地区，而当区域社会经济快速发展，比如小汽车迅速增加、经济结构迅速发生变化时，可采用如下指数模型：

$$T = ax_1^{\beta_1}x_2^{\beta_2}\cdots x_n^{\beta_n} \tag{5-4}$$

式中：$a,\beta_1,\cdots,\beta_n$——回归参数；

其余符号意义同上式。

【例 5-1】 某地区客运周转量的增长与该地区总人口的增长及人均月收入有关。已经掌握近 10 年的有关资料，见表 5-1。如果预测 10 年后该地区的总人口为 430 万人，人均月收入为 725 美元，试预测该地区 10 年后的客运周转量。

某地区近 10 年客运周转量与总人口及人均月收入 表 5-1

序号	1	2	3	4	5	6	7	8	9	10
客运周转量 Y（千万人公里）	70	74	80	84	88	92	100	110	112	116
总人口 X_1（万人）	200	215	235	250	275	285	300	330	350	360
人均月收入 X_2（10 美元）	45	42.5	47.5	52.5	55	57.5	60	57.5	62.5	65

解：客运周转量与总人口、人均月收入存在相关关系，现用二元线性回归方程进行分析：

$$Y = a + b_1X_1 + b_2X_2$$

式中：Y——客运周转量（千万人公里）；

X_1——总人口（万人）；

X_2——人均月收入（10 美元）。

采用最小二乘法对模型参数进行估计,得到回归方程为:

$$Y = 16.2258 + 0.3289X_1 - 0.2884X_2$$

对得到的回归方程进行相关性检验,相关系数为:

$$R = \sqrt{\frac{b_1L_{Y1} + b_2L_{Y2}}{L_{YY}}} = \sqrt{\frac{0.3289 \times 8110 - 0.2884 \times 1033}{2386.4}} = 0.9964$$

可见,变量 X_i 与 Y 之间的线性相关关系高度显著,得到的回归方程能够很好地反映客运量 Y 与总人口 X_1 和人均收入 X_2 之间的关系。将预测年份的总人口 $X_1 = 430$,人均月收入 $X_2 = 72.5$ 代入上述方程,得到预测年份的客运周转量为:

$$Y = 16.2258 + 0.3289 \times 430 - 0.2884 \times 72.5 = 136.74 \text{(千万人公里)}$$

三、生成率法

生成率法(也叫强度指标法,或原单位系数修正法)是通过研究单位社会经济指标产生的区域交通出行量,预测将来发生(吸引)量的一种方法。常用的强度指标有:

(1)人均交通出行量;

(2)单位经济指标(如国民生产总值)交通出行量;

(3)单位运输工具交通出行量;

(4)各类用地单位面积交通出行量。

生成率法的具体模型为:

$$T_i = \frac{T_{oi}}{E_{oi}} \times E_i \times d \tag{5-5}$$

式中:T_i,T_{oi},E_i,E_{oi}同增长率法,d 为交通出行强度指标修正系数。

四、弹性系数法

弹性系数法是通过变量之间变化率的关系来预测未来的变化。在一个系统中若有两个变量 x_1、x_2,其各自的变化率之比就称为弹性系数,其表达式为:

$$e = \frac{\frac{\Delta x_2}{x_2}}{\frac{\Delta x_1}{x_1}} \tag{5-6}$$

式中:Δx_1,Δx_2——变量 x_1、x_2 单位时间变化量。

以公路客运量弹性系数预测为例,公路客运量与国民经济的发展有着密切的关系,国民经济发展速度越快,公路客运量增长速度一般也越快。这两种增长率之间的比例关系,可用公路客运量弹性系数 e 表示。

$$e = \frac{I_R}{I_E} \tag{5-7}$$

式中:e——公路客运量弹性系数;

I_R——公路客运量增长率;

I_E——国民经济增长率。

因此,只要确定了未来国民经济增长速度和公路客运量弹性系数,就可以得到未来预测特征年的公路客运量增长率,进而在预测基年的基础上计算得到未来预测年份的公路客运量。

五、时间序列法

时间序列法是根据公路建设项目的研究区域客、货运输的历史统计资料,以时间 t 为自变量建立模型,对未来客、货运输量进行预测。时间序列预测技术的基本出发点是利用预测对象过去发展变化的特征来描述和预测未来的变化特征。

时间序列预测法基于这样的原理:一方面承认事物发展的延续性,因为任何事物的发展总是同它的过去有着密切的联系,因此,运用过去时间序列的数据进行统计分析就能够推测事物的发展趋势;另一方面,又充分考虑到偶然因素影响而产生的随机性,为了消除随机波动的影响,利用历史数据,进行统计分析,并对数据进行适当的处理,进行趋势预测。具体可以细分为趋势外推法、移动平均法、指数平滑法等多种模型。

1. 趋势外推法

趋势外推的实质是利用某种函数分析描述预测对象某参数的发展趋势。常用的函数形式有:直线、多项式、指数曲线、生长曲线等。下式为生长曲线的一种——皮尔曲线。

$$y_t = \frac{L}{1 + a \cdot e^{-bt}} \tag{5-8}$$

式中:t——时间变量;

L——预测变量 y_t 的极限值,$y_t \leqslant L(L>0)$;

a,b——待定常数。

2. 移动平均法

移动平均法是将原来时间序列的时间跨度扩大,采用逐项推移的方法计算时间序列平均数,形成一个新的时间序列,以消除短期的、偶然因素引起的变动(即不规则变动),从而使事物的发展趋势更加明显地表现出来。

一次 N 元移动平均法的数学模型为:

$$S_t = \frac{(X_{t-1} + X_{t-2} + \cdots + X_{t-N})}{N} \tag{5-9}$$

式中:S_t——t 时间上的预测值;

X_t——t 时间上的实际观测值;

N——观测点数。

【例 5-2】 某地区过去 10 年货运总量的统计资料如表 5-2 所示,试用移动平均法预测该地区今年的货运量。

某地区历史货运量数据 表 5-2

周期(年)	1	2	3	4	5	6	7	8	9	10
货运总量(万吨)	2 450	2 500	2 560	2 800	2 740	2 550	2 620	2 700	2 730	2 840

解:根据式(5-8),分别取 $N=3$ 和 $N=4$ 计算。计算结果见表 5-3。

$N=4$ 时的平均绝对误差比 $N=3$ 时的平均绝对误差小,因此取 $N=4$ 时的预测模型计算结果较好。预测今年的货运量为 2 722.5 万吨。

3. 指数平滑法

指数平滑法与移动平均法和加权移动平均法的基本原理相同,都是利用对历史数据进行平滑来消除随机因素的影响。指数平滑法更加灵活,这种方法只需要本期的实际值和本期的预测值便可预测下一期的数据，因此，不需要保存大量的历史数据。

移动平均法预测货运量　　表 5-3

实际值 X_t（万吨）	预测值 S_t		绝对误差值 $\|X_t - S_t\|$	
	$N=3$	$N=4$	$N=3$	$N=4$
2 450	—	—	—	—
2 500	—	—	—	—
2 560	—	—	—	—
2 800	2 503.3	—	296.7	—
2 740	2 620.0	2 577.5	120.0	162.5
2 550	2 700.0	2 650.0	150.0	100.0
2 620	2 696.7	2 662.5	76.7	42.5
2 700	2 636.7	2 677.5	63.3	22.5
2 730	2 623.3	2 652.5	106.7	77.5
2 840	2 683.3	2 650.0	156.7	190.0
—	2 756.7	2 722.5	—	—
平均绝对误差			138.6	99.2

一次指数平滑法的数学模型为：

$$S_{t+1} = \alpha X_t + (1-\alpha)S_t = S_t + \alpha(X_t - S_t) \tag{5-10}$$

式中：α——系数（$0<\alpha<1$）；

$X_t - S_t$——前期预测值的误差。

α 的大小对预测值的影响与移动平均法中计算平均数的观测值个数 N 对预测效果的影响相同。当 α 值趋近于 1 时，新预测值中将包含一个相当大的调整，即用前次预测中所产生的误差进行调整。相反，当 α 值趋近于 0 时，新预测值就没有用前次预测的误差做多大的调整。

【例 5-3】 对例 5-2 中的数据运用一次指数平滑法进行预测。

解：分别取 $\alpha=0.1$ 和 $\alpha=0.9$ 进行预测。

计算结果见表 5-4。由于 $\alpha=0.9$ 时的平均绝对误差小于 $\alpha=0.1$ 时的绝对误差，因此取 $\alpha=0.9$ 时的预测结果较好。

指数平滑法预测货运量　　表 5-4

实际值 X_t（万吨）	预测值 S_t		绝对误差值 $\|X_t - S_t\|$	
	$\alpha=0.1$	$\alpha=0.9$	$\alpha=0.1$	$\alpha=0.9$
2 450	—	—	—	—
2 500	2 450.0	2 450.0	50	50.0
2 560	2 455.0	2 495.0	105	65.0
2 800	2 465.5	2 553.5	334.5	246.5
2 740	2 499.0	2 775.4	241	35.4
2 550	2 523.1	2 743.5	26.9	193.5
2 620	2 525.8	2 569.4	94.2	50.6
2 700	2 535.2	2 614.9	164.8	85.1
2 730	2 551.7	2 691.5	178.3	38.5
2 840	2 569.5	2 726.2	270.5	113.8
—	2 596.6	2828.6	—	—
平均绝对误差			162.8	97.6

第四节　交通方式分担预测

交通方式分担预测又称交通方式划分预测或交通方式选择预测。对于公路建设项目可行性研究，交通方式分担预测包含了两部分内容。其一是公路运输与铁路、水运、航空等运输方式之间的分担量预测，具体又可分两种情形来处理：①在只有公路 OD 资料，而没有铁路、水运等其他方式 OD 资料时，只能从间接资料中定性分析和专家经验来确定不同方式的分担量；②研究区域具有比较完整的与公路同口径的铁路、水运等其他运输现状或历史 OD 资料时，可以根据这些资料建立起不同方式分担预测模型来进行预测。其二是公路客、货运输不同车型结构比例的预测，目前尚没有很好的适用模型，通常是根据交通调查资料与社会经济的相关关系通过回归分析确定。

一、区域交通方式分担间接预测法

所需资料主要有：

(1)基年、预测年拟建公路平行走廊内铁路、水运等方式区段客货运量；

(2)基年、预测年拟建公路平行走廊内各节点铁路、水运等方式客货发送量；

(3)基年、预测年拟建公路平行走廊内铁路、水运等方式各区段运输能力等。

1. 专家经验法

根据收集到的以上资料，分析预测年铁路、水运等交通方式区段运输能力适应状况。当它们的运能小于其运量时，考虑经济运距、直达性、安全性等因素，按适当比例将部分客货发送量从铁路、水运等客货运中分流出来，由公路客货运输来承担。当铁路、水运等方式的运能大于其运量时，则应仔细考虑它们与公路运输间的竞争协作关系，慎重选择它们的合理分担率。

上述两种情况下的分担率的确定都要广泛地征求专家们的意见，进行反复的论证研究，而不能盲目主观草率地确定。

2. 总量控制法

第一步，根据地区历年公路、铁路、水运等运输方式运量分担及设施水平统计资料建立总量分担模型。如，对公路客运货运分担量，可以选择如下的 Logist 模型：

$$\hat{y}=\frac{100}{k(1+\alpha e^{\beta x})} \tag{5-11}$$

式中：$\hat{y}$——公路客运量或货运量分担率，%；

x——地区公路设施建设水平，可用公路网当量密度表示(公路网当量密度系指将地区各级公路长度换算成一种标准等级公路长度然后再除以地区国土面积)；

k,α,β——待定系数。

第二步，按各小区现状的非公路客货运量分担比例，同时考虑各小区未来非公路方式设施水平和运输能力变化影响，将非公路客货运量分配到各小区中，得到各小区未来非公路客货运量，即：

$$\hat{V}=\frac{V_i^0}{V^0}VR_i \tag{5-12a}$$

$$V=T(1-\hat{y}) \tag{5-12b}$$

式中：V^0——全地区现状非公路客、货运量；

V——全地区未来非公路客、货运量；

V_i^0——第 i 小区现状非公路客货、运量；

R_i——第 i 小区未来非公路运输方式由于其建设水平和运能变化而选用的经验修正数；

T——全地区未来全方式客运运输量；

$\hat{y}$——全地区未来公路客、货运分担率（第一步已确定）。

第三步，将各小区预测的全方式客货运量中减去第二步确定的非公路客货运量，得到小区预测的公路客货运量：

$$H_i = T_i - V_i \tag{5-13}$$

式中：H_i——第 i 小区预测的公路客、货运量；

T_i——第 i 小区未来全方式客货运量；

V_i——第 i 小区非公路方式客货运量。

二、区域交通方式分担直接预测法

所需资料主要有：①基年、预测年地区各节点间公路、铁路、水运等运费和运输时间；②基年地区公路、铁路、水运客货运 OD 分布表等。

1. 运输方式分担率法

根据基年的公路、铁路、水运等 OD 表及运费、运输时间表，建立方式划分分担率预测模型，并进行标定、检验。通常采用如下形式：

$$P_{i,j,m} = \frac{e^{U_m}}{\sum_{m=1}^{n} e^{U_m}} \tag{5-14}$$

式中：$P_{i,j,m}$——第 i 小区到第 j 小区第 m 种运输方式客流或货流分担率；

U_m——第 m 种运输方式的交通阻抗函数，一般采用如下形式。

$$U_m = \alpha_0 + \alpha_1 C_m + \alpha_2 T_m \tag{5-15}$$

式中：C_m——第 m 种运输方式 $i \to j$ 小区的运费；

T_m——第 m 种运输方式 $i \to j$ 小区的运输时间；

$\alpha_0, \alpha_1, \alpha_2$——待定系数。

考虑未来地区各种方式的建设水平和运能变化，预测确定各小区间公路客货运分担率和分担量：

$$X_{i,j,m} = T_{i,j} \times P_{i,j,m} \tag{5-16}$$

式中：$X_{i,j,m}$——第 i 小区到第 j 小区第 m 种运输方式客运或货运量；

$T_{i,j}$——第 i 小区到第 j 小区全方式客、货运量。

2. 车辆效率法

车辆效率法按照下式其中一个计算：

$$Q_{it} = K \times \frac{365 N_{it} P_{it} G_{it} V_{it} S_{it}}{10\,000 C_{it}} \tag{5-17a}$$

$$Q_{it} = K \times \frac{N_{it} P_{it} G_{it} C_{it}}{L_{it}} \tag{5-17b}$$

式中：Q_{it}——第 t 年第 i 交通区公路客（货）运量，万人/万吨；

N_{it}——第 t 年第 i 交通区载客（货）汽车保有量，辆；

P_{it}——第 t 年第 i 交通区载客（货）汽车平均工作率，%；

G_{it}——第 t 年第 i 交通区载客(货)汽车平均座(吨)位;

V_{it}——第 t 年第 i 交通区载客(货)汽车平均实载率,%;

S_{it}——第 t 年第 i 交通区载客(货)汽车平均车日行程,km;

C_{it}——第 t 年第 i 交通区载客(货)汽车平均周转量,万人公里或万吨公里/年;

L_{it}——第 t 年第 i 交通区载客(货)汽车平均运距,km;

K——常数,根据调查得到的历史数据用最小二乘法标定。

三、车型结构比例预测及交通量折算

目前,对于车型结构比例的预测尚没有非常成熟的模型。经过大量公路建设项目可行性研究实践发现,通过对公路建设项目所在区域路网历年交通量的客、货运车种组成的分析,发现车种比例的变化与项目影响区的 GDP 有着良好的相关关系,因此基于区域路网交通量的历年平均车种比例及历年 GDP 值,建立分车型比例与 GDP 的如下预测模型:

$$Y = \alpha X^{\beta} \tag{5-18}$$

式中:Y——客、货运分车种的车型比例,%;

X——公路建设项目影响区 GDP 值,亿元;

α,β——回归系数。

在上述预测模型的基础上再考虑未来家用小汽车出行、产业结构变化等因素的影响,结合地区未来社会经济发展预测、机动车及非机动车拥有量的发展预测,以及项目影响区的实际情况,经反复论证,并请有经验的专家讨论最终确定未来特征年客、货运车型结构比例。

根据预测得到的未来各特征年客、货运车型结构比例,结合现状调查中得到的客货车平均座(吨)位、平均实载率等资料,可将客、货运分车型的交通量折算成标准车(pcu),从而便于接下来的交通分布预测,具体可按如下模型计算:

$$V_{ij}^{p} = \frac{P_{ij}}{K_{pj} r_{pj}} u_{pj} \tag{5-19}$$

$$V_{ij}^{F} = \frac{F_{ij}}{K_{Fj} r_{Fj}} u_{Fj} \tag{5-20}$$

上两式中:V_{ij}^{p}、V_{ij}^{F}——第 i 交通区第 j 车种的公路客、货交通量,pcu;

P_{ij}、F_{ij}——第 i 交通区第 j 车种的公路客、货交通量,veh;

K_{pj}、K_{Fj}——车种 j 的平均座(吨)位数;

r_{pj}、r_{Fj}——车种 j(客、货车)的平均实载率;

u_{pj}、u_{Fj}——车种 j(客、货车)与标准车型交通量之间的换算系数。

第五节　交通分布预测

交通分布预测是指根据已预测的交通分区发生、吸引量及公路交通分担量,确定各交通区之间的公路交通流量、流向,即确定 OD 矩阵。

通常采用的预测方法有增长系数法、重力模型法、插入机会模型法、熵模型法等,其中最常用的是增长系数法和重力模型法,增长系数法包括均匀增长系数法、平均增长系数法、Fratar 法、Detroit 法等,而重力模型法则包括无约束重力模型、单约束重力模型、双约束重力模型等。

一、增长系数法

增长系数法，也称现在状态法，是由现状 OD 表推算将来交通出行分布的方法，其特点是预测的 OD 分布量只与现状 OD 分布量、将来发生、吸引量有关，与起、讫点之间的交通阻抗无关，它要求有完整的现状 OD 资料。其基本假定是将来的交通区与交通区之间出行分布模式与现状的分布模式基本一致，当公路建设项目影响区的土地使用、交通源布局等有较大变化时，不宜采用增长系数法。主要有以下几种模型：

1. 均匀增长率法

均匀增长率模型是最早的增长系数模型，该模型认为，项目影响区域各交通区的出行量是均匀增长的，把项目影响区现状交通生成总量和未来交通生成总量之间的增长率直接用于各交通区之间的交通分布增长状况，数学模型为：

$$T_{ij} = t_{ij} \cdot \frac{\sum_i G_i}{\sum_i g_i} \tag{5-21}$$

式中：T_{ij}、t_{ij}——分别为来来及现状交通区 i 到 j 的交通分布量；

$\sum_i G_i$、$\sum_i g_i$——分别为未来及现状项目影响区交通产生或吸引总量。

2. 平均增长率法

平均增长率模型假设在项目影响区域内，从交通区 i 到交通区 j 的出行量仅与这两个交通区的增长率相关。设交通区 i 与交通区 j 之间未来交通分布量为 T_{ij}，现状交通分布量为 t_{ij}，i 区现状交通产生量 g_i 和未来交通产生量 G_i 之间的增长系数为 α_i，j 区现状交通吸引量 α_j 和未来交通吸引量 A_j 之间的增长系数为 β_j。平均增长率模型认为未来交通分布量按 α_i、β_j 的平均值增长。

$$T_{ij} = t_{ij} \times \frac{1}{2}(\alpha_i + \beta_j) \tag{5-22}$$

在实际运算中，根据式(5-22)计算一次后得到的出行分布量，往往对应各交通区的发生总量、吸引总量不能满足增长后的平衡条件，即：

$$\sum_i T_{ij} \neq A_j、\sum_j T_{ij} \neq G_i$$

为了使预测的 OD 矩阵满足增长要求，应重新确定修正增长系数，用式(5-23)进行迭代计算，修正增长系数为：

$$\begin{cases} \alpha'_i = \dfrac{G_i}{G'_i} = \dfrac{G_i}{\sum_j T_{ij}} \\ \beta'_i = \dfrac{A_j}{A'_i} = \dfrac{A_j}{\sum_i T_{ij}} \end{cases} \tag{5-23}$$

再用下式计算第二次近似值：

$$T'_{ij} = T_{ij} \times \frac{1}{2}(\alpha'_i + \beta'_j) \tag{5-24}$$

利用前述公式不断进行迭代计算，直到修正增长系数 α'_i、β'_j 接近 1 时为止。

【例 5-4】 已知 1、2、3 三个交通区之间的交通现状分布和增长系数如表 5-5 所示，用平均增长率模型预测三个交通区之间的未来交通分布。

现状交通分布及增长系数　　表 5-5

i	t_{ij}			g_i	α_i	β_j
	$j=1$	$j=2$	$j=3$			
1	—	10	20	30	2	2
2	10	—	15	25	3	3
3	20	15	—	35	1	1
a_j	30	25	35	—	—	—

解:根据式(5-22),可以计算得到:

$$T_{12}=t_{12}\times\frac{1}{2}(\alpha_1+\beta_2)=10\times\frac{1}{2}(2+3)=25\quad T_{21}=t_{21}\times\frac{1}{2}(\alpha_2+\beta_1)=10\times\frac{1}{2}(3+2)=25$$

$$T_{13}=t_{13}\times\frac{1}{2}(\alpha_1+\beta_3)=20\times\frac{1}{2}(2+1)=30\quad T_{31}=t_{31}\times\frac{1}{2}(\alpha_3+\beta_1)=20\times\frac{1}{2}(1+2)=30$$

$$T_{23}=t_{23}\times\frac{1}{2}(\alpha_2+\beta_3)=15\times\frac{1}{2}(3+1)=30\quad T_{32}=t_{32}\times\frac{1}{2}(\alpha_3+\beta_2)=15\times\frac{1}{2}(1+3)=30$$

由式(5-23)得:

$$\alpha'_1=\frac{G_1}{G'_1}=\frac{\alpha_1\cdot g_1}{\sum\limits_j T_{1j}}=\frac{2\times30}{25+30}=1.09\quad \beta'_1=\frac{A_1}{A'_1}=\frac{\beta_1\cdot g_1}{\sum\limits_i T_{i1}}=\frac{2\times30}{25+30}=1.09$$

$$\alpha'_2=\frac{G_2}{G'_2}=\frac{\alpha_2\cdot g_2}{\sum\limits_j T_{2j}}=\frac{3\times25}{25+30}=1.36\quad \beta'_2=\frac{A_2}{A'_2}=\frac{\beta_2\cdot g_2}{\sum\limits_i T_{i2}}=\frac{3\times25}{25+30}=1.36$$

$$\alpha'_3=\frac{G_3}{G'_3}=\frac{\alpha_3\cdot g_3}{\sum\limits_j T_{3j}}=\frac{1\times35}{30+30}=0.58\quad \beta'_3=\frac{A_3}{A'_3}=\frac{\beta_3\cdot g_3}{\sum\limits_i T_{i3}}=\frac{1\times35}{30+30}=0.58$$

由于 α'_i、$\beta'_j(i,j=1\cdots3)$ 不满足等于或接近 1 的条件,因此需要按式(5-22)进行第二轮计算:

$$T'_{12}=T_{12}\times\frac{1}{2}(\alpha'_1+\beta'_2)=25\times\frac{1}{2}(1.09+1.36)=30.63$$

$$T'_{21}=T_{21}\times\frac{1}{2}(\alpha'_2+\beta'_1)=25\times\frac{1}{2}(1.36+1.09)=30.63$$

$$T'_{13}=T_{13}\times\frac{1}{2}(\alpha'_1+\beta'_3)=30\times\frac{1}{2}(1.09+0.58)=25.00$$

$$T'_{31}=T_{31}\times\frac{1}{2}(\alpha'_3+\beta'_1)=30\times\frac{1}{2}(0.58+1.09)=25.00$$

$$T'_{23}=T_{23}\times\frac{1}{2}(\alpha'_2+\beta'_3)=30\times\frac{1}{2}(1.36+0.58)=29.10$$

$$T'_{32}=T_{32}\times\frac{1}{2}(\alpha'_3+\beta'_2)=30\times\frac{1}{2}(0.58+1.36)=29.10$$

将 T'_{ij} 作为 T_{ij} 代入式(3-18)进行计算,则有:

$\alpha'_1=1.08\quad \alpha'_2=1.26\quad \alpha'_3=0.65\quad \beta'_1=1.08\quad \beta'_2=1.26\quad \beta'_3=0.65$

由于 α'_i、$\beta'_j(i,j=1-3)$ 仍不满足等于或接近 1 的条件,因此需要继续按式(5-22)进行第三轮计算。重复进行此项计算工作,直至 α'_i、β'_j 等于或接近 1。表 5-6 为本例第六轮计算的结果。

第六轮计算后得到的交通分布预测结果　　表 5-6

i	t_{ij}			α_i	β_j
	$j=1$	$j=2$	$j=3$		
1	—	45.15	15.55	0.99	0.99
2	45.15	—	24.20	1.08	1.08
3	15.55	24.20	—	0.88	0.88

从上例的计算过程可见，平均增长率模型用于交通分布预测时，收敛速度慢。但由于其计算公式简单，计算过程规律性强，因此借助计算机容易实现。

3. Detroit 模型法

Detroit 模型认为从交通区 i 到交通区 j 的出行量不仅与这两个交通区的增长率相关，还与所有交通区的出行量的平均增长率有关。计算公式为：

$$T_{ij}=t_{ij}\cdot\frac{\alpha_i\cdot\beta_j}{F} \tag{5-25}$$

式中：F——项目影响区交通生成总量的增长率；

其他符号意义同前。

Detroit 模型也需要用和平均增长率法相似的方法进行迭代计算，即经第一次计算 T_{ij} 后，计算：

$$\alpha'_i=\frac{G_i}{G'_i}=\frac{G_i}{\sum_j T_{ij}} \tag{5-26}$$

$$\beta'_j=\frac{A_j}{A'_j}=\frac{A_j}{\sum_i T_{ij}} \tag{5-27}$$

$$F'=\frac{\sum_i G_i}{\sum_i G'_i}=\frac{\sum_i G_i}{\sum_i\sum_j T_{ij}}\quad 或\quad F'=\frac{\sum_j A_j}{\sum_j A'_j}=\frac{\sum_j A_j}{\sum_j\sum_i T_{ij}} \tag{5-28}$$

再用下式计算第二次近似值

$$T'_{ij}=T_{ij}\cdot\frac{\alpha'_i\cdot\beta'_j}{F'} \tag{5-29}$$

利用前述公式不断进行迭代计算，直到修正增长系数 α'_i、β'_j、F' 接近 1 时为止。

【例 5-5】 用 Detroit 模型求解例 5-4。

解：项目影响区交通生成总量的增长率为：$F=\frac{\sum_i G_i}{\sum_i G'_i}=\frac{2\times30+3\times25+1\times35}{30+25+35}=1.89$

根据式(5-25)，可以计算得到：$T_{12}=t_{12}\cdot\frac{\alpha_1\cdot\beta_2}{F}=10\times\frac{2\times3}{1.89}=31.75$

同理，可以计算得到：$T_{21}=31.75$，$T_{13}=21.16$，$T_{31}=21.16$，$T_{23}=23.81$，$T_{32}=23.81$

α'_i、β'_j 的计算方法同前，如：

$$\alpha'_1=\frac{G_1}{\sum_j T_{1j}}=\frac{30\times2}{31.75+21.16}=1.13\qquad \beta'_2=\frac{A_2}{\sum_i T_{i2}}=\frac{25\times3}{31.75+23.81}=1.35$$

根据式(5-28)得：$F'=\frac{\sum_i G_i}{\sum_i G'_i}=\frac{\sum_i G_i}{\sum_i\sum_j T_{ij}}=\frac{2\times30+3\times25+1\times35}{31.75+21.16+31.75+23.81+21.16+23.81}$

$=1.11$

将 α'_i、β'_j、F'代入式(5-26)计算 T'_{ij}。重复过程，当 α'_i、β'_j、F'接近 1 时的 T_{ij}即为所求。

4. Fratar 模型

Fratar 模型是一种较好的增长系数模型，该模型认为两交通区之间未来的交通分布量不仅与两交通区的交通生成增长率有关，而且还与整个项目影响区域各交通区的交通生成增长系数有关。Fratar 模型收敛速度快，迭代次数较少，常用的计算公式为：

$$T_{ij}=\frac{1}{2}(T_{ij,i}+T_{ij,j}) \tag{5-30}$$

$$T_{ij,i}=t_{ij}\alpha_i\cdot\beta_j\cdot\frac{\sum\limits_j t_{ij}}{\sum\limits_j t_{ij}\cdot\beta_j},T_{ij,j}=t_{ij}\alpha_i\cdot\beta_j\cdot\frac{\sum\limits_i t_{ij}}{\sum\limits_i t_{ij}\cdot\alpha_i} \tag{5-31}$$

符号意义同前。

Fratar 模型进行交通分布预测时，需要迭代计算。迭代计算方法与平均增长率模型相同，直到修正增长系数 α'_i、β'_j 接近 1 时为止。

【例 5-6】 用 Fratar 模型求解例 5-4。

解：根据式(5-30)：

$$T_{12,i}=t_{12}\cdot\alpha_1\cdot\beta_2\cdot\frac{t_{12}+t_{13}}{t_{12}\cdot\beta_2+t_{13}\cdot\beta_3}=10\times3\times2\times\frac{10+20}{10\times3+20\times1}=36.00$$

$$T_{12,j}=t_{12}\cdot\alpha_1\cdot\beta_2\cdot\frac{t_{12}+t_{32}}{t_{12}\cdot\alpha_1+t_{32}\cdot\alpha_3}=10\times3\times2\times\frac{10+15}{10\times2+15\times1}=42.86$$

$$T_{12}=\frac{1}{2}(T_{12,i}+T_{12,j})=\frac{1}{2}\times(36.00+42.86)=39.43$$

同理，可以计算得到：$T_{21}=39.43$，$T_{13}=20.25$，$T_{31}=20.25$，$T_{23}=25.40$，$T_{32}=25.40$

α'_i、β'_j 的计算方法同前，如：

$$\alpha'_1=\frac{G_1}{\sum\limits_j T_{1j}}=\frac{30\times2}{39.43+20.25}=1.01\qquad \beta'_2=\frac{A_2}{\sum\limits_i T_{i2}}=\frac{25\times3}{39.43+25.40}=1.16$$

将 α'_i、β'_j 作为 α_i、β_j 代入式(5-31)计算 T_{ij}。重复过程，当 α'_i、β'_j 接近 1 时的 T_{ij} 即为所求。

二、重力模型法

重力模型法综合考虑了影响出行分布的地区社会经济增长因素和出行空间、时间阻碍因素，它的基本假设为：交通区 i 到交通区 j 的出行分布量与 i 区的出行发生量、j 区的出行吸引量成正比，与 i 区和 j 区之间的交通阻抗成反比。重力模型法较增长系数法考虑的因素更全面，能敏感地反映交通阻抗参数的变化，在没有完整的现状 OD 资料时也能使用，但该模型较大的缺点是短距离出行分布预测偏大，尤其是区内出行，预测时应给予注意。

根据对约束情况的不同分类，重力模型有三种形式：无约束重力模型、单约束重力模型和双约束重力模型。

1. 无约束重力模型

无约束重力模型的基本形式为：

$$T_{ij}=K\cdot\frac{G_i^{\alpha}\cdot A_j^{\beta}}{f(t_{ij})} \tag{5-32}$$

式中：T_{ij}——交通区 i 到交通区 j 的出行分布量；

G_i——交通区 i 的出行产生总量；

A_j——交通区 j 的出行吸引总量；

$f(t_{ij})$——交通区 i、j 之间的出行阻抗函数；

K、α、β——模型参数。

出行阻抗是反映交通区之间交通便利程度的指标，是对交通区间交通设施状况和交通工具状况的综合反映。目前，采用行程时间函数作为出行阻抗函数最为常见，其函数的形式有多种，包括 t_{ij}^{α}、$e^{-\beta t_{ij}}$、$t_{ij}^{\alpha} \cdot e^{-\beta t_{ij}}$等形式。

无约束重力模型是早期的重力模型，其模型结构不满足约束条件 $\sum_i T_{ij} = A_j$、$\sum_j T_{ij} = G_i$ 中的任何一个，因此称为无约束重力模型。无约束重力模型的标定，即参数 K、α、β、γ 的确定是通过拟合现状 OD 调查资料，用最小二乘法确定，此时可将模型取对数使之线性化来求得。

无约束重力模型预测未来 OD 交通量的步骤是，首先将预测未来交通产生量 G_i 和交通吸引量 A_j 代入模型计算 T_{ij}，然后用增长率法进行迭代计算，使 T_{ij}满足约束条件。用平均增长率法进行迭代计算时，其公式为：

$$T'_{ij} = T_{ij} \times \frac{1}{2}\left(\frac{G_i}{\sum_j T_{ij}} + \frac{A_j}{\sum_i T_{ij}}\right) \tag{5-33}$$

前一轮计算的 T'_{ij}代替 T_{ij}用上式反复计算，直到$\frac{G_i}{\sum_j T_{ij}}$和$\frac{A_j}{\sum_i T_{ij}}$接近于 1，此时的 T'_{ij}即为预测的交通分布量。

2. 单约束重力模型

(1) 乌尔希斯重力模型，即出行产生约束重力模型，其表达式为：

$$T_{ij} = \frac{G_i \cdot A_j \cdot f(t_{ij})}{\sum_j [A_j f(t_{ij})]} \tag{5-34}$$

式中：$f(t_{ij})$——交通阻抗函数，包括 t_{ij}^{α}、$e^{-\beta t_{ij}}$、$t_{ij}^{\alpha} \cdot e^{-\beta t_{ij}}$等形式，其中最常用的是 t_{ij}^{α}的形式；

其余符号意义同前。

待定系数根据现状 OD 调查资料拟合确定，一般可采用试算法等数值解法。以 t_{ij}采用交通时间为例，其计算过程是：先假定一个 α 值，利用现状 OD 统计资料所得的 G_i、A_j 以及 t_{ij}进行计算，所得出的计算交通分布称为 GM 分布。当交通按 GM 分布与按 OD 分布（实际分布）的每次运行的平均时间相对误差不大于 3% 时，计算即可结束；当超过 3% 时需改动待定系数 α 值，进行下一轮计算，每次运行的平均时间可采用下式计算：

$$\overline{t'} = \frac{\sum_i \sum_j T'_{ij} \cdot t_{ij}}{\sum_i \sum_j T'_{ij}} \tag{5-35}$$

GM 分布与 OD 分布的每次运行的平均时间之间的相对误差为$\frac{|\overline{t'} - \bar{t}|}{\bar{t}}$。相对误差超过 0.03，应调整待定系数 α，调整方法为：如果 GM 分布的$\overline{t'}$大于 OD 分布的$\overline{t'}$，可增大 α 值；反之，则减少 α 值。

【例 5-7】 某区域有三个交通区，现状 OD 矩阵及通过出行产生预测所获得的未来出行发生、吸引总量如表 5-7 所示，各交通区之间的行程时间（min）如表 5-8 所示，试用乌尔希斯重力模型确定出行分布。

现状 OD 矩阵及预测的未来出行发生吸引总量 表 5-7

D / O	1	2	3	g_i	G_i
1	4	2	2	8	16
2	2	8	4	14	28
3	2	4	4	10	35
a_j	8	14	10	32	
A_j	16	28	35		79

各交通区的行程时间(min) 表 5-8

D / O	1	2	3
1	2	4	4
2	4	1	2
3	4	2	2

解:设取交通阻抗函数为 $f(t_{ij}) = t_{ij}^{-\alpha}$,并设 $\alpha = 1.0$。

交通区 1:

$$\sum_{j=1}^{m}\frac{A_j}{t_{1,j}} = \frac{16}{2} + \frac{28}{4} + \frac{35}{4} = 23.75 \qquad T_{1,1} = \frac{\frac{A_1}{t_{1,1}}}{23.75} \times G_1 = \frac{\frac{16}{2}}{23.75} \times 16 = 5.389$$

$$T_{1,2} = \frac{\frac{A_2}{t_{1,2}}}{23.75} \times G_1 = \frac{\frac{28}{4}}{23.75} \times 16 = 4.716 \qquad T_{1,3} = \frac{\frac{A_3}{t_{1,3}}}{23.75} \times G_1 = \frac{\frac{35}{4}}{23.75} \times 16 = 5.895$$

交通区 2:

$$\sum_{j=1}^{m}\frac{A_j}{t_{2,j}} = \frac{16}{4} + \frac{28}{1} + \frac{35}{2} = 49.5 \qquad T_{2,1} = \frac{\frac{A_1}{t_{2,1}}}{49.5} \times G_2 = \frac{\frac{16}{4}}{49.5} \times 28 = 2.263$$

$$T_{2,2} = \frac{\frac{A_2}{t_{2,2}}}{49.5} \times G_2 = \frac{\frac{28}{1}}{49.5} \times 28 = 15.838 \qquad T_{2,3} = \frac{\frac{A_3}{t_{2,3}}}{49.5} \times G_2 = \frac{\frac{35}{2}}{49.5} \times 28 = 9.899$$

交通区 3:

$$\sum_{j=1}^{m}\frac{A_j}{t_{3,j}} = \frac{16}{4} + \frac{28}{2} + \frac{35}{2} = 35.5 \qquad T_{3,1} = \frac{\frac{A_1}{t_{3,1}}}{35.5} \times G_3 = \frac{\frac{16}{4}}{35.5} \times 35 = 3.944$$

$$T_{3,2} = \frac{\frac{A_2}{t_{3,2}}}{35.5} \times G_3 = \frac{\frac{28}{2}}{35.5} \times 35 = 13.803 \qquad T_{3,3} = \frac{\frac{A_3}{t_{3,3}}}{35.5} \times G_3 = \frac{\frac{35}{2}}{35.5} \times 35 = 17.254$$

于是得出行分布 OD 矩阵,如表 5-9 所示。

出行分布 OD 矩阵 表 5-9

O \ D	1	2	3
1	5.4	4.7	5.9
2	2.3	15.8	9.9
3	3.9	13.8	17.3

现状 OD 分布加权平均行程时间为：8 + 14 + 10 = 32

$$\overline{t_0} = \frac{4\times2+2\times4+2\times4+2\times4+8\times1+4\times2+2\times4+4\times2+4\times2}{32} = 2.25\text{min}$$

预测 OD 分布加权平均行程时间为：16 + 28 + 35 = 79

$$\overline{t_1} = \frac{5.4\times2+4.7\times4+5.9\times4+2.3\times4+15.8\times1+9.9\times2+3.9\times4+13.8\times2+17.3\times2}{79}$$

$= 2.225\text{min}$

加权平均行程时间的相对差为：

$$\frac{|\overline{t_0}-\overline{t_1}|}{\overline{t_0}}\times100\% = \frac{2.25-2.225}{2.25} = 1.1\% < 3\%$$

相对差满足精度要求，故表 5-9 所示矩阵即为要求的出行分布。

若相对差大于 3% 则应调整参数 α 后重新计算。若相对差大于 3% 且 $\overline{t_1} > \overline{t_0}$ 应增大 α；若相对差大于 3% 且 $\overline{t_1} < \overline{t_0}$ 则应减小 α。

(2)美国公路局（出行产生受约束）重力模型

模型的形式为：

$$T'_{ij} = \frac{G_i A_j f(t_{ij}) K_{ij}}{\sum_j [A_j f(t_{ij}) K_{ij}]} \tag{5-36}$$

式中，K_{ij} 为交通调整系数，其余符号意义同前。

与乌尔希斯重力模型相比，该模型引进了交通调整系数 K_{ij}。计算时，用与乌尔希斯模型相同的方法试算得出待定系数 α，并计算 T'_{ij}，再将计算所得的 T'_{ij} 和调查所得的 T_{ij}，代入式(5-36)计算 K_{ij}：

$$K_{ij} = \frac{1-Y_{ij}}{1-Y_{ij}\cdot\gamma_{ij}}\cdot\gamma_{ij} \tag{5-37}$$

式中：$\gamma_{ij} = \dfrac{T_{ij}}{T'_{ij}}$；

Y_{ij}——i 区到 j 区出行数占 i 区出行产生总数的比例，即 $Y_{ij} = \dfrac{T_{ij}}{G_i}$。

显然，美国公路局重力模型能满足计算 T'_{ij} 与调查 T_{ij} 相一致。

由于上述两种重力模型均能满足出行产生受约束条件 $\sum_j T'_{ij} = G_i$ 约束，故称为单约束重力模型。

用上述两种重力模型进行交通分布预测时，首先是将预测的交通产生量和吸引量以及未来的交通阻抗参数代入模型进行计算。通常计算出的交通吸引量 $\sum_j T'_{ij}$ 与给定的交通吸引量并不相同，因此需要进行进一步迭代计算，迭代公式为：

$$T'_{ij} = T_{ij}\frac{A_j}{\sum_i T_{ij}} \tag{5-38}$$

将前一轮计算所得的 T'_{ij} 代替 T_{ij}，用上式反复计算，直到 $\frac{A_j}{\sum_i T_{ij}}$ 接近于 1，此时 T'_{ij} 满足条件 $\sum_i T'_{ij} = A_j$，但同时经过迭代后，T'_{ij} 又不能满足另一约束条件 $\sum_j T'_{ij} = G_i$，故又需将 G_i 进行迭代计算，用式(5-37)将前一轮的计算值 T'_{ij} 代替 T_{ij} 反复计算，直到 $\frac{G_i}{\sum_j T_{ij}}$ 接近于 1 为止。

$$T'_{ij} = T_{ij}\frac{G_i}{\sum_j T_{ij}} \tag{5-39}$$

此时 T'_{ij} 即为预测交通分布量。

3. 双约束重力模型

对于初始 OD 不完善的情况下，应用最广泛、精度最好的是双约束重力模型。所谓双约束，即对单约束的重力模型加上约束条件，保证出行分布预测得到的 OD 矩阵，满足以下条件：

$$\sum_{j=1}^{n} T_{ij} = G_i \tag{5-40}$$

$$\sum_{i=1}^{n} T_{ij} = A_j \tag{5-41}$$

双约束重力模型的具体形式为：

$$T_{ij} = \frac{K_i \cdot K_j \cdot G_i \cdot A_j}{f(t_{ij})} \tag{5-42}$$

式中：T_{ij}、G_i、A_j、t_{ij} 含义同上；

K_i、K_j——平衡系数。

平衡系数 K_i、K_j 的求解公式为：

$$K_i = \frac{1}{\dfrac{\sum_j K_j \cdot A_j}{f(t_{ij})}} \tag{5-43}$$

$$K_j = \frac{1}{\dfrac{\sum_i K_i \cdot G_i}{f(t_{ij})}} \tag{5-44}$$

双约束重力模型的标定，是通过拟合现状 OD 调查资料，用最小二乘法确定，拟合时可将模型取对数线性化，交通阻抗参数应为现状交通网络的参数。双约束重力模型的计算工作量较大，一般借助计算机实现。

4. 重力模型的检验

重力模型的标定是通过拟合现状 OD 调查资料确定待定系数，但拟合的目标是以某种指标（如平均出行时间）的误差作为控制指标，因此，其标定的模型精度有时不能仅以此作为评判标准，必要时应作统计检验。统计学中的许多标准统计检验方法均可以使用，其中最常用的是 χ^2 检验。

如果利用模型计算得到的交通分布量为 X_{ij}，而实际调查值为 X'_{ij}，则：

$$\chi^2 = \frac{\sum_i \sum_j (X'_{ij} - X_{ij})}{X'_{ij}} \tag{5-45}$$

。

将计算得到的χ^2值与其临界值比较，如果计算得到的χ^2值比临界值小，说明模型拟合良好。临界值可以根据自由度和显著水平查χ^2的临界值分布标准表得到。

三、插入机会模型法

插入机会模型假定：阻抗参数相同的每一个交通吸引点均按指数分布等概率的成为交通的终点，而当阻抗参数不同时，交通总是选择阻抗参数最小的交通吸引点作为终点。插入机会模型主要考虑的是交通阻抗参数。

根据上述假定，插入机会模型的形式为：

$$T_{ij} = G_i\left[e^{lu} - e^{-l(u+G_i)}\right] \tag{5-46}$$

式中：u——从交通区i出发，交通阻抗参数（如交通时间或距离）小于到交通区j的交通阻抗参数的所有交通区的交通吸引量之和；

l——交通吸引率，为待定系数；

其余符号意义同前。

用插入机会模型预测未来交通分布时，同样可能会出现根据模型计算出的交通分布量不满足$\sum_j T_{ij} = G_i$，$\sum_i T_{ij} = A_j$两个约束条件，此时需用增长率法进行迭代计算，使T_{ij}满足约束条件。

四、熵模型

熵是一个具有广泛意义的概念，一般来说，热力熵是系统无规律的量度，系统可达状态数目越多，热力学熵值就越高。在孤立的热力学系统中，一切实际过程均使熵不断增大而趋于某个极大值，这就是熵极大原理。

威尔逊于1967年在《空间分布模型统计理论》中，首次提出了基于热力熵极大原理的交通分布设想，导出了第一个熵模型。威尔逊的交通分布熵模型表示为：

$$\min \sum_{i=1}^{n}\sum_{j=1}^{n} t_{ij}\ln t_{ij} \tag{5-47}$$

$$\text{s. t}\begin{cases}\sum_{i=1}^{n}\sum_{j=1}^{n} t_{ij} = T \\ \sum_{j=1}^{n} t_{ij} = G_i \qquad t_{ij} \geqslant 0\,(i,j=1,2,\cdots,n) \\ \sum_{i=1}^{n} t_{ij} = A_j\end{cases}$$

熵模型的假设前提比较符合客观现象，但使用过程非常复杂，其实用性不高。

第六节 诱增及转移交通量预测

本章第三～五节讲述了趋势型交通量的预测方法，即如何得到公路上交通量按其自然增长形成的特征年趋势型OD矩阵，在此基础上，本节着重阐述对于公路建设项目可行性研究中交通量预测十分重要的一部分——诱增及转移交通量预测，分别得到公路建设项目的诱增型OD矩阵、转移OD矩阵。

诱增交通量及转移交通量的预测影响因素众多，且不同地区随实际情况差异很大，目前尚没有成熟的方法和模型，通常是请有经验的专家讨论，宏观上确定项目影响区的诱增比例、及不同交通方式间的转移率,采用定性、定量相结合的方法综合确定。

一、诱增交通量预测

诱增交通量是指由于建设项目的实施(新建或改建)而新产生的交通量,主要是由于拟建项目的引入,使得影响区的交通条件发生变化,交通条件最直接的变化即是交通区之间的时间和距离缩短,从而诱发了项目影响区的潜在交通量,主要包括三方面:

第一,由于新路使时间和距离缩短,新路沿线各地的经济可接近性增加,引起车辆出行目的地变化,从而产生新的交通量。

第二,由于道路的新建或改建,特别是高等级公路的建设,使项目影响区经济结构、产业布局发生变化,引起新的产业布局和开发项目,项目影响区经济将以比正常更快的速度发展,产生的这种额外交通量也是诱增交通量的一部分。

第三,由于新建或改建道路,改善了项目影响区的交通条件,诱发了原来潜在的交通量,诱发的潜在交通量表现在两个方面:其一是公路项目完成后带动影响区机动车数量的迅速增长;其二是拟建项目完成后增加了出行的方便性并减少了出行时间,从而使车辆的年平均出行次数增加。

一般来说,诱增交通量在项目建成初期增长较快,但一段时间后随其他交通设施的建设完成而趋于稳定。世界银行的经验表明,诱增比率一般在10%左右。

诱增交通量的预测,通常采用基于行程时间的无约束重力模型推算,主要考虑各交通小区间的运行时间为阻抗,按照"有无比较法"的原则,根据公路建设项目建成前后路网运行时间的缩短来计算,具体分为现状区间交通出行量为零和不为零两种情况。

(1)无约束重力模型采用如下基本形式:

$$T_{ij} = K \cdot \frac{G_i^{\alpha} \cdot A_j^{\beta}}{t_{ij}^{\gamma}} \tag{5-48}$$

式中: T_{ij}——交通区 i 到交通区 j 的出行分布量,pcu/d;

G_i——交通区 i 的出行产生量,pcu/d;

A_j——交通区 j 的出行吸引量,pcu/d;

t_{ij}——交通区 i、j 之间的出行时间,min;

K、α、β——模型参数。

根据OD调查得到的现状分布交通量和各交通小区间的出行距离、时间,进行多元回归分析而得到重力模型的各待定参数。

现状区间交通出行量不为零,诱增交通量预测采用如下形式:

$$Q'_{ij} = Q_{ij}\left[\left(\frac{D_{ij}}{D'_{ij}}\right)^{r} - 1\right] \tag{5-49}$$

式中:Q'_{ij}——交通区 i 到交通区 j 的未来诱增交通量,pcu/d;

Q_{ij}——交通区 i 到交通区 j 的未来趋势型交通量,pcu/d;

D_{ij}——现状交通区 i 到交通区 j 的出行时间,min;

D'_{ij}——未来交通区 i 区到交通区 j 的出行时间,min;

r——重力模型回归参数。

(2)现状区间交通出行量为零时,诱增交通量预测采用如下形式:

$$Q'_{ij} = K \cdot G_i^{\alpha} \cdot A_j^{\beta} \cdot \left[\left(\frac{1}{D'_{ij}} \right)^{\gamma} - \left(\frac{1}{D_{ij}} \right)^{\gamma} \right] \tag{5-50}$$

式中：K、α、β、γ 为重力模型参数，其余参数意义同上。

根据现状 OD 矩阵标定的重力模型参数，结合基年路网运行时间、未来特征年路网运行时间，代入上述公式即可推算未来诱增交通量。

二、转移交通量预测

转移交通量指拟建公路建成后，当存在与其他交通方式并行的公路线路时，公路状况的改善必将从其他交通方式（包括铁路、水路、民航等）中吸引一部分交通量，称为转移交通量。转移交通量是存在的，必须在预测道路交通量时加以计算。但是，转移量随实际情况差异很大，通常是参考有经验的专家的意见，提出合适的转移率。

转移量的推算，需通过深入分析各种运输方式现状（包括运输设施、运输能力、运输量等），未来发展规划（包括新增的运输能力、运输量预测等），客货流特征（包括旅客运距构成、出行目的、旅途时间、票价、货物运输品种、运距及运费等），根据交通运输产业政策，采用定性与定量相结合的方法进行预测。

具体货类及区间旅客出行的分流率可按如下公式计算：

$$P_{ijk} = \frac{\exp(-M_k)}{\sum_{k=1}^{n} \exp(-M_k)} \tag{5-51}$$

$$M_k = T_k + C_k$$

式中：P_{ijk}——第 k 种运输方式的分流率；

M_k——第 k 种运输方式的广义费用；

T_k——第 k 种运输方式的时间代价；

C_k——第 k 种运输方式的运输费用（以门到门计算）；

n——区域拥有运输方式路线数。

1. 客运量的转移

目前内河和沿海旅客运输数量较小，其中相当部分是由于乘船本身的魅力（如沿途游览）而走水路，且水路旅客一般对舒适性要求较高，而对时间要求相对不高。综合分析考虑水运旅客的特性，一般不考虑向公路转移，或即使转移也数量较小，可以忽略，因此，在公路建设项目可行性研究中大多认为水运旅客不发生转移。

而对我国而言，公铁合理分工则是大势所趋。但是，确定一个适当的转换率却非常困难。根据铁路和公路的运输特点，一般考虑短途客运的分流，考虑的因素主要有运输费用、送达时间、舒适性、方便性、政策变化等。一般提出的公铁客运合理分担范围是：

（1）公路与铁路平行的城际旅客运输，运距在 100km 左右，用汽车运输是经济的；

（2）无直达铁路，需换乘其他运输方式到达目的地时，公路客运直达经济运距可达 400km；

（3）虽有铁路、但绕行距离长、有时需中途换乘，如有汽车运输，运距短、时间省、票价又便宜，仍以乘汽车为宜。

2. 货运量的转移

水运、铁路货物运输的转移，一般仍是采用定性分析的方法。首先把货物分为可转移货物和不可转移货物两类，然后再确定转移率。可转移货物主要包括矿建材料、日用百货、农副产品、化肥、农药及其他零担货物。只要其运距在公路经济运距(一般货物100~150km,鲜活易腐货物600~700km)之内,就可以考虑部分转移或全部转移,转移的份额也与铁路的运输能力有关。

铁路、水运转移量,是以运量(吨、人次)表示,尚需转换为交通量(辆/日),这就涉及车种选择和载运系数,需根据实际调查设定,运量与交通量的转换公式为:

$$V=\frac{Q}{365\varepsilon} \tag{5-52}$$

式中:V——断面交通量,辆/日;

Q——年转移运量,吨、人;

ε——载运系数,即平均每辆货车实载的吨数或每辆客车实载的人数,吨/辆、人/辆。

第七节　交通分配预测

交通量分配是利用公路网上的路线阻抗,寻求交通出行最短路径,把区域间的交通分布量分配到具体路线上的过程,从而得到公路建设项目未来特征年的交通量。当然,此处的交通分布量是指将预测得到的项目影响区未来特征年趋势型OD矩阵、诱增型OD矩阵、转移OD矩阵合并而得到的未来特征年总OD分布矩阵。通过交通分配,就可以获得项目影响区路网及拟建项目的各个路段、各个交叉口的未来交通量,并可以由此确定各路段上的交通饱和度、服务水平等。

对于交通分配,国内外均进行过大量的研究,数学规划方法、图论方法以及计算机技术的发展,为合理的交通分配模型的研制及应用提供了坚实的基础。国际上通常将交通分配方法分为平衡模型与非平衡模型两大类,并以Wardrop第一、第二原理为划分依据。Wardrop第一原理指出:网络上的交通以这样一种方式分布,就是使所有使用的路线都比没有使用的路线费用小。Wardrop第二原理认为,车辆在网络上的分布,使得网络上所有车辆的总出行时间最小。

如果交通分配模型满足Wardrop第一、第二原理,则称为平衡模型,而且,满足第一原理的称为用户优化平衡模型(User-Optimized Equilibrium),满足第二原理的称为系统优化平衡模型(Syetem-Optimized Equilibrium)。如果交通分配模型不使用Wardrop原理,而是采用了其他,如模拟的方法,则称为非平衡模型。

平衡模型一般都可以归结为一个维数很大的凸规划问题或非线性规划问题。从理论上说,这类模型结构严谨,思路明确,比较适合于宏观研究。但是,由于维数太大、约束条件太多,这类模型的求解比较困难,尽管人们提出了一些近似方法,但计算仍很复杂,实际工程中很难应用。

相比之下,非平衡模型具有结构简单、概念明确、计算简便等优点,因此在实际工程中得到了广泛的应用。非平衡模型主要包括最短路交通分配法、容量限制交通分配法、多路径概率交通分配法、容量限制-多路径交通分配法等。

一、最短路交通分配法

最短路交通分配是一种静态的交通分配方法,在该分配方法中,取路权为常数,即假设车辆的平均行驶车速不受交通负荷的影响。每一OD点对的OD量被全部分配在连接该OD点对的最短线路上,其他道路上分配不到交通量。这种分配方法的优点是计算相当简便,其致命缺点是出行量分布不均匀,出行量全部集中在最短路上。这种分配方法是其他各种交通分配方法的基础。

由于在最短路分配过程中，每一 OD 点对的 OD 量被全部分配在连接该 OD 点对的最短线路上，因此通常采用最短路分配方法确定道路交通的主流向。

图 5-2 为最短路分配方法流程图。

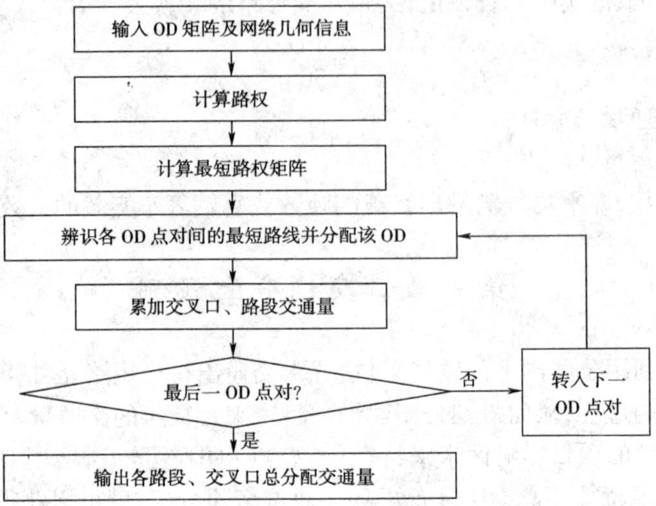

图 5-2　最短路分配方法流程图

【例 5-8】　在图 5-3 所示的交通网络中，交通节点 1、3、7、9 分别为 A、B、C、D 4 个交通区的作用点，4 个交通区的出行 OD 矩阵如表 5-10。试用最短路法分配该 OD 矩阵。

OD 矩阵（辆/小时）　　表 5-10

起点 \ 终点	A	B	C	D
A	0	200	200	500
B	200	0	500	100
C	200	500	0	250
D	500	100	250	0

解：(1)确定路段行驶时间

用最短路法分配交通量时，首先要确定路段行驶时间 $t(i,j)$，在该法中取 $t(i,j)$ 为常数。对于现状网络的交通分配，可根据现状网络的实测路段车速与路段长度确定；对于规划网络的交通分配，可根据路段设计车速确定行驶时间。在本例中确定的路段行驶时间 $t(i,j)$ 见图 5-4。

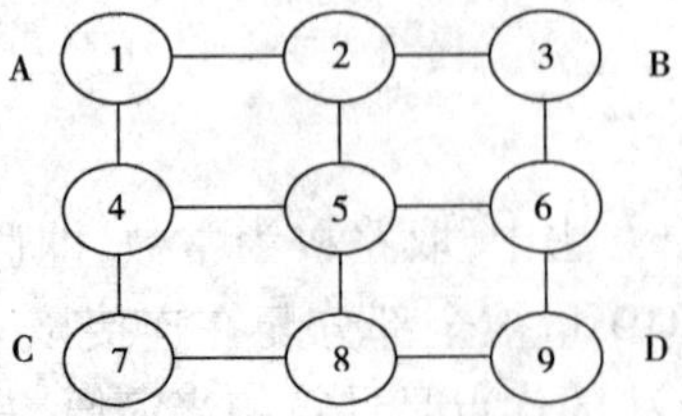

图 5-3　交通分配网络

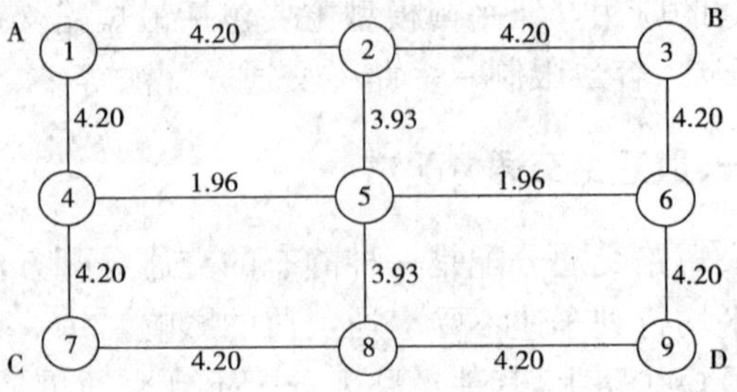

图 5-4　路段行驶时间(min)

(2)确定最短路线

各 OD 点对间的最短路线可用寻找最短路的各种方法确定，如标号法、矩阵迭代法等，本例确定的最短路线见表 5-11。

最 短 路 线 表 5-11

OD 点对	最短路线节点号	OD 点对	最短路线节点号
A—B	1—2—3	C—A	7—4—1
A—C	1—4—7	C—B	7—4—5—6—3
A—D	1—4—5—6—9	C—D	7—8—9
B—A	3—2—1	D—A	9—6—5—4—1
B—C	3—6—5—4—7	D—B	9—6—3
B—D	3—6—9	D—C	9—8—7

(3)分配 OD 量

将各 OD 点对的 OD 量分配到该 OD 点对相对应的最短路线上，并进行累加，得到图 5-5 所示的分配结果。

二、容量限制分配法

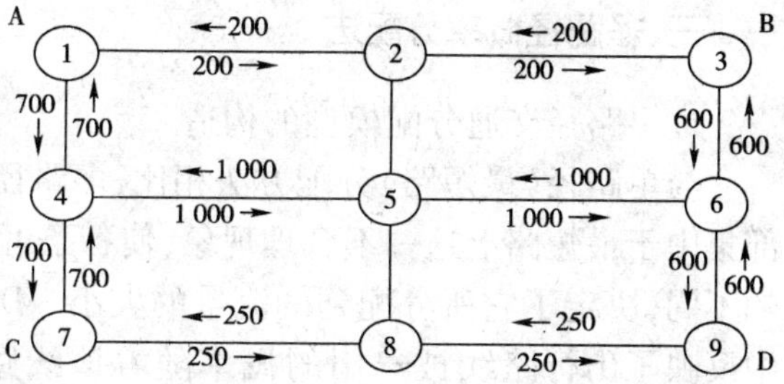

图 5-5　分配交通量(辆/h)

容量限制是一种动态交通分配方法，它考虑了路权与交通负荷之间的关系，即考虑了道路通行能力的限制，比较符合实际情况，该方法在国际上比较通用。

采用容量限制分配模型分配出行量时，需先将 OD 表中的每一 OD 量分解成 K 部分，即将原 OD 表($n \times n$ 阶，n 为出行发生、吸引点个数)分解成 K 个 OD 分表($n \times n$ 阶)，然后分 K 次用最短路分配模型分配 OD 量，每次分配一个 OD 分表，并且每分配一次，路权修正一次，路权采用路阻函数修正，直到把 K 个 OD 分表全部分配在网络上，分配过程如图 5-6 所示。

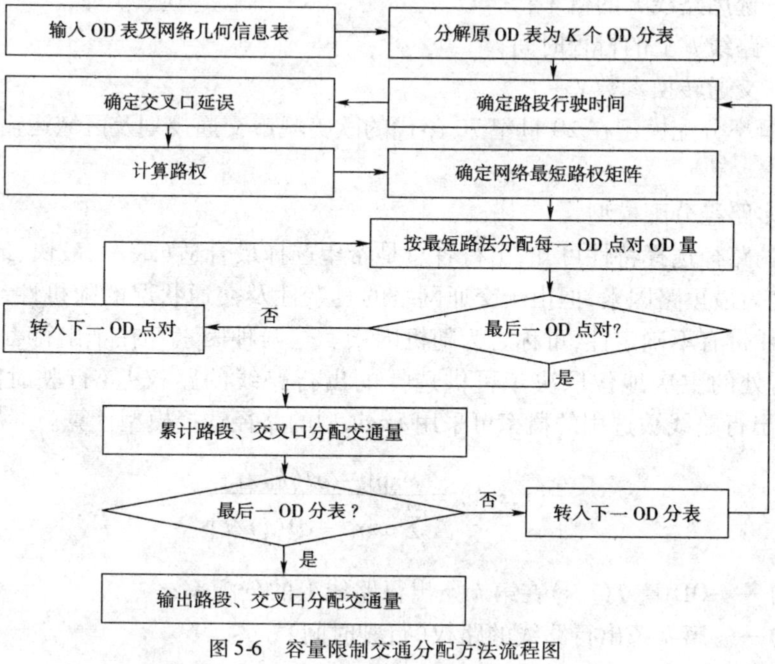

图 5-6　容量限制交通分配方法流程图

在具体应用时，视道路网络的大小，根据表 5-12 选取分配次数 K 及每次分配的 O-D 量比例。

分配次数 K 与每次的 O-D 量分配率(%)　　表 5-12

K \ 分配次数	1	2	3	4	5	6	7	8	9	10
1	100									
2	60	40								
3	50	30	20							
4	40	30	20	10						
5	30	25	20	15	10					
10	20	20	15	10	10	5	5	5	5	5

三、多路径概率分配法

1. 多路径交通分配模型的构造

与单路径(最短路)分配方法相比，多路径分配方法的优点是克服了单路径分配中流量全部集中于最短路上这一不合理现象，使各条可能的出行路线均分配到交通量，各出行路线长度的不同，决定了它所分配到的流量的大小。Dial 于 1971 年提出了初始的概率分配模型，模型中反映了出行路线被选用的概率随着该线路长度的增加而减少的规律。Florian 及 Fox 于 1976 年对 Dial 模型进行了修正，认为出行者从连接两交通区路线的可行子系统中选用路线 k 概率为：

$$P(k) = \exp(-\sigma T_k) / \sum_i \exp(-\sigma T_i) \tag{5-53}$$

式中：$P(k)$——选用路线 k 的概率；

T_k——路线 k 上的行程时间；

σ——交通转换参数。

该多路径概率分配模型在 20 世纪 70 年代的欧美城市交通规划及区域运输规划中被广泛采用。

2. 改进的多路径分配模型

由出行者的路径选择特性可知，出行者总是希望选择最合适(最短、最快、最方便等)的路线出行，可称之为最短路因素，但由于交通网络的复杂性及交通状况的随机性，出行者在选择出行路线时往往带有不确定性，可称之为随机因素。这两种因素存在于出行者的整个出行过程中，两因素所处的主次地位取决于可供选择的出行路线的路权差(行驶时间差或费用差等)。因此，各出行路线被选用的概率可采用 Logit 型的路径选择模型计算。

$$P(r,s,k) = \frac{\exp[-\sigma t(k)/\bar{t}]}{\sum_{i=1}^{m} \exp[-\sigma t(i)/\bar{t}]} \tag{5-54}$$

式中：$P(r,s,k)$——OD 量 $T(r,s)$ 在第 k 条出行路线上的分配率；

$t(k)$——第 k 条出行路线的路权(行驶时间)；

$\bar{t}$——各出行路线的平均路权(行驶时间);

σ——分配参数;

m——有效出行路线条数。

改进的分配模型能较好地反映路径选择过程中的最短路因素及随机因素。实际上,若出行路线路权相同,则本模型成为随机分配模型,各路线被选用的概率相同。若某一路线的路权远远小于其他路线,则本模型成为最短路分配模型,它是一种改进型的多路径分配模型。改进的多路径分配模型虽然与 Dial 模型在形式上很类似,但在参数 σ 的确定、路径的选取及算法上与 Dial 模型有本质区别。

3. 网络的处理:有效路段与有效路线

对于可供选择的出行路线较明确的网络,Dial 模型可获得较精确的分配结果。如图 5-7 中,从交通区 1 至交通区 2 比较可行的出行路线有 3 条:第 1 条,①—②—③,行驶时间为 30min;第 2 条,①—④—③,行驶时间为 25min;第 3 条,①—⑤—③,行驶时间为 30min。如果取参数 $\sigma=0.2$,从 1 区至 2 区的出行量为 1 000 辆,则 3 条路线被选用的概率分别为 0.212,0.576 和 0.212。3 条线路分配到的交通量分别为 212 辆、576 辆及 212 辆。

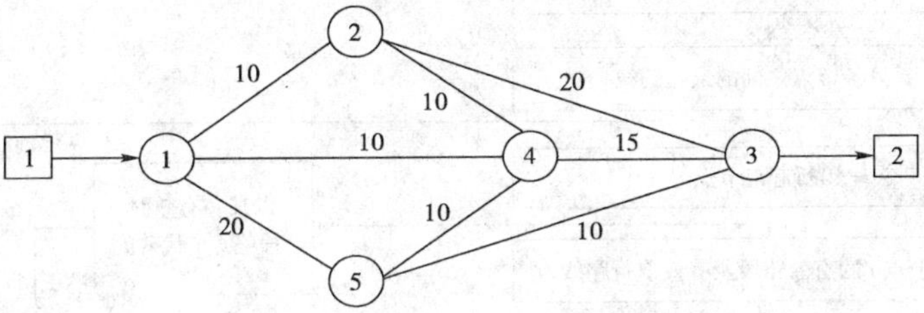

图 5-7　网络示例

但如果网络中,节点②至④及节点⑤至④的行驶时间不是 10min 而是 5min,那么路线①—②—④—③的行驶时间为 30min,路线①—④—⑤—③的行驶时间仅为 25min。这些路线的行驶时间不大于前述 3 条可行路线,它们是否也算可行出行路线而参与分配呢?如果不算,路段④—⑤、②—④没有分配到交通量,与实际情况不符。如果算,那么如何确定可行出行路线的总体?对于该简单网络,可以枚举其可能线路,但对于大型网络,又如何解决?如,对于含有 1 000 个交通节点的大型网络,两相隔较远的交通区之间的不同出行线路可达几万甚至几十万条。对于这些问题,Dial 模型无法解决。

改进的多路径分配模型成功地解决了这一复杂问题。该方法中引进了有效路段及有效出行路线两个概念,有效路段$[i,j]$被定义为路段终点 j 比路段起点 i 更靠近出行目的地 s 的路段,即沿该路段前进能更接近出行终点。因此,有效路段的判别条件为:

对于路段$[i,j]$,如果 $L_{\min}(j,s)<L_{\min}(i,s)$,则它为有效路段,$L_{\min}(a,b)$为节点 a 至节点 b 的最短路权。

有效路段是相对于 OD 点对(r,s)而言的,某一路段在某一 OD 点对下为有效路段,而在另一 OD 点对下可能为非有效路段。有效出行路线必须由一系列的有效路段所组成,每一 OD 点对的出行量只在它相应的有效出行路段上进行分配。

有效出行路线 $L_{\min}(i-j,s)$的长度被定义为有效路段$[i,j]$的路权 $d(i,j)$加上有效路段终点 j 至出行终点 s 的最短路权 $L_{\min}(j,s)$,即:$L_{\min}(i-j,s)=d(i,j)+L_{\min}(i,s)$。

有效路线长度确定后,便可计算各有效出行路线的分配率及有效路段的分配交通量。多路径分配是按节点顺序进行的,有效出行路线只是中间过渡量,只对相应节点有效。当该节点分配结束后，转入另一节点的分配时，需重新确定有效路段及有效出行路线。

对于通常的城市交通网络，交叉口相交道路数多数为4条，各节点的有效路段及有效出行路线一般为2条，少数情况为1条或3条。在区域公路网中，一般交通节点与城市交通节点相同，但对于交通枢纽（城市），连接道路可多达8~10条，有效路段可达5条左右。可以证明，一个网络中的任一节点，至少具有一个有效路段及一条有效出行路线。

4. 分配参数 σ 的确定

改进的多路径分配模型与Dial模型的一大区别就在于参数 σ。

Dial模型中，σ 为带量纲的参数，与路权的量纲及大小有关，没有固定的变化范围。该参数的确定很复杂，对于每一交通网络的参数 σ，通常需用现状的OD量及路段交通量实测资料用极大似然法来标定。在改进的模型中，σ 为无量纲参数，与路权无关，仅与可供选择的出行路线数有关。通过计算机模拟发现，参数 σ 的变化范围相当稳定，在3.00~4.00之间，对于通常的城市交通网络，σ 在3.00~3.50之间，由于 σ 相对稳定，且对分配交通量影响不大，故 σ 的确定可标准化。图5-8为多路径分配方法流程图。

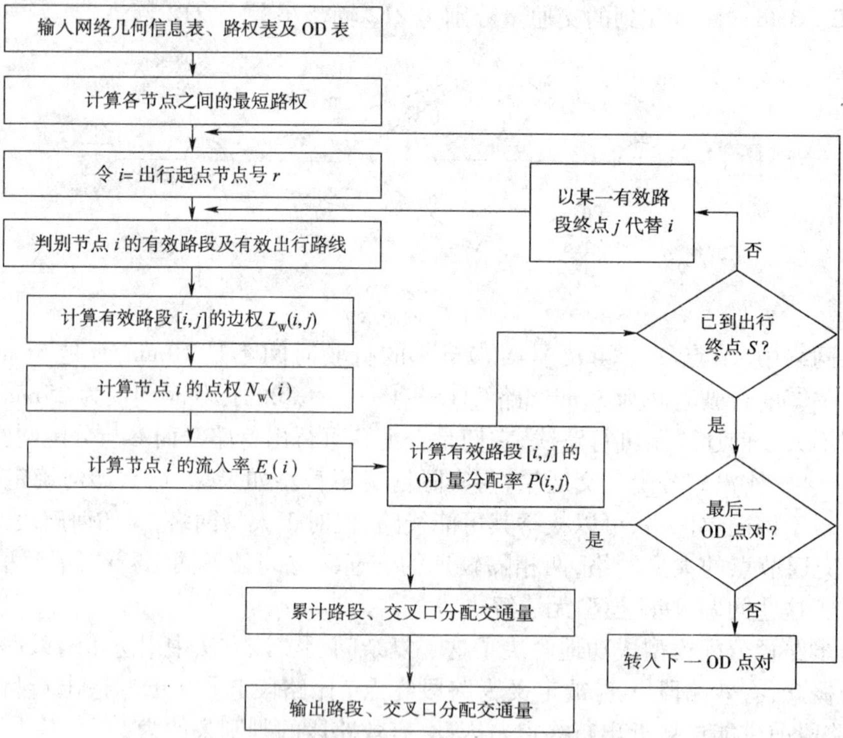

图5-8 多路径分配方法流程图

【例5-9】 试采用多路径交通分配方法，分配图5-9中从节点①至节点⑨的出行量 $T(1,9)=1\ 000$pcu/d。

解：(1)计算各交通节点 i 至出行终点 s 的最短路权。

本例中，各节点至出行终点⑨的最短路权如表5-13所示。

(2)令 i = 出行起点 r，即从出行起点 r 开始进行分配，本例中，$i=r=$①。

(3)判别与节点 i 邻接的有效路段，并计算有效出行路线长度。

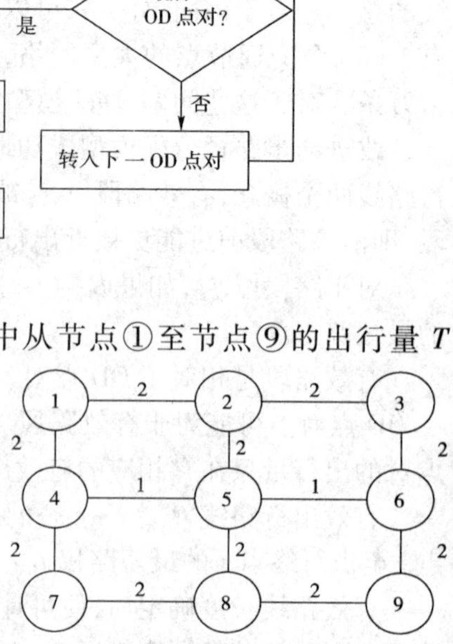

图5-9 网络与行驶时间

各节点至出行终点⑨的最短路权　　表 5-13

节点号	1	2	3	4	5	6	7	8	9
$L_{\min}(i,9)$	6	5	4	4	3	2	4	2	0

本例中，与出行起点①邻接的两个路段[1,4]，[1,2]，均为有效路段，故连接起点①有两条有效出行路线，(1－2,9)及(1－4,9)，其长度分别为：

$$L(1-2,9)=d(1,2)+L_{\min}(2,9)=7$$

$$L(1-4,9)=d(1,4)+L_{\min}(4,9)=6$$

(4)计算各有效路段$[i,j]$的边权$L_W(i,j)$。

$$L_W(i,j)=\exp[-\sigma L(i-j,s)/\bar{L}]$$

式中：$\bar{L}$——与节点i相邻接的所有有效出行路线的平均长度。

本例中(取$\sigma=3.3$)：

$$L_W(1,4)=\exp[-\sigma\times 6/6.5]=0.047\ 5$$

(5)计算节点i的点权$N_W(i)$定义节点i的点权为节点i所邻接的有效路段边权之和。

$$N_W(i)=\sum_j L_W(i,j)$$

本例中，$N_W(1)=0.028\ 6+0.047\ 5=0.076\ 1$

(6)计算各有效路段$[i,j]$的 OD 量分配率$P(i,j)$。

$P(i,j)$为本次分配的 OD 量$T(r,s)$在有效路段$[i,j]$上的分配率：

$$P(i,j)=\begin{cases}\dfrac{L_W(i,j)}{N_W(i)} & \text{若 } i=r\text{(即 } i \text{ 为出行起点)}\\[2ex] \dfrac{E_n(i)L_W(i,j)}{N_W(i)} & \text{若 } i\neq r\end{cases}$$

式中：$E(i)=\sum_k P(k,j)$为进入节点i的上游各邻接有效路段的分配率之和。

本例中，$P(1,2)=0.028\ 6/0.076\ 1=0.376$

$P(1,4)=0.047\ 5/0.076\ 1=0.624$

(7)计算有效路段$[i,j]$的分配交通量$Q(i,j)$。

$$Q(i,j)=P(i,j)\cdot T(r,s)$$

本例中，$Q(1,2)=0.376\times 1\ 000=376$ 辆/天

$Q(1,4)=0.624\times 1\ 000=624$ 辆/天

(8)令上述有效路段中的某一路段终点j为i(确定i时，以从上游进入该点的有效路段之分配率均已确定为条件)。返回第(3)步，直至出行终点s，则该 OD 量分配结束，可转入下一 OD 对的 OD 量分配。

本例中，取有效路段[1,4]的终点为i，则[4,5]、[4,7]为有效路段，而[4,1]为非有效路段，那么：

$L(4-5,9)=1+3=4$

$L(4-7,9)=2+4=6$

$L_W(4,5)=\exp(-\sigma\times 4/5)=0.071$

$L_W(4,7)=\exp(-\sigma\times 6/5)=0.019$

$N_W(4)=0.071+0.019=0.090$

$E_n(4)=0.624$

$P(4,5)=0.624\times0.071/0.090=0.492$

$P(4,7)=0.624\times0.019/0.090=0.132$

$Q(4,5)=1\ 000\times0.492=492$ 辆/d

$Q(4,7)=1\ 000\times0.132=132$ 辆/d

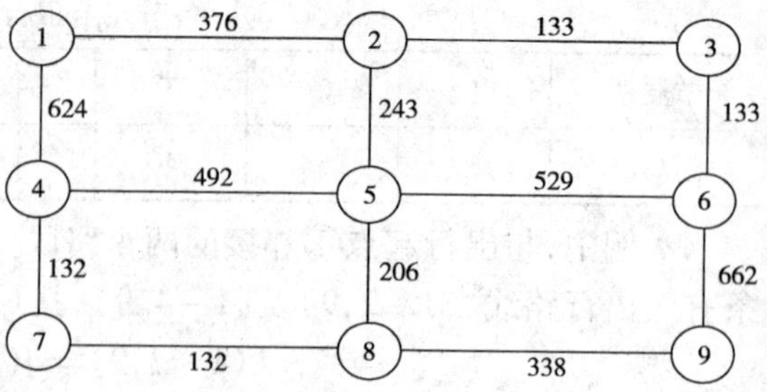

图 5-10 分配交通量

接着，可依次取节点②、⑤、⑦、③、⑥、⑧、⑨为 i 点，重复上述步骤，便可很方便地将 OD 量 $T(1,9)$分配到整个网络上，其分配结果如图5-10 所示。

本例题若用最短路分配方法分配，则出行量 $T(1,9)$被全部分配在连接节点①→⑨的最短路线①—④—⑤—⑥—⑨上，其他路段的分配交通量为 0，这与实际情况有一定的出入。但多数出行者是希望走最短路的，因此，在最短路线上应该集中较大的流量，其他路段上流量较小，多路径分配模型的分配结果能较好地吻合这一特点。

四、容量限制—多路径交通分配法

在多路径分配模型中，认为路段行驶时间为一常数，这与实际的交通情况有一定的出入。实际上，路段行驶时间与路段交通负荷有关，在容量限制—多路径分配模型中，考虑了路权与交通负荷之间的关系及交叉口、路段通行能力的限制，使分配结果更加合理。

与容量限制交通分配方法类似，采用容量限制—多路径方法分配出行量时，需先将原 OD 量表($n\times n$ 阶)分解成 k 个 OD 分表($n\times n$ 阶)，然后分 k 次用多路径分配模型分配 OD 量，每次分配一个 OD 分表，并且每分配一次路权修正一次，直到把 k 个 OD 分表全部分配到网络上。分配过程如图 5-11 所示。

在用此方法分配时，路段交通量在不断变化，因而路权被不断修正，其分配过程是一个不

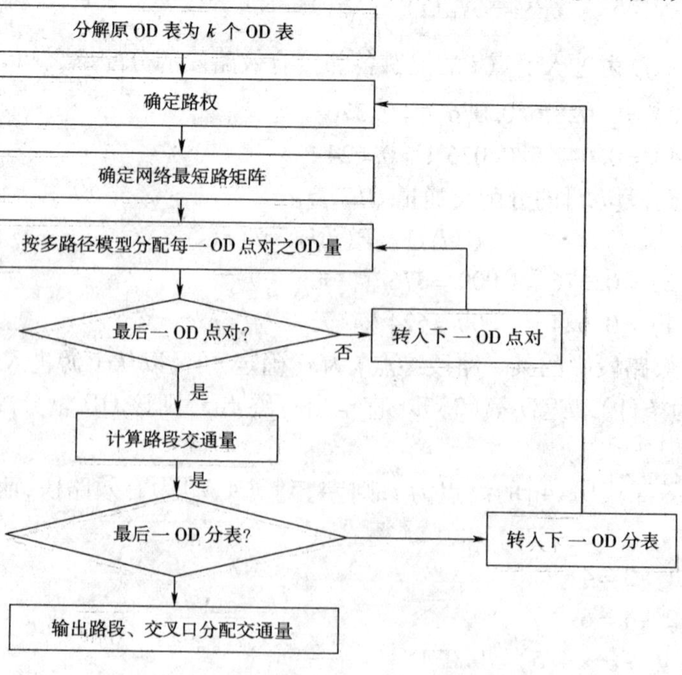

图 5-11 容量限制—多路径交通分配流程图

断的反馈过程。

容量限制—多路径交通分配方法的分配程序、路权修正方法以及参数确定方法与容量限制分配方法相同。所不同的是,容量限制分配方法中每次分配采用最短路分配模型,而在容量限制—多路径分配方法中,每次分配采用多路径分配模型。

第八节　其他交通量预测方法

本章前述的交通量预测是以“四阶段”理论为核心的预测方法,对交通调查数据、影响区域路网、各种运输方式的基础资料等都有较高的要求。除此之外,其他交通量预测技术应用较广的有直接法和间接法,直接法是直接以交通量作为研究对象的预测方法,间接法是先以运输量为对象进行研究,最后再转换为交通量的预测方法。

直接法是直接以交通量为因变量进行预测,可将趋势交通量、诱增交通量、转移交通量分别推算或合并推算。间接法是以整个项目直接影响区为研究对象,从宏观角度入手,着重于在宏观上把握经济与交通的关系,并以运输量作为因变量。

直接法与间接法的核心是基年交通量与未来年交通量增长率的确定。其预测过程首先假设在研究基年时,拟建项目已经存在,并根据交通调查资料(包括其他运输方式的资料)和路网状况合理确定拟建项目基年交通量;然后通过研究地区经济与交通运输的关系,采用多种手段(相关分析、弹性系数等)科学确定拟建项目交通量的增长率;最后根据确定的基年交通量和未来年交通量增长率进行交通量预测,详细内容可参考相关文献。

思　考　题

1. 交通需求预测的原则和主要步骤是什么?
2. 掌握交通生成预测、交通方式分担预测交通分布预测和交通分配预测的方法。

第六章　建设条件分析

公路建设项目的建设方案与建设条件有着密切关系，不同的建设条件需要采用不同的公路建设方案。公路建设项目的建设条件包括自然条件、筑路材料来源及运输条件、社会环境条件、建设技术条件以及资金条件(在投资估算中分析)等。本章主要介绍不同的建设条件对公路建设项目的主要影响。

第一节　自然条件

一、地形条件

地形条件对公路建设项目的设计、施工有很大影响。平原地形平坦，无明显起伏，地面自然坡度一般在3°以内，路线不受地形限制；微丘地形指起伏不大的丘陵，地面自然坡度在20°以下，相对高差在100m以下，路线一般不受地形限制；重丘地形指连绵、起伏的山丘，具有深谷和较高的分水岭，地面自然坡度一般在20°以上，路线平、纵面大部分受地形限制；山岭地形指山脊、陡峻山坡、悬崖、峭壁、峡谷和深沟等，地形变化复杂，地面自然坡度大部分在20°以上，路线平、纵、横面大部分受地形限制；高原地带具有深侵蚀沟，是有明显分水线、绵延较长的高地，地面自然坡度多在20°以上，路线平、纵、横面大部分受地形限制。

二、地质、气候、水文条件

对于具体的地质气候和水文条件，主要是采用合理的设计方案和施工方法进行处理，从而达到技术上可行、经济上合理。

不良的工程地质与水文地质条件，是造成路基病害的主要原因，如地质构造复杂，岩层走向及倾角不利，岩性松软，风化严重，土质差，地下水位较高以及其他特殊不良地质等，都会造成路堤沉陷、边坡坍方、冻胀与翻浆等路基病害。不利的水文与气候因素，如降雨量、洪水、冰冻、积雪或温差特大，也会影响路基和路面的造价和使用寿命。

因此，在路线方案选择时，应当着重考虑以下问题。

(1)调查路线所经地区的气候、水文、工程地质和水文地质条件，了解和掌握它们的变化规律，为防治路基病害提供第一手资料。

(2)认真选线，精心设计，采用合理的施工方案和施工方法，杜绝路基病害的人为因素。

(3)充分注意路基排水系统的设计，尤其是在自然地理条件较差的路段更应予以高度重视。

(4)在选择设计、施工方案时，要从公路的整个寿命周期考虑经济效益。一般来说，在建设期投资多一点，可以减少使用过程中的养护、治理费用。

总之，在不良地质、气候、水文条件下，道路设计、施工方法也是可以选择的，如换土、高填土和其他地基处理方法，都是可供选择的方案，关键是要从技术和经济上进行全面的衡量。

第二节　筑路材料及运输条件

一、选择筑路材料的基本原则

根据工程结构特点的不同,筑路材料可分为路基用材料、路面用材料和公路人工构造物用材料三大类。

1. 路基用材料

路基用材料主要是路基填土(取土)或路基弃土。其特点是,材料价格低,但用量大,在满足质量要求的条件下,这类材料应主要考虑道路和运输条件。一般来讲,在山区和丘陵地区,取土和弃土都很容易解决,在平原地区,取土和弃土要尽量考虑少占农田。从运输方式来讲,可利用公路施工单位的专业运输力量,也可以利用农村的多种运输方式,如拖拉机运输等。在选择土场时,可以进行多方案比较,从价格和运距上考虑使得总成本最低。此外,土方施工的挖运、填、压,机械设备的组合方式,施工现场工作段、工作面的不同安排,对土石方工程的成本都有很大影响。

2. 路面用材料

路面用材料,包括面层、基层和垫层的材料,主要有水泥、沥青、砂石、石灰和其他工业废渣。在路面结构设计时,有多种不同的路面结构组合方案。如采用水泥混凝土路面,还是采用沥青混凝土路面,或是采用其他类型的路面结构,路面基层又是采用什么样的结构形式,都应进行不同的方案比较,其中少不了从所需要的材料的成本上进行分析比较。

水泥、沥青属于市场上采购的材料,其特点是价格高,运费也较高,应重点进行成本分析。

砂石、石灰属地方材料,其价格和运距一般介于土方材料和水泥、沥青材料之间,并且由于质量的差别,价格也有很大的不同,应认真进行料场的选择;工业废渣是提供使用的筑路材料,它可以变废为宝,利用工业废渣,可以减少它对农田的占用,减少环境污染。在有条件的地区使用工业废渣筑路,不仅具有良好的经济效益,也具有良好的社会效益。

3. 公路人工构造物用材料

公路人工构造物主要包括桥梁、涵洞工程、支挡防护工程和立体交叉工程。公路人工构造物虽然工程量不大,但造价却很高,所用材料主要是钢材、木材、水泥和砂石材料,选材原则基本和路面工程选材原则相同。对于公路人工构造物的可行性研究,应重点放在结构设计上,不同的结构,造价差别很大。对此,可采用价值工程的基本思想,在满足相同功能的前提下,选用成本较低的设计方案。

二、材料费用的计算

材料费用包括:材料、构件、半成品、成品的预算价格和施工设备、周转性材料的摊销量和按相应的预算价格计算的费用。

材料的预算价格由原价、供销部门手续费、包装费、运输费、采购及仓库保管费、场外运输损耗六部分组成,其中原价、供销部门手续费、包装费三项费用通常合并在"供应价格"之内,不需分别计算。

$$\text{材料预算价格} = (\text{材料供应价格} + \text{运杂费}) \times (1 + \text{场外运输损耗率}) \times (1 + \text{采购及保管费率}) - \text{包装品回收价值}$$

1. 材料供应价格

各种材料的供应价格可以按以下规定计算。

外购材料：国家或地方统一分配的工业产品，按出厂价格计算，并根据情况加计供销部门手续费和包装费。如供应情况、交货条件不明确时，可采用当地规定的价格计算。

地方性材料：包括外购的砂石材料，按当地主管部门规定的价格及调查价计算。

自采材料：自采的砂石、黏土等材料，按定额分析的单价加辅助生产间接费计算。

2. 运杂费

运杂费指材料自供应地点运至工地仓库的运输费用，包括装卸费、运费，有时还应计囤存费及其他杂费（如过磅、标签、支撑加固等费用）。

凡由铁路、水运及非施工单位自办的汽车、拖拉机和马车运输的材料，应按铁路、航运和当地交通部门规定的运价计算运费。

凡由施工单位自办运输时，30km以上的长途汽车运输按当地交通部门规定的统一运价计算运费。30km及以内短途，当工程所在地交通不便，社会运输力量缺乏的情况下，如边远地区和某些山区，允许单程在10～30km的汽车运输按当地交通部门规定的统一运价另加50%计算运费，10km及10km以内的汽车运输以及人力场外运输，按预算定额计算运费，其中人力装卸和运输另按工费加计辅助生产间接费。

有容器或包装的材料及长大轻浮材料，应按《公路基本建设工程概、预算编制办法》附录三规定的毛重计算。

一种材料如有两个以上的供应点时，都应根据不同的运距、运量和运价采用加权平均的方法计算运费。

由于预算定额中汽车运输台班已考虑工地便道特点，以及分项工程中已另计"工地小搬运"项目，因此，平均运距中汽车便道里程不得乘调整系数，也不得在工地仓库或堆料场之外再加场内运距或二次倒运的运距。

3. 场外运输损耗

场外运输损耗指有些材料在正常的运输过程中所发生的损耗，这部分损耗应摊入材料单价内。

4. 采购及保管费

材料采购及保管费指材料供应部门在组织采购、供应和保管材料过程中，所需用的各项费用及工地仓库的材料储存损耗。材料采购及保管费，以材料的供应价格加运杂费及场外运输损耗的合计数为基数，乘以采购及保管费率计算。原材料的采购及保管费率为2.5%，外购设备、构件的采购及保管费率为1%。

三、材料平均运距的计算

在计算材料费时，要涉及材料运距的计算问题，在可行性研究阶段，对材料运距的计算可以归纳为如下三个问题。

卸料地点问题：包括线型工程（线式卸料）运料的经济供应范围的确定，集中型工程（点式卸料）运料终点的确定。

供应地点问题：包括材料场供应范围、外购材料供应地点的确定。

某种材料的估算平均运距问题：包括线式卸料总平均运距的计算，点式卸料总平均运距的计算。

第三节　线路与环境的协调

所谓协调，是指路线设计在满足该级公路技术指标的基础上，为了再进一步提高公路与周围环境和使用效果而进行艺术加工，使公路成为一项美观的建筑工程。与环境协调，一要做到尽量不影响或少影响原有工农业生产的布局，二要做到与其他运输方式合理衔接，三要充分利用现有的自然环境。

一、社会环境的分析

(1)沿线村镇居民点、建筑构造物、工农业生产、农林布局对公路选线的制约程度和征用难度的分析。

(2)新建线路与附近公路、铁路、水运、航空的衔接情况。公路运输项目与其他运输项目既有相互分流的影响，又有相互配合的作用，应充分发挥公路运输对其他运输方式的衔接转换集散作用。

二、与自然环境的协调

1. 利用现在的自然环境

在确定路线方案时，就应考虑以下问题：路线设计，应尽量保持公路周围的地貌，尽量少破坏原地形、天然林木和建筑物等；路基的设计高度、路线的平面位置尽可能与之协调匹配，尽可能避免与之不相适应的高填深挖；应充分利用存在的自然风景，如孤山、湖泊、大树和林苑等；充分利用人工建筑物，如水坝、桥梁、农舍、古迹和碑塔等，使它们与公路艺术地融为一体。

2. 改造现存的设计环境

在路线设计中，通过合理的人工“雕凿”和“点缀”，使自然环境更加美丽。改造现在的自然环境可以通过三方面途径来实现：线形设计、局部设计和绿化设计。

(1)线形设计：主要是进行视距协调的设计，即在保证有足够视距的前提下，对驾驶员所能看到的前方公路长度宜有所限制。一般情况下，驾驶员在任一点所看到的平面线形弯曲个数不宜超过两个，而纵面线形的起伏次数不宜超过三次。

(2)局部设计：即进行合理的平面和纵坡布置，不仅节省工程数量，而且可以改善与周围环境的协调。例如，在条件允许的情况下，通过适当地放缓边坡或将边坡的变坡点修饰圆滑等措施，使边坡接近自然地面形态，以增加路容的美观；合理地设置公路沿线的安全设备和公路标志，不仅能发挥这些设备和标志的作用，而且也能起到改善景观和诱导视觉的良好效果。

(3)绿化设计：公路两侧的绿化，可以稳定路基，美化路容，增加行车安全和积累木材资源。除妨碍视距的树木外，已有树木应充分利用；宜种树路段，可以把公路绿化和种树作为路线设计和可行性研究的内容之一。

第四节　建设的技术条件

一、技术革新

技术革新是技术发展中渐进性的进步，如设计方法、施工方法的改革，原材料的节约代用和综合利用等。在公路运输项目的建设中,技术革新可以从以下几个方面考虑。

(1)改进设计理论和设计方法。如改进结构计算理论,改进结构形式等。

(2)改进施工工艺和操作方法。即在保证质量和安全施工的条件下,采用新的工艺技术,相应地改进操作方法。

(3)改进施工机械设备和工具。特别要改革那些劳动条件差、占用工期长和对工程质量影响较大的施工过程中使用的机具,力求用机械代替手工操作,用高效率、高精确度的机械代替低效率、低精确度的机械。

(4)改进原料、材料、燃料的利用。包括降低消耗,综合利用,节约和代用,以及研制新材料,尽量使用价格低、来源广的材料,节约稀缺贵重的材料,充分发挥材料的潜力等。

二、技术开发

技术开发又称推广研究或开发研究,是指发展新工艺、新技术、解决技术难题的一系列有计划、有组织的研究活动,是科学技术转化为生产力的必由之路。

当前,公路建设项目技术开发的主要方向是:

(1)汽车节能技术和交通安全技术;

(2)大跨径、轻型桥梁设计与施工技术;

(3)特殊地基道路施工技术,如软土地区、盐渍地区、沙漠地区、冻土地区、湿陷性黄土地区等路基施工技术;

(4)路面结构组合设计技术;

(5)道路、桥梁新材料开发与使用技术;

(6)高效施工机具开发技术;

(7)快速交通系统自动控制技术;

(8)长大公路隧道研究技术;

(9)现代化的施工管理、营运管理技术等。

思 考 题

1. 自然条件包括哪些内容?理解它们在路线方案设计中的意义。

2. 建设技术条件主要考虑哪些内容?

第七章　技术标准确定

公路项目建设是一项一次性巨额投资而回收期较长的经济活动,尤其是高等级公路的建设,投资相当巨大。在水网发达和人口密集地区,受工程地质条件、公路用地和筑路材料等建设条件的制约,建设投资更为巨大。因此,科学合理地确定公路建设规模以及技术等级标准,在公路建设项目可行性研究中尤为重要。

技术标准的确定,需依据公路相关技术标准和规范,并充分考虑项目所处的自然、地理和地质条件的特点,尊重沿线区域的特殊性和差异性,在满足安全性、功能性条件下,通过对工程方案和技术经济进行比选,科学确定技术标准。

第一节　技术等级的确定

一、技术等级论证

1. 公路等级选用原则

公路的等级应根据公路网的规划和远景交通量,从全局出发,结合公路的使用任务和性质综合确定。公路等级选用的基本原则如下:

(1)公路等级的选用应根据公路功能、路网规划和交通量,并充分考虑项目所在地区的综合运输体系、远期发展等,经论证后确定;

(2)一条公路可分段选用不同的公路等级或同一公路等级不同的设计速度、路基宽度,但不同公路等级、设计速度和路基宽度间的衔接应协调,过渡应顺适;

(3)预测的设计交通量介于一级公路与高速公路之间时,拟建公路为干线公路时,宜选用高速公路,拟建公路为集散公路时,宜选用一级公路;

(4)干线公路宜选用二级及二级以上公路。

2. 各级公路适应交通量

根据交通部颁布的《公路工程技术标准》(JTG B01—2003)将公路按功能和适应交通量分为高速、一、二、三、四级公路五个等级,其适应交通量见表 7-1 ~ 表 7-3。

高速公路能适应的年平均日交通量　　表 7-1

设计速度(km/h)	四车道(pcu/d)	六车道(pcu/d)	八车道(pcu/d)
120	40 000 ~ 55 000	55 000 ~ 80 000	80 000 ~ 100 000
100	35 000 ~ 50 000	50 000 ~ 70 000	70 000 ~ 90 000
80	25 000 ~ 45 000	45 000 ~ 60 000	60 000 ~ 80 000

一级公路能适应的年平均日交通量　　表 7-2

设计速度(km/h)	四车道(pcu/d)	六车道(pcu/d)
100	27 000 ~ 30 000	30 000 ~ 55 000
80	20 000 ~ 27 000	27 000 ~ 45 000
60	15 000 ~ 25 000	25 000 ~ 35 000

二、三、四级公路能适应的年平均日交通量 表 7-3

公路等级	设计速度(km/h)	设计通行能力(pcu/h)	方向分布影响系数	设计小时交通量系数	适应的年平均日交通量(pcu/d)
二级公路	40~80	550~1 600	0.94	0.09~0.18	5 000~15 000
三级公路	30~40	400~700	0.94	0.10~0.13	2 000~6 000
四级公路	20	>400	0.94	0.13~0.18	<2 000

注:二级公路的 40km/h 是位于地形、地质等自然条件复杂的山区经论证后可采用的设计速度。

一条道路可根据交通量等情况分段采用不同的公路等级,各级公路所能适应的年平均昼夜交通量是指远景设计年限的交通量。高速公路和一级公路远景设计年限为 20 年,二级公路远景设计年限为 15 年,三、四级公路远景设计年限为 10 年,四级公路可根据实际情况适当缩短。因设计交通量不同,而在同一地形分区范围内分段采用不同公路等级时,相邻设计路段的计算行车速度之差不宜超过 20km/h。当通过不同地形分区时,因相邻设计路段计算行车速度差一般较大,在相互衔接处前后一定长度范围内,应结合地形的变化,主要技术指标随之逐渐过渡,避免出现突变。按不同计算行车速度设计的各设计路段长度不宜过短,高速公路、一级公路一般不小于 20km,特殊情况下可减短至 10km,其他等级公路及城市出入口一级公路一般不小于 10km,特殊情况下可减短至 5km。不同设计路段相互衔接的地点,原则上应选在交通量发生较大变化处,或者驾驶者能够明显判断前方需要改变行车速度处。

二、设计车速的确定

设计车速是决定公路几何形状的基本依据。曲线半径、超高和视距等技术指标都直接与设计车速有关。设计车速是技术标准中最重要的指标,对工程费用和运输效率的影响最大。

设计速度主要是由三个因素根据技术等级确定:

(1)路线在公路网中的任务、性质、功能;

(2)远景交通量及交通组成;

(3)地形和其他自然条件。

汽车在道路上行驶时,驾驶员是按地形和沿线条件选择各自适应道路线形的驾驶速度。就是说在设计车速低的路段,当路线本身几何组成要素超过安全行驶的需要,外部条件(交通密度、地形和气候等)又较好时,实际行驶速度常接近或超过设计速度。设计车速愈低,出现这种现象的几率愈大。考虑上述特点,同一等级的公路按不同的条件采用不同的设计车速是合适的。《公路工程技术标准》(JTG B01—2003)从工程难易、工程量大小及技术经济合理的角度考虑,各级公路的设计车速见表 7-4。

各级公路设计速度 表 7-4

公路等级	高速公路			一级公路			二级公路		三级公路		四级公路
设计速度(km/h)	120	100	80	100	80	60	80	60	40	30	20

注:①高速公路特殊困难的局部路段,且因新建工程可能诱发工程地质病害时,经论证并报主管部门批准,该局部路段的设计速度可采用 60km/h,但长度不宜大于 15km,或仅限于相邻两互通式立体交叉之间,与其相邻路段的设计速度不应大于 80km/h;

②一级公路作为干线公路时,设计速度宜采用 100km/h 或 80km/h,作为集散公路时,根据混合交通量、平面交叉间距等因素,设计速度宜采用 60km/h 或 80km/h;

③二级公路作为干线公路时,设计速度宜采用 80km/h,作为集散公路时,混合交通量较大、平面交叉间距较小的路段,设计速度宜采用 60km/h;二级公路位于地形地质等自然条件复杂的山区时,经论证后该路段的设计速度可采用 40km/h。

第二节 通行能力分析及车道数计算

一、通行能力分析

进行通行能力分析的主要目的是求得在不同运行质量情况下单位时间所能通行的最大交通量,亦即可求得在指定的交通运行质量条件下所能承担交通的能力。因此,通行能力分析过程中同时要进行运行质量的分析,将公路规划、设计及交通管理等与运行质量联系起来,这样可以合理地使用公路工程资金和提高公路工程和汽车运输的综合经济效益。

1.通行能力定义

公路交通设施的通行能力,定义为在一定时段和通常的道路、交通与控制条件,以及规定的服务质量要求下,能合理地期望车辆通过车道或道路的一点或均匀断面上的最大小时流率。道路条件包括车道数量、车道宽度、几何线形和横断面形式等内容;交通条件主要包括交通组成、驾驶员总体特征等;管制条件包括限速标志、停车标志、让车标志和信号控制等。

由于不同公路设施的道路条件、交通条件等几乎都不同,在具体应用时需要有一种不同公路的通行能力均能与之对比的基本参照通行能力,因此,公路通行能力按使用性质可分为基本通行能力、实际通行能力和设计通行能力。

(1)基本通行能力 C_B

基本通行能力也称理想通行能力,或理论通行能力,它是指在理想的道路、交通、控制和环境条件下,该组成部分一条车道,或一车道的均匀路段上或一横断面上,不论服务水平如何,1h 所能通过标准车辆的最大辆数。其中,《公路工程技术标准》(JTG B01—2003)确定的各级公路的基本通行能力见表 7-5 ~ 表 7-7。

理想条件是指天气良好、路面状况良好、道路使用者熟悉交通设施且道路中没有任何障碍。理想条件原则上指对条件更进一步改进时也不能提高通行能力的条件。

连续流交通设施的理想条件应包括:车道宽 3.75m;行车道外边缘线与右侧障碍物之间的净宽为 1.75m,距左侧障碍物之间的净宽为 0.75m;多车道公路的设计速度≥100km/h;交通流中只有小客车,没有其他类型车辆;平原地形;双车道公路中没有禁止超车区;没有行人和自行车干扰;没有交通控制或转弯车辆干扰直行车辆。

交叉口引道的理想条件包括:车道宽 3.75m;引道坡度为零;交叉口引道上没有路边停车;交通流中只有小客车;驾驶行为规范,冲突车流遵守优先规则;没有自行车和行人干扰。

(2)实际通行能力 C_K

是指一已知公路的一组成部分在实际或预测的道路、交通、控制及环境条件下,该组成部分一条车道或一车行道对上述诸条件有代表性的均匀段上或一横断面上,不论服务水平如何,1h 所能通过的车辆(在混合交通公路上为标准汽车)的最大辆数。

(3)设计通行能力 C_D

是指一设计中的公路的一组成部分在预测的道路、交通、控制及环境条件下,该组成部分一条车道或一车行道对上述诸条件有代表性的均匀段上或一横断面上,在所选用的设计服务水平下,1h 所能通过的车辆(在混合交通公路上为标准汽车)的最大辆数。

其中,各级公路设计时采用的服务水平见表 7-8,在不得已的情况下,匝道与主线连接处、互通式立体交叉的分合流区段匝道及交织区可降低要求设计。《公路工程技术标准》(JTG

B01—2003)确定的各级公路的设计通行能力见表7-5~表7-7。

高速公路基本通行能力(C_B)与设计通行能力(C_D) 表7-5

设计速度(km/h)	120	100	80
基本通行能力[pcu/(h·ln)]	2 200	2 100	2 000
设计通行能力[pcu/(h·ln)]	1 600	1 400	1 200

一级公路基本通行能力(C_B)与设计通行能力(C_D) 表7-6

设计速度(km/h)	100	80	60
基本通行能力[pcu/(h·ln)]	2 000	1 800	1 600
具干线功能时的设计通行能力[pcu/(h·ln)]	1 300	1 100	900
具集散功能时的设计通行能力[pcu/(h·ln)]	850~1 000	700~900	550~700

二、三、四级公路基本通行能力(C_B)与设计通行能力(C_D) 表7-7

公路等级	设计速度(km/h)	基本通行能力(pcu/h)		不准超车区(%)	V/C	设计通行能力(pcu/h)
二级	80	9.0m	2 500	<30	0.64	550~1 600
	60	7.0m	1 400	30~70	0.48	
	40		1 300	>70	0.42	
三级	40	7.0m	1 300	<30	0.54	400~700
	30	6.5m	1 200	>70	0.35	
四级	20	<6.0m	<1 200	>70	<0.35	<400

各级公路设计时采用的服务水平 表7-8

公路等级	高速公路		一级公路		二级公路	三级公路	四级公路
	基本路段	交织区	干线公路	集散公路			
服务水平	二级	二级	二级	三级	三级	三级	三级

2.公路各组成部分通行能力计算

(1)基本路段单向车行道的设计通行能力

单向车行道设计通行能力,即在具体条件下,采用i级服务水平时所能通行的最大交通量(veh/h),计算公式如下:

$$C_D = C_B \times (V/C)_i \times N \times f_w \times f_{HV} \times f_L \times f_P \tag{7-1}$$

式中:C_B——基本通行能力,即理想条件下一车道所能通行的最大交通量,pcu/(h·ln);

$(V/C)_i$——第i级服务水平最大服务交通量与基本通行能力的比值;

N——单向车行道的车道数;

f_w——车道宽度和侧向净宽对通行能力的修正系数;

f_{HV}——大型车对通行能力的修正系数;

f_L——横向干扰及交通秩序处于非理想条件时的修正系数;

f_P——驾驶员条件对通行能力的修正系数。

(2)双车道一般公路路段通行能力

指双车道公路在实际或预测道路、交通等条件下,采用i级服务水平的车行道双向最大服务交通量(veh/h),计算公式如下:

$$C_D = C_B \times (V/C)_i \times f_s \times f_d \times f_w \times f_T \times f_L \tag{7-2}$$

式中：C_B——基本通行能力，理想条件下车行道每小时双向合理的期望能通行的最大交通量（pcu/h）；

$(V/C)_i$——第 i 级服务水平最大服务交通量与基本通行能力之比；

f_s——设计速度小于 80km/h 时对通行能力的修正系数；

f_d——交通量方向分布对通行能力的修正系数；

f_w——车道宽度及（或）侧向净宽小于理想条件时对通行能力的修正系数；

f_T——交通流中有非中型载重汽车时，交通组成对通行能力的修正系数；

f_L——横向干扰及交通秩序处于非理想条件时对通行能力的修正系数。

（3）匝道设计通行能力

单车道匝道的设计通行能力：匝道设计速度≤50km/h 时，为 1 200pcu/h；匝道设计速度≥60km/h 时，为 1 500pcu/h。

双车道匝道只有在驶入或驶出匝道端部的车辆能以两列驶入或者驶出主线的情况下，才可采用单车道匝道的设计通行能力的两倍。

（4）交织区设计通行能力

交织区按交织车辆在通过交织区段时所必须进行的最小车道变换数分为 A 型、B 型和 C 型（如图 7-1），交织区设计通行能力的计算方法比较复杂，此处仅介绍主要计算过程。

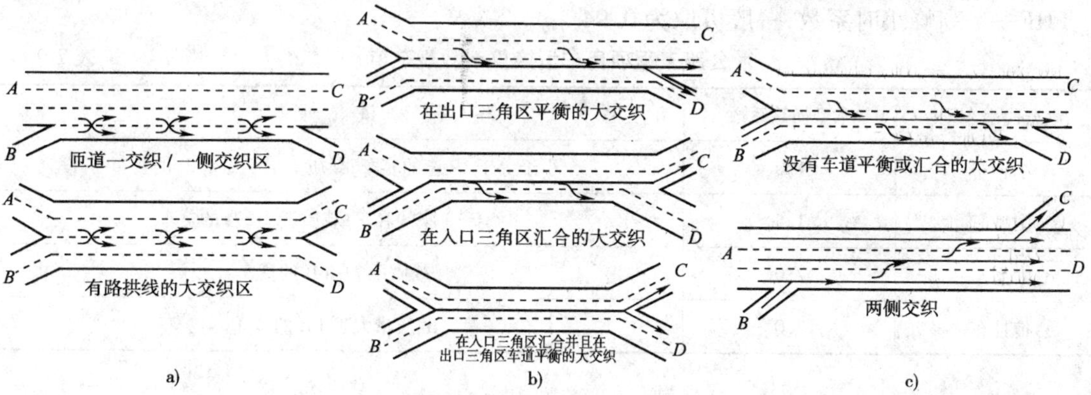

图 7-1　交织区构造型

a）构造型 A 交织区；b）构造型 B 交织区；c）构造型 C 交织区

第一步，给出交织区构造形式及交织区长度 L、交织区车道总数 N 和各交通量。

第二步，根据所采用的服务水平级别（通常设计采用二级），查出最小平均交织行驶速度 S_W 和最小平均非交织行驶速度 S_{NW}。

第三步，找出非约束运行所需的常数 a、b、c、d 值，计算对应于 S_W 和 S_{NW} 的交织区段中的总交通量 V，取两者的最小值。

第四步，计算交织车辆为了达到平衡运行所需要的车道数 N_W，进而得到可被交织车辆使用的最大车道数 $N_{W\max}$，判断是约束还是非约束，如果是约束，则上面计算的 V 值即为设计通行能力，如果是非约束，计算 S_W（构造型 A）和 $S_{NW}-S_W$（构造型 B、C）。

第五步，对于构造型 A，根据上一步的 S_W，算出 V 值，与第三步比较，取小者即为设计通行能力。对于构造型 B、C，根据第二步的 S_W 和第四步的 $S_{NW}-S_W$，算出 S_{NW}，由 a、b、c、d 值，算出 V 值即为设计通行能力。

二、车道数计算

根据《公路工程技术标准》(JTG B01—2003)的有关规定,单向车道数按如下方法计算并拟定:

$$N=\frac{\mathrm{AADT}\times K\times D}{C_{\mathrm{B}}\times(V/C)\times f_{\mathrm{w}}\times f_{\mathrm{p}}\times f_{\mathrm{L}}\times f_{\mathrm{HV}}\times \mathrm{PHF}} \tag{7-3}$$

式中:N——单向车道数;

AADT——设计远景年道路的预测全日双向交通量,veh/d;

K——设计小时交通量系数,一般可取为0.12;

D——方向分布系数,一般可取为0.55;

C_{B}——基本通行能力,即理想条件下一车道所能通行的最大交通量,pcu/(h · ln);

V/C——设计服务水平下交通量与通行能力之比;

f_{p}——驾驶员条件对通行能力的修正系数;

f_{L}——横向干扰及交通秩序处于非理想条件时对通行能力的修正系数;

f_{HV}——车型修正系数,$f_{\mathrm{HV}}=\frac{1}{1+\sum_i P_{\mathrm{HV}i}(E_{\mathrm{HV}i}-1)}$,$P_{\mathrm{HV}i}$为车型比例,$E_{\mathrm{HV}i}$为车型换算系数,根据《公路工程技术标准》(JTG B01—2003),车型换算系数取值如表7-9所示;

PHF——高峰小时系数,一般可取为0.94。

公路工程项目车型换算系数规范值 表7-9

汽车代表车型	车型换算系数	说明
小客车	1.0	小于等于19座的客车;载质量小于等于2t的货车
中型车	1.5	大于19座的客车;载质量2~7t的货车
大型车	2.0	载质量7~14t的货车
拖挂车	3.0	载质量大于14t的货车

第三节 服务水平分析

在确定公路建设项目技术等级、设计车速和车道数之后,从功能、经济及技术角度分析了建设项目的可行性及合理性,还需对远期各特征年的服务水平状况进行分析,论证建设项目的技术可行性。

1. 公路服务水平的定义

公路服务水平是交通流中车辆运行的以及驾驶员和乘客所感受到的质量量度,亦即公路在某种交通条件下所提供运行服务的质量水平。通常服务水平与行车速度、行驶时间、驾驶自由度、交通阻塞程度以及舒适和方便程度等因素有关。

2. 公路服务水平的评估指标

在达到基本通行能力(或实际通行能力)之前,交通量越大,则交通密度也越大,而车速越低,运行质量也越低,即服务水平越低。达到基本通行能力(或实际通行能力)之后,则交通量不可能再增加,而且运行质量越低,交通量也越低,但交通密度仍在变大,直至车速及交通量均下降至零为止。

由于各种交通设施中能够敏感反映交通运行状况和质量的指标不尽相同，故不能用上述诸因素来度量服务水平和划分服务水平等级。根据指标对交通运行状况和运行质量的敏感程度，对于各级公路通常采用如表 7-10 所示指标。

确定服务水平的指标 表 7-10

公路等级	交通设施类型	评价指标
高速公路	基本路段	密度[pcu/(km·ln)]
	交织区	密度[pcu/(km·ln)]
	匝道与主线连接点	密度[pcu/(km·ln)]
一般公路	一级公路	密度[pcu/(km·ln)]
	双车道公路	延误率(%)
		平均行程速度(km/h)
	无信号交叉口	平均延误(s/veh)
	信号交叉口	平均延误(s/veh)
	收费站	平均延误(s/veh)

3. 公路服务水平的分级

《公路工程技术标准》(JTG B01—2003)中，将各级公路服务水平分为四级，定性规定如下所述。

一级服务水平，交通量小，驾驶者能自由或较自由地选择行车速度并以设计速度行驶，车辆不受或基本不受交通流中其他车辆的影响，交通流处于自由流状态，超车需求远小于超车能力，被动延误少，为驾驶者和乘客提供的舒适便利程度高。

二级服务水平，随着交通量的增大，速度逐渐减小，行驶车辆受别的车辆或行人的干扰较大，驾驶者选择行车速度的自由度受到一定限制，交通流状态处于稳定流的中间范围，有拥挤感。到二级下限时，车辆间的相互干扰较大，开始出现车队，被动延误增加，为驾驶者提供的舒适便利程度下降，超车需求与超车能力相当。

三级服务水平，当交通需求超过二级服务水平对应的服务交通量后，驾驶者选择车辆运行速度的自由度受到很大限制，行驶车辆受别的车辆或行人的干扰很大，交通流处于稳定流的下半部分，并已接近不稳定流范围，流量稍有增长就会出现交通拥挤，服务水平显著下降。到三级下限时，行车延误的车辆达到 80% 左右，所受的限制已达到驾驶者所允许的最低限度，超车需求超过了超车能力，但可通行的交通量尚未达到最大值。

四级服务水平，交通需求继续增大，行驶车辆受别的车辆或行人的干扰更加严重，交通流处于不稳定流状态。靠近下限时，每小时可通行的交通量达到最大值，驾驶者已无自由选择速度的余地，交通流变成强制状态，所有车辆都以通行能力对应的、且相对均匀的速度行驶，一旦上游交通需求和来车强度稍有增加，或交通流出现小的扰动，车流就会出现走走停停的状态，此时能通过的交通量很不稳定，其变化范围从基本通行能力到零，时常发生交通阻塞。

各级服务水平具体指标如表 7-11 ~ 表 7-13 所示。

高速公路服务水平分级 表 7-11

服务水平等级	密度[pcu/(km·ln)]	设计速度(km/h)								
		120			100			80		
		速度(km/h)	V/C	最大服务交通量[pcu/(h·ln)]	速度(km/h)	V/C	最大服务交通量[pcu/(h·ln)]	速度(km/h)	V/C	最大服务交通量[pcu/(h·ln)]
一	≤7	≥109	0.34	750	≥96	0.33	700	≥78	0.30	600
二	≤18	≥90	0.74	1 600	≥79	0.67	1 400	≥66	0.60	1 200
三	≤25	≥78	0.88	1 950	≥71	0.86	1 800	≥60	0.75	1 500
四	≤45	≥48	接近 1.0	2 200	≥47	接近 1.0	<2 100	≥45	接近 1.0	<2 000
	>45	<48	>1.0	0 ~ 2 200	<47	>1.0	0 ~ 2 100	<45	>1.0	0 ~ 2 000

注：V/C 是在理想条件下，最大服务交通量与基本通行能力之比，基本通行能力是四级服务水平上半部的最大交通量。

一级公路服务水平分级 表 7-12

服务水平等级	密度[pcu/(km·ln)]	设计速度(km/h)								
		100			80			60		
		速度(km/h)	V/C	最大服务交通量[pcu/(h·ln)]	速度(km/h)	V/C	最大服务交通量[pcu/(h·ln)]	速度(km/h)	V/C	最大服务交通量[pcu/(h·ln)]
一	≤7	≥92	0.32	650	≥75	0.29	500	≥57	0.25	400
二	≤18	≥73	0.65	1 300	≥60	0.61	1 100	≥50	0.56	900
三	≤25	≥68	0.85	1 700	≥56	0.78	1 400	≥47	0.72	1 150
四	≤40	≥50	接近 1.0	<2 000	≥46	接近 1.0	<1 800	≥40	接近 1.0	<1 600
	>40	<50	>1.0	0 ~ 2 000	<46	>1.0	0 ~ 1 800	<40	>1.0	0 ~ 1 600

二、三、四级公路服务水平分级 表 7-13

服务水平等级	延误率(%)	设计速度(km/h)											
		80				60				≤40			
		速度(km/h)	不准超车区(%)			速度(km/h)	不准超车区(%)			速度(km/h)	不准超车区(%)		
			<30	30 ~ 70	>70		<30	30 ~ 70	>70		<30	30 ~ 70	>70
			V/C				V/C				V/C		
一	≤30	≥76	0.15	0.13	0.12	≥57	0.15	0.13	0.11	≥54	0.14	0.13	0.10
二	≤60	≥67	0.40	0.34	0.31	≥54	0.38	0.32	0.28	≥48	0.37	0.25	0.20
三	≤80	≥58	0.64	0.60	0.57	≥48	0.58	0.48	0.43	≥42	0.54	0.42	0.35
四	<100	≥48 <48	1.0	1.0	1.0	≥40 <40	1.0	1.0	1.0	≥37 <37	1.0	1.0	1.0

第四节　技术标准的确定

一、断面形式的确定

道路的横断面，是指中线上各点的法向切面，它是由横断面设计线和地面线所构成的。横断面设计线包括行车道、路肩、分隔带、边沟边坡、截水沟、护坡道以及取土坑、弃土堆、环境保护等设施。城市道路的横断面组成中，还包括机动车道、非机动车道、人行道、绿带和分车带等。高速公路和一级公路上还有变速车道、爬坡车道等。而横断面中地面线是表征地面起伏变化的那条线，它是通过现场实测或由大比例尺地形图、航测相片和数字地面模型等途径获得的。路线设计中所讨论的横断面设计只限于与行车直接有关的那一部分，即各组成部分的宽度、横向坡度等问题，所以有时也将路线横断面设计称作“路幅设计”。

公路横断面的组成和各部分的尺寸要根据设计交通量、交通组成、设计车速和地形条件等因素确定。在保证必要的通行能力和交通安全与畅通的前提下，尽量做到用地省、投资少，使道路发挥其最大的经济效益与社会效益。

1. 路幅的构成

路幅是指公路路基顶面两路肩外侧边缘的部分。等级高、交通量大的公路（如高速公路，一级公路），通常是将上、下行车辆分开。分隔的方式有两种：一种是用分隔带分隔，另一种是将上、下行车道放在不同的平面上加以分隔。前者称作整体式断面，后者称作分离式断面。整体式断面包括行车道、中间带、路肩以及紧急停车带、爬坡车道等组成部分。不设分隔带的整体式断面（如二、三、四级公路）包括行车道、路肩以及错车道等组成部分。城郊混合交通量大，实行快、慢车道分开的路段，其横断面组成可能还有人行道、自行车道等，应根据实际情况选用。

公路的直线段和小半径曲线段路基宽度有所不同，在小半径曲线上，路幅宽度还包括行车道加宽的宽度。

为了迅速排除路面和路肩上的降水，将路面和路肩做成有一定横坡的斜面。直线路段的路面为中间高、两边低，呈双向倾斜，称作路拱。小半径曲线上为了抵消离心力，路面做成向弯道内侧倾斜的单一横坡，称作超高。

2. 路幅布置类型

(1) 单幅双车道

单幅双车道公路指的是整体式的供双向行车的双车道公路。这类公路在我国公路总里程中占的比重最大。二级路、三级路和一部分四级路均属这一类。这类公路适应的交通量范围大，最高达 7 000 辆/昼夜。行车速度可从 20km/h 至 80km/h。在这种公路上行车，只要各行其道、视距良好，车速一般都不会受影响。但当交通量很大，非机动车混入率高、视距条件又差时，其车速和通行能力则大大降低。所以对混合行驶相互干扰较大的路段，可专设非机动车道和人行道，将汽车和其他车辆分开。

(2) 双幅多车道

四车道、六车道和更多车道的公路，中间一般都设分隔带或做成分离式路基而构成“双幅”路。有些分离式路基为了利用地形或处于风景区等原因甚至做成两条独立的单向行车的道路。

这种类型的公路设计车速高、通行能力大，每条车道能担负的交通量比一条双车道公路要高，而且行车顺适、事故率低。我国《公路工程技术标准》(JTG B01—2003)中的高速公路和一级公路即属此种类型。高速公路和一级公路的主要差别在于是否全立交和全封闭以及各种服务设施、安全设施、环境美化等方面的完备程度。这类公路占地多、造价高，只有在公路网中具有非常重要的政治、经济地位，远景交通量很大时才修建。若近期交通量不是很大，则可采取分期修建的办法，先建一幅供双向行车使用，当条件具备时再建另外一幅。

(3)单车道

对交通量小、地形复杂和工程艰巨的山区公路或地方性道路，可采用单车道，我国《公路工程技术标准》(JTG B01—2003)中的山区四级公路路基宽度为4.50m、路面宽度为3.50m者就属此类。此类公路虽然交通量很小，但仍然会出现错车和超车。为此，应在不大于300m的距离内选择有利地点设置错车道，使驾驶人员能够看到相邻两错车道驶来的车辆。错车道处的路基宽度≥6.5m，有效长度≥20m。

二、技术标准的确定

新建路段在满足规范要求的前提下尽可能采用高标准。技术主要依据为：

- 交通部《公路工程技术标准》(JTG B01—2003)
- 交通部《公路路线设计规范》(JTG D20—2006)
- 交通部《公路桥涵设计通用规范》(JTG D60—2004)

表7-14为某公路建设项目主要技术指标汇总表。

主要技术指标表(供参考)　　表7-14

序号	项目	单位	指标
1	公路等级	—	六车道高速公路
2	设计速度	km/h	100
3	行车道宽度	m	3.75×3×2
4	硬路肩宽度	m	3.25×2
5	土路肩宽度	m	0.75×2
6	中间带宽度	m	4.50
7	路基宽度	m	33.5
8	不设超高最小半径	m	4 000
9	一般最小半径	m	700
10	极限最小半径	m	400
11	最大纵坡	%	4
12	停车视距	m	160
13	桥涵设计荷载	—	公路—I级

思考题

1. 建设规模确定的原则和方法有哪些？
2. 相关的技术标准包括哪些内容？
3. 如何确定道路通行能力及车道数？
4. 设计车速如何确定？

第八章　路线方案研究

在公路建设项目可行性研究阶段，路线方案的确定，是整个可行性研究的中心工作之一，它要通过由粗到细，定性与定量相结合的方法，阐述项目建设的条件与环境，逐步论证建设标准、建设规模和建设方案，提出推荐方案，为上级决策提供参考意见，为下一阶段工作奠定基础。

路线方案的拟订应把项目置于整个研究区域内，综合考虑各方面因素，主要研究路线起终点的选择、中间关键控制点的分析等。路线方案一旦拟定，工可后续的研究工作就以此为依据开展。

第一节　路线方案选择的基本原则

路线方案是路线设计中最根本的问题。方案是否合理，不但直接关系到公路本身的工程投资和运输效率，更重要的是影响到路线在公路网中是否起到应有作用，即是否满足国家政治、经济和国防的要求和长远利益。因此，要遵循以下几个基本原则：

(1)控制点周围的路线位置与城市规划、城镇体系规划、路网规划一致；

(2)路线选择要与水利工程及国土规划相协调；

(3)线路要与路网结点发展相协调；

(4)作为郊外路线时，要和其他高速公路，一、二级公路相协调；

(5)互通式立交可设在交通联络方便的地点，以便调整路线位置；

(6)尽量以短距离、短时间连接路线；

(7)路线位置的选择，要尽量考虑节省建设及运营费用；

(8)考虑选线的控制点(铁路、公路、水路、输电线、池塘、村庄、学校、重要历史文物、机场、军用设施、大工厂和大矿场等)。

第二节　影响路线方案选择的主要因素分析

一、路线主要控制因素分析

1. 重要基础设施

区域内既有和规划的重要设施对路线选择有很大影响。区域路网规划对公路建设项目的选线影响最大，在选择路线时，必须考虑建设项目在该区域的地位与功能，并且分析如何与周边路网相衔接。航道网规划、铁路网规划和港口规划等也对公路建设项目的选线具有一定的影响，必须加以分析。

2. 城镇规划

沿线各市、镇的城市规划和小城镇规划的实施情况，对路线选择具有很大影响。为了确保建设方案与沿线城镇及其发展规划的合理衔接与配合，在广泛收集沿线城镇体系规划和充分听取地方政府意见的基础上,结合路线总体布局的基本要求,提出路线方案的拟订原则,对主要城市和较大的建制镇要充分考虑其近期使用方便性,并为远期发展留有足够余地。对于一般乡镇,在既满足路线总体布局的基本要求,又不显著增加工程量和工程难度的前提下,尽量满足其现状及远景规划要求。

3. 地形和地貌条件

路线经过的地理位置确定之后,就面临如何在不同的地形条件下布设路线的问题。地形决定了选线条件,并在很大程度上影响道路的技术标准。

(1)平原区

平原地区地势比较平坦,地形对路线的限制不大,两控制点间如没有地物、地质等障碍,没有应考虑的风景、文物、工厂及居民点等,则与两点直接相连的直线是最理想的线形。但在平原地区,农田密布,灌溉渠道网纵横交错,城镇、工业区较多,居民点比较稠密。由于这些原因,按照公路的使用任务和性质,有的需要靠近它,有的则需要绕避。因此,平原区布线应当处理好以下关系。

①路线与农田的关系。平原区公路不可避免要占用农田,但要尽量少占和不占高产田,从经济效益角度考虑,应将农田的机会成本同缩短路线长度的效益进行比较。

②路线与城镇的关系。平原区有较密集的城镇和村庄、工业及其他设施,布线应分不同情况,正确处理穿越和绕避问题。对此,在进行方案选择时,除考虑城镇对交通的干扰外,还应将居民搬迁安置费用同缩短路线里程的效益进行比较。

③处理好路线与桥位的关系。大、中桥造价很高,由于河床情况的差异,在不同位置建桥,造价差别可能会很大。在路线方案选择时,是以桥位作为控制点,以节约建桥费用,还是以路线走向确定桥位,以缩短路线里程,并取得较好的线形,需要对这两类方案进行技术经济分析。

④新路与旧路的关系。新建的公路应尽可能利用老路作为路基,这样可以少占农田,但一定要从公路发展的长远考虑,根据该路在综合运输网络中的地位和作用,严格按照技术标准的要求对老路进行改造。

(2)山岭区

山岭地区,山高谷深,坡陡流急,地形复杂,但山脉水系清晰。根据这些特征,山岭区布线主要有沿河线、越岭线和山脊线三种方案。

①沿河线

沿河线,即沿河岸布置的线路,是山岭区布线中常见的一种形式。

沿河布线的优点是:河谷地面纵坡比较平缓,一般不超过山岭区公路所允许超过的最大纵坡,便于利用有利地形和地质条件;山区居民多分布在河谷两岸地带,沿河线便于为山区居民服务,同时也发挥了公路运输的经济效益;河内有丰富的砂砾材料,水源充足,便于施工、养护和行车使用。

沿河布线的不利条件是:由于河谷一般较窄,两岸台地常被支沟截断,由此增加了小桥涵的数量;溪流曲折,造成路线曲折,可能会出现许多小半径平曲线,甚至不能满足视距要求;一遇暴雨,山洪暴发,冲刷两岸,危害很大,增加了日后的养护费用。

②越岭线

越岭线,即路线沿分水岭一侧山坡爬上山脊,在适当地点穿过垭口,再沿另一侧山坡下降的路线。

越岭线布局主要应解决的问题是:垭口的选择、过岭高程的选择和垭口两侧展线方案的拟订。它们是相互联系、相互影响的,布线时应综合考虑,处理好三者的关系。

③山脊线

大体上沿分水岭布设的路线称为山脊线。在分水线顺直平缓、起伏不大、岭脊肥厚的分水岭上,可以考虑这种线形。

山脊线一般具有土石方工程量小、水文和地质情况好、桥涵构造物较少等优点。山脊线的缺点是:山脊线线位较高,一般远离居民点;有时筑路材料水源缺乏,增加了施工费用;地势增高,空气稀薄,有云雾、积雪和结冰等,对行车和养护不利。是否采用山脊线方案,还应考虑以下条件决定取舍:

a.分水岭的方向不能偏离路线总方向过远;

b.分水岭平面不能过于迂回曲折,纵面上各垭口间的高差不能过于悬殊;

c.控制垭口间山坡的地质情况,地形不过于陡峻零乱;

d.上下山脊线的引线要有合适的地形可以利用。

(3)丘陵区

丘陵地区是介于平原和山岭之间的地形,其特征是山丘连绵,岗坳交错,此起彼伏,山形迂回曲折,岭低脊宽,山坡较缓,丘谷相对高差不大。丘陵区的地形决定了通过丘陵区的路线特点是:局部方案多,且为了充分适应地形,路线纵断面将有起伏,路线平面也必将是以曲线为主体。

微丘区选线应注意利用地形协调平、纵线形的组合,既不要过分迁就微小地形,造成不必要的曲折线形,也不要过分追求直线,造成不必要的起伏线形。

重丘区地形起伏较大,采用技术指标的活动余地较大。选线时应综合考虑平、纵、横三者的关系,恰当地掌握标准,以提高线形质量。一般应注意以下三点。

①路线应充分利用地形的变化而布设。在注意路线平、纵面线位选择的同时,应注意横向的填挖平衡。横坡较缓的地段,可采用半填半挖或填多挖少的路基;横坡较陡的地段可采用全挖或挖多填少的路基。要注意纵向土石方的平衡,以减少借方和废方。

②平、纵、横三方面应综合考虑,不应只顾纵坡平缓,而使路线弯曲,平面标准过低;或者只顾平面顺直,而使纵坡过于起伏;或者只顾平面直捷,纵坡平缓,而造成高填深挖,造价过高;或者只顾降低造价,过分迁就地形,而使平、纵面过多地接近极限指标。

③冲沟比较发达的地段,高等级公路可考虑采用高路堤或高架桥的直穿方案,一般公路则多采用绕越方案。

总之,在路线方案选择时,要针对具体的地形特征,结合交通量的大小,路线在政治、经济上的意义,确定公路的等级,进而确定路线的总体方案和局部方案。

4.地质、气候和水文条件

影响路线选择的自然因素主要有气候、水文、地质、土壤及植被覆盖等。

(1)气候情况直接或间接地影响着地面水的数量、地下水位高度、大气降水量及其强度和形态、路基水温状况、泥泞期、冬季积雪和冰冻延续期,并在一定程度上限制施工期限和条件。

(2)水文情况决定排水结构物的数量和大小,水文地质情况决定了含水层的厚度和位置、地基或路基岩层滑塌的可能性。

(3)地质构造决定地基及路基附近岩层的稳定性,确定有无滑塌、碎落和崩塌的可能,同时也决定土石方工程施工难易和筑路材料的质量。

(4)土是路基与路面基层的材料,它影响路基形状和尺寸的决定,也影响着路面形式和结构的确定。

(5)地面的植物覆盖影响暴雨径流、水土流失程度,并在一定程度上影响路基土壤的水理和热理状况。

所有上述的一些自然情况,都是密切地相互联系与相互制约着的,并且处于经常相互作用和不断变化的过程中。因此道路选线时要细致调查、实地观察,充分考虑自然条件,并注意到今后的自然变化和道路建成后的影响,保证道路在复杂自然条件下的坚固稳定与交通运输的畅通无阻。

二、主要控制点的选择

1. 起讫点的选择

起讫点是方案的最主要控制点,起讫点位置的选取至关重要。起讫点位置的确定要受许多因素的影响,要兼顾众多因素,如目前距市中心的距离是否合适,与城市规划和道路规划是否相符,与其他道路的衔接是否恰当,是否给将来规划留有足够的余地。起讫点的位置最终决定项目路线的走向,其选择要考虑多种因素。

(1)与项目功能等级相协调

根据拟建项目的功能定位,确定起讫点的位置。起讫点位置不能离市中心太远,如果距离市中心太远,会给上路车辆带来不便,可能会由于绕行距离太远而放弃选择此路,造成不必要的交通流流失。因此,起讫点位置的选择要充分考虑车辆上路的便捷性。

(2)与城市未来发展的关系

随着城市的快速发展,城市规模不断扩大,因此,建设项目的起讫点位置不应距市中心太近,如果距市中心太近,随着城市的扩张必将限制城市的进一步发展,同时也会给交通带来极大不便。

(3)与其他公路的衔接性

任何一条道路的存在都不是孤立的个体,要充分考虑与其他公路的衔接性,对车辆上路前的交通流能够恰到好处地诱导上路,解决好交通从一条公路下路后的分流与衔接问题十分必要。

2. 交通走廊带的选择

公路客货运输的空间配置受国家区域的自然条件、资源分布、生产力布局、城市化水平、人口分布和农业现代化水平等众多因素的影响。走廊布局必须遵循以下几个基本原则。

(1)不仅要满足交通需求,还要引导区域发展

区域运输通道是区域运输的骨架,是区域主要交通流的通道,需要解决区域之间大宗人员与货物交流问题。走廊的另一个主要作用就是作为区域的主要发展轴,使区域在这些主轴方向上有控制地发展。如丹麦的哥本哈根地区先进行区域运输通道的规划及实施,而后,政府与居民在走廊两侧地带布置建筑,引导各级小城镇在走廊地带的发展。

(2)最大限度地吸引交通流

尽可能地使得交通量集中于大容量、高速度的运输通道上,从而使得区域运输通道得到充分的利用,提高运输通道的使用效率。

(3)最大限度地降低交通的非直线系数

来自不同的区域交通流向固定的走廊上集中,必然导致绕行的增加以及整个区域动态交通流的非直线系数增大。而区域交通主流向的选择,就是要把这种由于交通集中而带来的不

利影响降至最低程度,使得对于整个路网的全部交通流而言,交通出行不但要有最短的行程时间,还要有尽量小的非直线系数,使得交通出行者是自愿而非被迫选择路线。

(4)区域走廊必须要与区域的整体规划相匹配

区域运输通道在完成区域内交通功能的同时,也承担着大量的过境交通,以及对周边区域的交通辐射功能和接受辐射功能,它将对本区域及临近区域产生极大的影响。对于整个区域来说,区域走廊作为区域规划的重要一部分,区域运输通道的布置将直接影响到区域功能的发挥。同时,区域运输通道为长距离交通服务的特点也决定了它必须为进出该区域的交通需求提供尽可能方便的服务,因此,它必须与区域的重要出入口相衔接。

3. 重要结点的选择

一条路线重要结点主要是起终点及中间必须经过的重要点,把这些点连接成线,就是路线总方向或称大走向。两点之间有许多不同的走法:有的可能沿某河、越某岭,也可能沿某几条河,翻某几个岭;可能走某河的这一岸,靠近某城镇;也可能走对岸,避开某城镇等。每一种可能的走法就是一个大的路线方案。作为选线工作的第一步就是要在各种可能的方案中,在深入调查的基础上,综合考虑路线方案选择的主要控制点,通过方案的比选,提出合理的路线方案。

选择路线方案应综合考虑以下主要因素:

(1)路线在政治、经济和国防上的意义,国家或地方建设对路线使用任务、性质的要求,改革开放、综合利用等重要方针的体现;

(2)路线在铁路、公路、航道和空运等交通网络中的作用,与沿线工矿、城镇等规划的关系,以及与沿线农田、水利工程等建设的配合及用地情况;

(3)沿线地形、地质、水文、气象和地震等自然条件的影响;

(4)要求的路线技术等级与实际可能达到的技术标准及其对路线使用任务、性质的影响;

(5)路线长度、筑路材料来源、施工条件以及工程量、三材(钢筋、木材、水泥)用量、造价、工期、劳动力等情况及其对运营、施工、养护等方面的影响;

(6)其他如与沿线旅游景点、历史文物、风景的联系等。

影响路线方案选择的因素是多方面的,各种因素又多是互相联系和互相影响的。路线应在满足使用任务和性质要求的前提下,综合考虑自然条件、技术标准和技术指标、工程投资、施工期限和施工设备等因素,通过多方案的比较,精心选择,提出合理的推荐方案。

三、路线方案选择

路线方案是通过许多方案的比较淘汰而确定的。指定的两个点之间的自然情况越复杂、距离越长,可能的比较方案就越多,需要淘汰的方案也就越多。淘汰的方法,不可能每条路线都通过实地踏勘进行。因而要尽可能收集已有资料,先在室内进行研究筛选,然后就最佳的、且优劣难辨的有限方案进行调查和外业踏勘。路线方案选择的通常做法如下。

第一步,搜集与路线方案有关的规划、计划、统计资料及各种比例尺的地形图、航测图、水文、地质、气象等资料。

第二步,根据确定了的路线总方向和公路等级,先在小比例尺(1:50 000 或 1:100 000)的地形图上,结合搜集的资料,初步研究各种可能的路线走向。研究重点应放在地形、地质、地物复杂,外界干扰多,牵涉面大的段落。比如可能沿哪些溪沟,越哪些垭口,路线经城镇或工矿区时,是穿过、靠近,还是避开而以支线连接等。要进行多种方案的比选,提出哪些方案应进行实地踏勘。

第三步，按室内初步研究提出的方案进行实地踏勘，初步落实各据点的具体位置；对路线、大桥和隧道均应提出推荐方案；分段提出采用技术标准和主要技术指标；选定路线必经的控制点。

第三节 路线方案的比选

路线方案比选主要是对多条路线方案进行比较评价，从中确定最佳路线。比选过程中主要从以下几方面进行：

(1)区域路网功能、城市利用功能和经济发展功能；

(2)与沿线城镇、开发区等的协调关系；

(3)与周边自然环境的协调；

(4)建设条件及工程规模；

(5)路网配置及交通流向。

另外要考虑区域经济发展情况、人口密集程度、高填土带来的拆迁安置问题，尤其是土地资源相当匮乏，路基占地和取土占地成了重点问题，节约土源应是方案设计的制约条件。因此，要综合考虑各项因素后确定方案。

在方案比选中，对一些工程量较大的路段，应单独拿出来做方案比选。主要包括以下内容：

(1)高路堤与高架桥方案的比选；

(2)深挖与隧道方案的比选；

(3)分离式路基与整体式路基的比选；

(4)大桥、特大桥桥型方案比选。

为了更好地说明路线方案比选的过程，我们以某一高速公路项目为例，分析其路线方案比选过程中主要的分析项目。图 8-1 为该项目东、西、中三个方案的示意图。综合比较上述三个

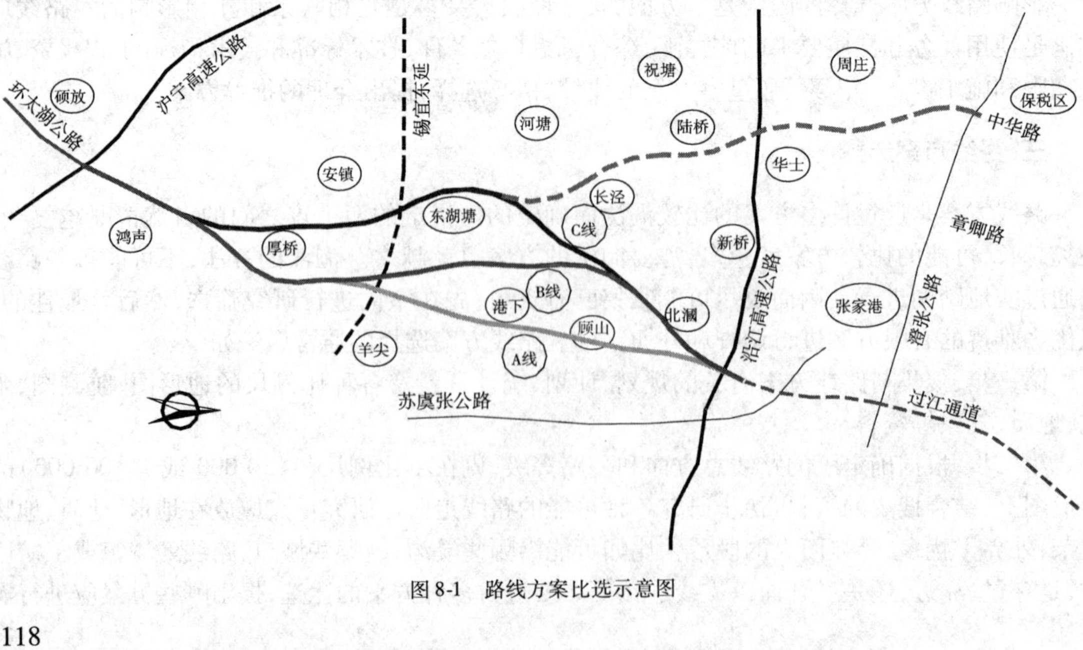

图 8-1 路线方案比选示意图

路线走廊带及其相应的路线方案,其优缺点分析如下。

1. 东走廊带

(1)优点

①符合江苏省第二轮高速公路网的总体、长远规划,与锡通过江通道基本处于同一走廊带;

②设计里程最短,沿线控制性工程如大桥、互通少于其他方案,道路工程造价最低;

③与沿线城镇、经济开发区的规划建设基本没有冲突,拆迁量最少;

④能较充分地发挥张家港港区的向内辐射作用。

(2)缺点

①对无锡东北部地区的经济发展,城镇、开发区建设的带动作用不足,地方政府积极性不高或明确表示反对意见;

②对区域交通量的吸引不利,在项目建成后的一定时期内对经济效益、投资回报有一定影响。

2. 西走廊带

(1)优点

①对无锡东部地区的经济发展,城镇、开发区建设有积极的推进和带动作用,地方政府有明显的建设积极性;

②基本符合无锡市域干线公路网规划,使规划锡通过江通道与地方干线统筹兼顾,分期实施;

③能较充分地发挥张家港港区的向内辐射作用。

(2)缺点

①不符合江苏省第二轮高速公路网的总体、长远规划,与锡通过江通道规划一走廊带偏离较远;

②虽然考虑了部分路段未来与锡通过江通道共线,并预留了过江通道出口,但未来过江通道启动建设时,还需另辟新线,相应增加重复工程投资;并且使过江通道增加了绕行里程,增加了未来的营运成本;

③设计里程最长,经过城镇、开发区密集区,控制性工程造价、征地拆迁费用相对较高,造成一次性工程投资较大。

3. 中走廊带

(1)优点

①基本符合江苏省第二轮高速公路网的总体、长远规划,与锡通过江通道主方向基本一致;

②对无锡东部地区的经济发展,城镇、开发区建设有较大的带动促进作用,地方积极性较高;

③能较充分地发挥张家港港区的向内辐射作用。

(2)缺点

①与沿线城镇、经济开发区的规划建设有一定冲突,拆迁量较多,地方政府要求部分路段采用高架方案;

②设计里程较短,但沿线控制性工程如大桥、互通较多,工程造价相对最高。

通过以上分析研究,该项目路线走廊带及路线方案的选择,应首先服从江苏省第二轮高速公路网暨过江通道的总体规划要求，与项目相关的锡通过江通道对江苏省乃至华东地区的交通布局都具有重要影响；从路网规划安排的建设周期看，锡通过江通道应在2015～2020年之间方能实施建设，故该项目实际上应该是锡通过江通道先期实施的部分，实施范围在沪宁高速公路和沿江高速公路之间是合适的，路线走廊带及路线方案的选择也应符合锡通过江通道的规划走廊带。

从满足地方经济建设发展的需要来看，东走廊带逊于西走廊带，但从路网的长远规划来看，这一点尚不足以构成影响走廊带选择的理由，若采用东走廊带，可利用已有的锡山区锡东大道北延至江阴、张家港，形成一条南北向的干线公路，在该项目高速公路两侧形成东有苏虞张、西有锡东大道两条地方干线公路的区域性道路交通网络体系，共同满足宏观交通与微观交通的需要，使该区域中各条道路功能清晰，配置良好，更有利于区域路网整体功能的发挥。中走廊带实际是对东走廊带的适当调整，调整的主要目的是既基本符合路网规划的要求，又满足地方政府希望项目建设能对地方经济建设发展起到积极促进作用的迫切愿望。

综上所述，对东、中、西走廊带进行同深度的工程经济技术比较后，值得进一步深入研究的应该是中、东线方案。

第四节　枢纽的布局规划及方案选择

高速公路和一级公路，在工程可行性研究阶段须对沿线主要枢纽互通进行初步布设。

高速公路或一级公路根据沿线城镇的发展规划，基于建设项目的功能，既要满足高速公路路网交通量的转换需要，又要满足沿线地方的出入，带动地方经济发展的需要，在项目沿线设置一定量的枢纽互通，设置枢纽互通主要应从以下几点入手。

第一，交通特征。地区的人口密度、城市人口密度决定了交通出行的次数，一般在人口超过3万人的城市近郊或枢纽影响范围的人口在5万～10万人的地点应设置互通，以满足高速公路网络上的交通流量转换需要。考虑建设项目直接经过的城市规模及城市重要度，为满足沿线地区利用确定枢纽的个数，并且要兼顾整个区域内对枢纽的需求，以及相关立交的建设综合分析考虑。

第二，间距要求。从枢纽带动地方经济发展和便于高速公路运营管理角度，枢纽间距一般应≤30km；从高速公路运营效率和交通安全角度而言，枢纽设置间距一般不宜≤4km。

第三，经济性要求。过多的枢纽不但会降低高速公路的通行能力和交通安全，且对于收费公路来说带来营运管理问题。原则上通车后10年枢纽利用交通量不应≤3 000辆/日。如果枢纽出入交通量较小，则不仅投资效益低下，且由于需配备相应的管理人员和设施，而带来运营和管理上的负担。

思　考　题

1. 建设方案研究的目的和意义是什么？
2. 建设方案研究的要求和内容是什么？
3. 路线方案起讫点的选择原则是什么？
4. 如何进行可行性研究阶段中的方案比选？

第九章　工程概略设计

工程方案概略设计是工程可行性研究的一个重要内容，它是投资估算和经济评价的依据和定量计算的基础。其研究结果不仅对项目的决策起着重要的作用，而且还是搞好工程可行性研究工作的前提，好的工程方案可为国家节约大量基建投资，对以后各个阶段项目的实施和运营起着关键性的作用。

本章结合道路工程方面的知识，对道路线形设计、路基设计、路面设计、桥涵设计、路线交叉设计、交通工程及沿线安全设施设计、公路绿化与景观设计等方面进行阐述。

第一节　线形设计

公路线形设计应在公路建设项目工程可行性研究报告所选定的路线走向与主要控制点的基础上，先作出总体设计，再结合主要技术指标的运用，进行路线方案论证、比选，确定合理的设计方案。当采用不同技术指标或设计方案对工程造价、自然环境、社会效益等有较大影响时，应作同等深度的多方案技术经济比较。

一、路线技术指标

公路是一种带状构造物，在保证使用功能和经济合理的前提下，应尽可能保持较高的安全性和舒适性。根据公路的等级及其在公路网中的作用，合理利用地形，正确运用标准。路线技术标准最关键因素在于设计行车速度，而设计行车速度又取决于公路的交通量、交通特征以及所经过区域的地形地貌。公路线形设计可根据设计行车车速，再参照《公路工程技术标准》(JTG B01—2003)和《公路路线设计规范》(JTG D20—2006)规定值进行具体的设计。主要指标如表9-1。

公路路线主要技术指标　　　　表9-1

序号	指标名称	
1	道路等级	
2	设计车速(km/h)	
3	平曲线最小半径(m)	设超高推荐半径
		设超高最小半径
4	不设超高最小半径(m)	
5	停车视距(m)	
6	最大纵坡(%)	
7	最小坡长(m)	
8	凸曲线最小半径(m)	一般值
		极限值
9	凹曲线最小半径(m)	一般值
		极限值

公路线形是三维的立体线形，为方便设计施工方面操作，将其简化为平、纵两个方面进行描述。公路的线形设计在很大程度上取决于工程投资与线形舒适性的平衡，公路建成后若要改变公路线形，尤其是高速公路的线形，几乎是不可能，它将长期影响着汽车的运行。*Road Safety Audit*（AUSTROADS）中对公路线形设计的重要性是这样评价的：在设计图纸上移动一根铅笔线总比建成后去搬动道路上的水泥混凝土或沥青要容易、要快、要便宜。

线形的技术指标提供很大的应用幅度和范围，在线形设计运用中应着重考虑线形的连续均衡和立体线形设计。线形指标的连续一致可以大大提高公路设施的舒适性和与周围环境的协调。

二、平面线形设计

平面线形设计时，综合考虑各种影响因素，灵活地运用直线、圆曲线等线形要素，顺应地形、地物。在处理好与重要地物点关系的基础上，尽可能采用较高的平面线形指标，并力求平面线形指标间的均衡。同时平面线形设计时，综合考虑纵断面的线形设计，力求平、纵面综合的立体线形顺畅、连续。设计原则如下。

（1）路线设计应根据公路等级及其功能，正确运用技术指标保持线形连续均衡，确保行驶安全舒适。

（2）考虑路线走廊带内各种运输体系的分工与配合，据以统筹规划近远期，合理布局，充分发挥和提高公路总体综合效益。

（3）公路选线必须由面到带，由带到线，在对地形、地质、水文等调查与勘察的基础上论证确定路线方案。

（4）路线线位应考虑同农田与水利建设、城市规划的配合，尽可能避让不可移动文物、自然保护区，保护环境且同当地景观相协调。

（5）高速公路和一级公路应做好总体设计，使各技术指标的设置与平、纵组合恰当，线形平面顺适，纵面均衡，各构造物的选型与布置合理、实用、经济。

构成平面线形的三要素是直线、圆曲线和缓和曲线。分述如下。

1. 直线

关于直线的最大与最小长度主要应根据驾驶员的视觉反应及心理上的承受能力来确定，一般直线路段的最大长度（以 m 计）应控制在设计速度（以 km/h 计）的 20 倍为宜；另外同向曲线之间直线的最小长度（以 m 计）以不小于设计速度（以 km/h 计）的 6 倍为宜；反向曲线之间的最小直线长度（以 m 计）以不小于设计速度（以 km/h 计）的 2 倍为宜；设计速度小于等于 40km/h 的公路，可参照上述做法。在实际工作中，应根据地形、地物、自然景观以及经验等来判断决定。

公路线形是在已有自然条件的基础上进行考虑的，首先考虑的不是在平面线形上尽量多采用直线，或者必须是由连续的曲线所构成，而是必须采用与自然地形相协调的线形。

2. 圆曲线

一般圆曲线最小半径采用的横向力系数值为 0.05～0.06，这样行车将更加舒适，而且这种半径在大多数的情况下有可能被采用。《公路工程技术标准》（JTG B01—2003）规定的圆曲线最小半径一般值见表 9-2。

圆曲线半径大于一定数值时可以不设置超高，而允许设置等于直线路段路拱的反超高。不设超高圆曲线最小半径如表 9-3。

圆曲线最小半径一般值 表 9-2

设计速度(km/h)	120	100	80	60	40	30	20
横向力系数	0.05	0.05	0.06	0.06	0.06	0.05	0.05
超高值(%)	6	6	7	8	7	6	6
圆曲线最小半径一般值(m)	1 000	700	400	200	100	65	30

不设超高圆曲线最小半径(单位:m) 表 9-3

设计速度(km/h)	120	100	80	60	40	30	20
$i \leq 2.0\%$, $\mu = 0.035 \sim 0.040$	5 500	4 000	2 500	1 500	600	350	150
$i > 2.0\%$, $\mu = 0.040 \sim 0.050$	7 500	5 250	3 350	1 900	850	450	200

3. 缓和曲线

缓和曲线采用回旋线,高速公路,一、二、三级公路的直线与半径小于不设超高圆曲线最小半径相衔接处应设置缓和曲线,进行连接。《公路路线设计规范》(JTG D20—2006)制定了各级公路缓和曲线的最小长度,见表 9-4。

各级公路缓和曲线最小长度 表 9-4

设计速度(km/h)	120	100	80	60	40	30	20
缓和曲线最小长度(m)	100	85	70	50	35	25	20

三、纵断面线形设计

1. 设计原则

在进行纵断面线形设计时,应注意以下原则:

(1)满足高速公路的纵断面线形标准,并在增加工程量不大的情况下,尽量采用较高的技术指标;

(2)满足等级公路、等级航道的净空要求;

(3)满足路基的设计洪水位高度及最小填土高度要求;

(4)设置分离式立交时,应结合地质情况及被交道路两侧的地形、地物进行分析,如有条件尽可能考虑支线上跨,以降低主线填土高度;

(5)原则上只设人行通道,机耕及汽车通道归并后采用上跨方式,并通过两侧设置辅道的方式进行沟通,以降低主线填土高度,利于景观设计。

2. 纵坡要求

《公路路线设计规范》(JTG D20—2006)中对最大纵坡的规定见表 9-5,设计速度为 120km/h、100km/h、80km/h 的高速公路受地形条件或其他特殊情况限制时经技术经济论证,最大纵坡值可增加 1%。

最大纵坡规范值 表 9-5

设计速度(km/h)	120	100	80	60	40	30	20
最大纵坡(%)	3	4	5	6	7	8	9

公路改建中,设计速度为 40km/h、30km/h、20km/h 利用原有公路的路段,经技术经济论证,最大纵坡值可增加 1%。

越岭路线连续上坡或下坡路段相对高差为 200 ~ 500m 时,平均纵坡不应大于 5.5%,相对高差大于500m时，平均纵坡不应大于5%，任意连续3km路段的平均纵坡不应大于5.5%。

最小纵坡应满足排水要求，一般情况下应大于0.5%，困难情况下不小于0.3%。

3. 坡长限制

纵坡的最小坡长应符合表9-6的规定，不同纵坡的最大坡长应符合表9-7的规定。连续上坡或下坡时，应在不大于表9-7所规定的纵坡长度范围内设置缓和坡段，缓和坡段的纵坡应不大于3%，其长度应符合纵坡长度的规定。

最小坡长规范值 表9-6

设计速度(km/h)	120	100	80	60	40	30	20
最小坡长(m)	300	250	200	150	120	100	60

不同纵坡最大坡长(单位:m) 表9-7

设计速度(km/h) / 纵坡坡度(%)	120	100	80	60	40	30	20
3	900	1 000	1 100	1 200	—	—	—
4	700	800	900	1 000	1 100	1 100	1 200
5	—	600	700	800	900	900	1 000
6	—	—	500	600	700	700	800
7	—	—	—	—	500	500	600
8	—	—	—	—	300	300	400
9	—	—	—	—	—	200	300
10	—	—	—	—	—	—	200

4. 竖曲线

公路纵坡变更处应设竖曲线，竖曲线最小半径和最小长度应符合表9-8规定。

竖曲线最小半径和最小长度 表9-8

设计速度(km/h)		120	100	80	60	40	30	20
凸形竖曲线半径(m)	一般值	17 000	10 000	4 500	2 000	700	400	200
	极限值	11 000	6 500	3 000	1 400	450	250	100
凹形竖曲线半径(m)	一般值	6 000	4 500	3 000	1 500	700	400	200
	极限值	4 000	3 000	2 000	1 000	450	250	100
竖曲线最小长度(m)		100	85	70	50	35	25	20

四、平、纵线形组合设计

1. 道路平、纵线形组合设计原则

(1)应在视觉上能自然地引导驾驶员的视线，并保持视觉的连续性。任何使驾驶员感到茫然、迷惑和判断失误的线形，必须尽力避免。在视觉上能自然地诱导视线，是衡量平、纵线形组合优劣的最基本问题。

(2)注意保持平、纵线形的技术指标大小应均衡。它不仅影响线形的平顺性，而且与工程费用相关。对纵面线形反复起伏，在平面上采用高标准的线形是无意义的，反之亦然。

(3)选择组合得当的合成坡度，以利于行车安全和路面排水。

(4)注意与道路周围环境的配合。它可以减轻驾驶员的疲劳和紧张程度，并可起到引导视线的作用。

2. 平、纵线形组合的基本要求

(1)当竖曲线与平曲线组合时,竖曲线宜包含在平曲线之内,且平曲线应稍长于竖曲线,如图9-1。

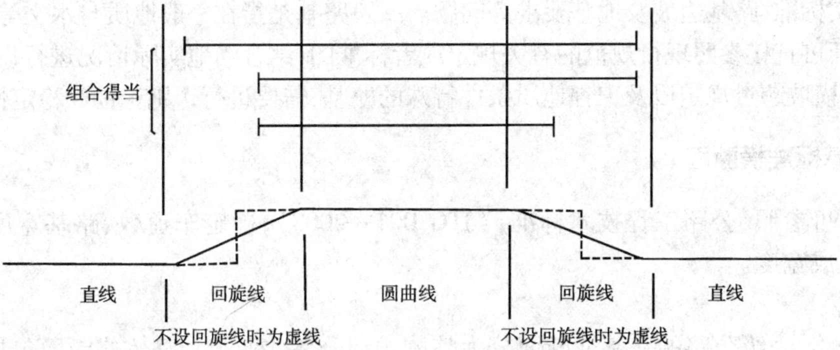

图9-1 平、竖曲线的组合原则

这种布置通常称为平曲线与竖曲线的对应。其优点是:当车辆驶入凸形竖曲线的顶点之前,即能清楚地看到平曲线的始端,辨明转弯的走向,不致因判断错误而发生事故。图9-2是按此要求设计的线形,既顺适又美观。

若平、竖曲线的半径都很大,则平、竖曲线的位置可不受上述限制。若做不到竖曲线与平曲线较好地配合,且两者的半径都小于某限度时,宁可把平、竖曲线拉开相当距离,使平曲线位于直坡段上或竖曲线位于直线上。

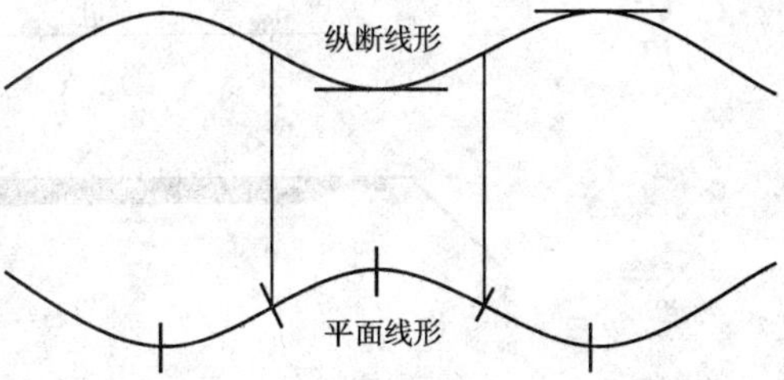

图9-2 平曲线与竖曲线组合良好的线形

(2)要保持平曲线与竖曲线大小的均衡。平曲线与竖曲线的大小如果不均衡,会给人以不愉快的感觉,失去了视觉上的均衡性。根据经验,平曲线半径如果不大于1km,竖曲线的半径为平曲线的10~20倍,便可达到线形的均衡性。表9-9为德国经验值,可供设计时参考。

平、竖曲线半径的均衡 表9-9

平曲线半径(m)	竖曲线半径(m)	平曲线半径(m)	竖曲线半径(m)
500	10 000	1 100	30 000
700	12 000	1 200	40 000
800	16 000	1 500	60 000
900	20 000	2 000	100 000
1 000	25 000		

(3)当平曲线缓而长、纵断面坡差较小时,可不要求平、竖曲线一一对应,平曲线中可包含多个竖曲线或竖曲线略长于平曲线。这对平坦地区的高速公路设计是重要的。

(4)要选择适当的合成坡度。合成坡度过大,对行车不利,特别是在冬季结冰期更危险;合成坡度过小,对排水不利,也影响行车,车辆行驶时有溅水干扰。虽然《公路工程技术标准》(JTG B01—2003)对合成坡度的最大允许值作了规定,但在进行平、纵面线形组合时,如条件可能,最好使合成坡度小于8%,最小合成坡度不应小于0.5%。

第二节 路基设计

路基设计，通常包括路基基身、排水、防护与加固等方面的设计。路基基身设计主要涉及填料选择、压实标准、路基边坡及地基要求等问题。一般路基是指在一般地质与水文等条件下的路基，其横断面可直接参照现行规范的有关规定或者标准图，结合当地实际情况进行设计。对边坡高度和基底横坡超过规定以及工程地质条件特殊的路基，需要进行个别论证和稳定性验算。

一、路基标准横断面

横断面可参照《公路工程技术标准》(JTG B01—2003)，确定车道数、路基宽度，进而确定其各部分组成宽度。

1. 组成

高速公路、一级公路的路基横断面分为整体式和分离式两类。整体式断面包括车道、中间带(中央分隔带及左侧路缘带)、路肩(硬路肩及土路肩)以及紧急停车带、爬坡车道、加减速车道等；分离式断面包括车道、路肩(硬路肩及土路肩)以及紧急停车带、爬坡车道加(减)速车道等。高速公路、一级公路路基标准横断面见图9-3。

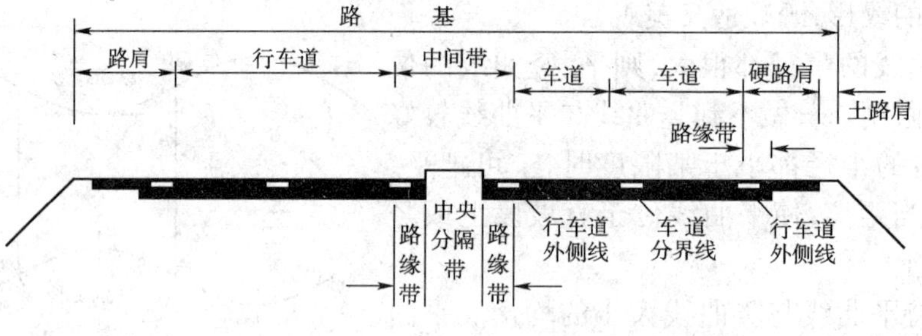

图9-3 高速公路、一级公路路基标准横断面示意图

二、三、四级公路的路基横断面包括车道、路肩以及错车道等。二级公路位于中、小城市城乡结合部、混合交通量大的连接线路段，实行快、慢车道分开行驶时，可根据当地经验设置慢车道或加宽右侧硬路肩。标准横断面见图9-4。

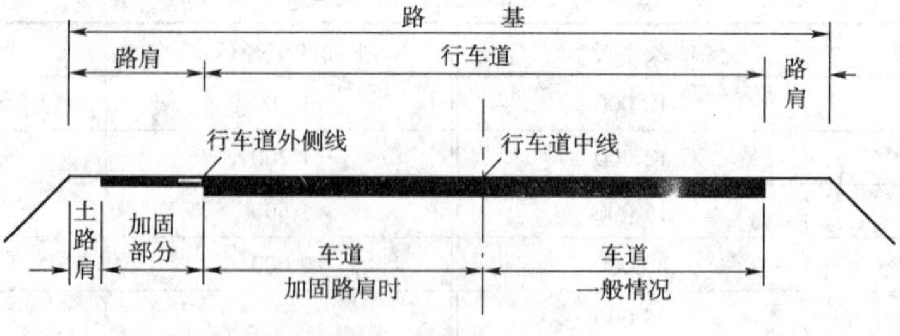

图9-4 二、三、四级公路路基标准横断面示意图

2. 路基宽度

公路路基宽度为车道宽度与路肩宽度之和，当设有中间带、加(减)速车道、爬坡车道、紧急停车带和错车道等时，应计入这些部分的宽度。

二级公路因交通量、交通组成等需设置慢车道的路段：设计速度为80km/h时，其路基宽度可采用15.0m；设计速度为60km/h时，可采用12.0m。

四级公路宜采用双车道路基宽,交通量小的路段,可采用单车道4.50m路基宽。

确定路基宽度时,中央分隔带宽度、左侧路缘带宽度、右侧硬路肩宽度和土路肩宽度等的一般值和最小值应同类项相加。

具体各级公路的路基宽度可以参考表9-10。

各级公路路基宽度 表9-10

公路等级		高速公路、一级公路								
设计速度(km/h)		120			100			80		60
车道数		8	6	4	8	6	4	6	4	4
路基宽度(m)	一般值	45.00	34.50	28.00	44.00	33.50	26.00	32.00	24.50	23.00
	最小值	42.00	—	26.00	41.00	—	24.50	—	21.50	20.00

公路等级		二级公路、三级公路、四级公路				
设计速度(km/h)		80	60	40	30	20
车道数		2	2	2	2	2或1
路基宽度(m)	一般值	12.00	10.00	8.50	7.50	6.50(双车道)、4.50(单车道)
	最小值	10.00	8.50	—	—	—

各组成部分的宽度分述如下。

(1)车道宽度

车道宽度应该满足车辆行驶的需要,双车道公路应满足错车、超车行驶所必须的余宽。四车道公路应满足车辆并列行驶所需的宽度。车道宽度是根据设计车辆的最大宽度,加上错车、超车所必需的余宽确定。规范值见表9-11。

车道宽度规范值 表9-11

设计速度(km/h)	120	100	80	60	40	30	20
车道宽度(m)	3.75	3.75	3.75	3.50	3.50	3.25	3.00(单车道时为3.50)

注:高速公路为八车道,当设置左侧硬路肩时,内侧车道宽度可采用3.50m。

(2)中间带宽度

高速公路、一级公路整体式断面必须设置中间带。中间带由两条左侧路缘带和中央分隔带组成,其各部分宽度应符合表9-12规定。

中间带宽度 表9-12

设计速度(km/h)		120	100	80	60
中央分隔带宽度(m)	一般值	3.00	2.00	2.00	2.00
	最小值	2.00	2.00	1.00	1.00
左侧路缘带宽度(m)	一般值	0.75	0.75	0.50	0.50
	最小值	0.75	0.50	0.50	0.50
中间带宽度(m)	一般值	4.50	3.50	3.00	3.00
	最小值	3.50	3.00	2.00	2.00

注:一般值为正常情况下的采用值,最小值为条件受限制时可采用的值。

(3)路肩宽度

为保证行车安全,考虑到八车道高速公路小客车因事故等临时紧急停车的需要,有条件时应设置左侧硬路肩,鉴于内侧车道上行驶的车辆以小客车为主,故规定左侧硬路肩包括左侧路缘带的宽度采用2.50m。路肩宽度规范值见表9-13。

路 肩 宽 度

表 9-13

<table>
<tr><td colspan="2" rowspan="2">设计速度(km/h)</td><td colspan="4">高速公路、一级公路</td><td colspan="5">二级公路、三级公路、四级公路</td></tr>
<tr><td>120</td><td>100</td><td>80</td><td>60</td><td>80</td><td>60</td><td>40</td><td>30</td><td>20</td></tr>
<tr><td rowspan="2">右侧硬路肩宽度(m)</td><td>一般值</td><td>3.00 或 3.50</td><td>3.00</td><td>2.50</td><td>2.50</td><td>1.50</td><td>0.75</td><td>—</td><td>—</td><td>—</td></tr>
<tr><td>最小值</td><td>3.00</td><td>2.50</td><td>1.50</td><td>1.50</td><td>0.75</td><td>0.25</td><td>—</td><td>—</td><td>—</td></tr>
<tr><td rowspan="2">土路肩宽度(m)</td><td>一般值</td><td>0.75</td><td>0.75</td><td>0.75</td><td>0.50</td><td>0.75</td><td>0.75</td><td rowspan="2">0.75</td><td rowspan="2">0.50</td><td rowspan="2">0.25(双车道)、0.50(单车道)</td></tr>
<tr><td>最小值</td><td>0.75</td><td>0.75</td><td>0.75</td><td>0.50</td><td>0.50</td><td>0.50</td></tr>
</table>

注:①一般值为正常情况下的采用值,最小值为条件受限制时可采用的值;

②设计速度为 120km/h 的四车道高速公路,采用 3.50m 的右侧硬路肩,六车道、八车道高速公路,采用 3.00m 的右侧硬路肩。

典型横断面设计,如图 9-5 和图 9-6 所示。

二、一般路基设计

1. 路基设计的一般要求

公路路基是路面的基础,它承受着本身土体的自重和路面结构的重量,同时还承受由路面传递下来的汽车荷载,所以路基是公路的承重主体。

公路路基属于带状结构,随着天然地面的高低起伏,高程不同,路基设计需根据路线平、纵、横设计,精心布置,确定高程,为路面结构提供具有足够宽度的平顺基面。

一般路基通常指在良好的地质与水文等条件下,填方高度和挖方高度不大的路基。通常认为一般路基可以结合当地的地形、地质情况,直接选用典型断面图或设计规定,不必进行个别论证和验算;对于超过规范规定的高填、深挖路基,以及地质和水文等条件特殊的路基,为确保路基具有足够的强度与稳定性,需要进行个别设计和验算。

2. 一般路基设计

在工程地质和水文地质条件良好地段修筑的一般路基设计包括以下内容:

(1)选择路基断面形式,确定路基宽度与路基高度;

(2)选择路基填料与压实标准;

(3)确定边坡形状与坡度;

(4)路基排水系统布置和排水结构设计;

(5)坡面防护与加固设计;

(6)附属设施设计。

图 9-7 为某工程的路基设计图示例。

三、防护及排水工程

1. 防护

路基防护是确保道路全天候使用,使路基不致因地表水流和气候变化而失稳的必要工程措施,对于高等级公路,原则上应全线进行防护。

目前高速公路普遍采用的边坡防护形式有:植草(皮)、草坪培植床、浆砌片石衬砌拱、水泥混凝土预制块方格网和满铺防护等。

水塘路段采用浆砌片石满铺防护,下部设浆砌片石勺形基础。

边沟采用浆砌片石和水泥混凝土预制块满铺防护。互通区段可采用暗埋式盖板矩形边沟。

图 9-8 为部分路基防护方式的设计图示例。

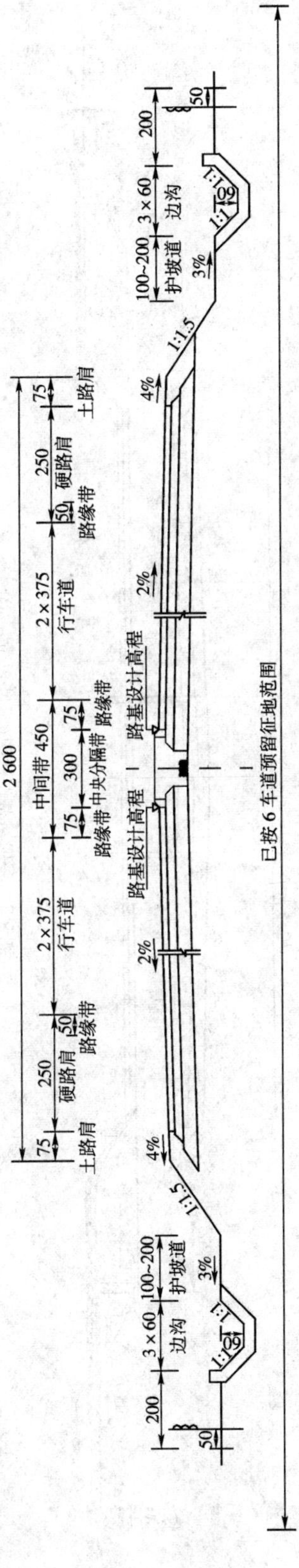

图 9-5　路基宽 26m 的标准四车道横断面(高速)(尺寸单位:cm)

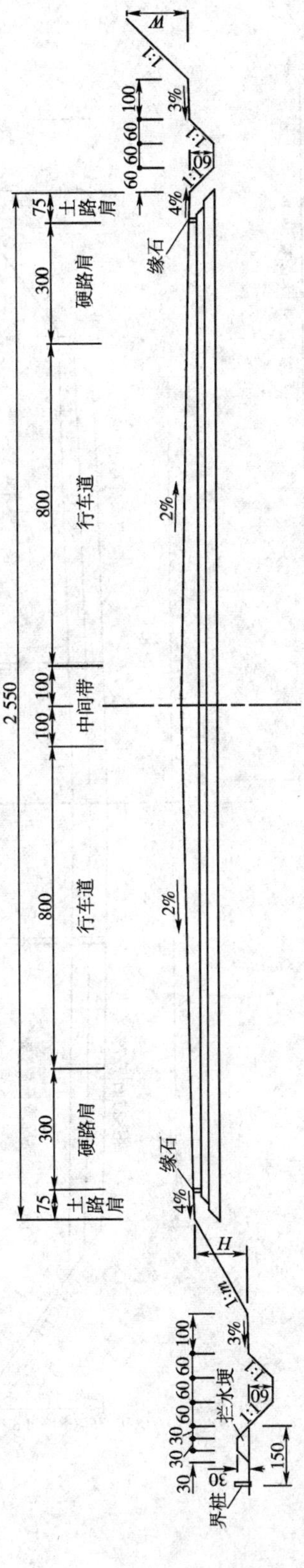

图 9-6　路基宽 25.5m 的标准四车道横断面(一级)(尺寸单位:cm)

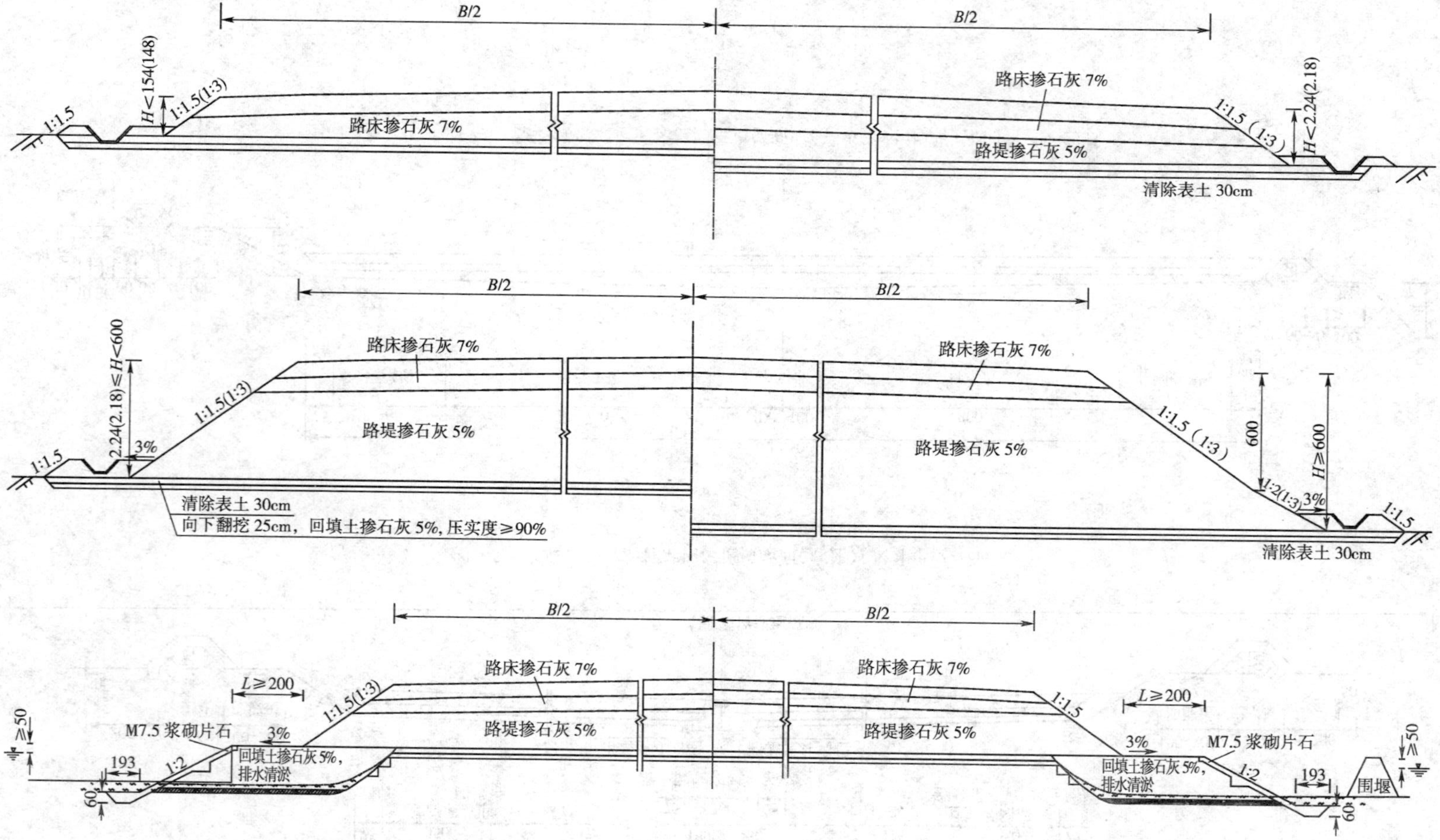

图 9-7　一般路基设计图(尺寸单位：cm)

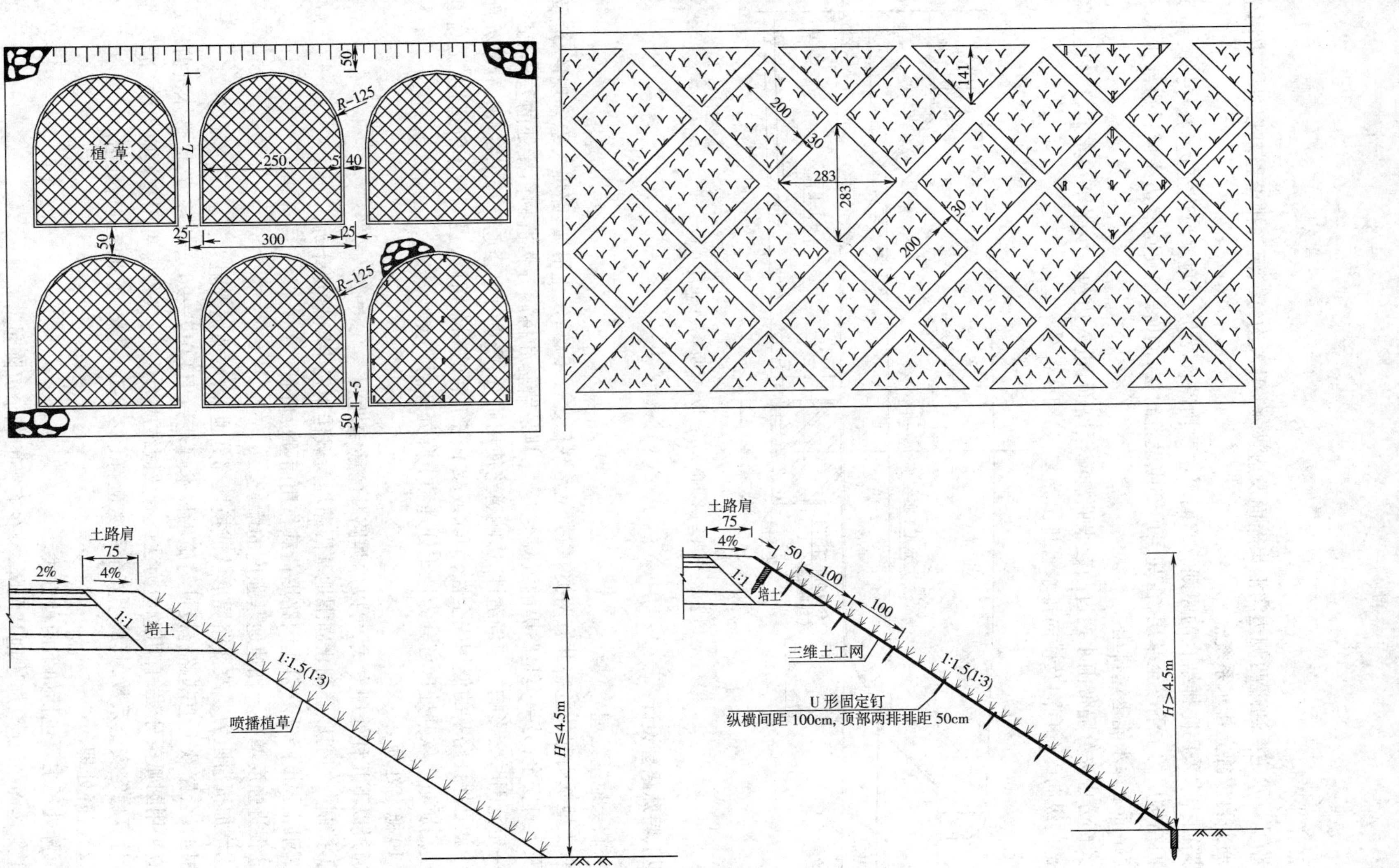

图 9-8　路基防护设计图(尺寸单位:cm)

2. 排水

路基排水主要通过两侧边沟汇集路面及边坡水，引入沟、渠、河等排至路基以外。边沟全线贯通并自成独立排水系统。

路面排水采用防排结合的原则。路面水主要由路面横坡向两侧漫流至边沟。另外，为防止路面结构层的水下渗至基层，在基层顶部应设置封层，同时，在硬路肩边缘设置边部排水系统，使路面下渗水能迅速排出。

大部分中央分隔带雨水通过凸起表面漫流至路面，进入边沟。少量下渗水通过中央分隔带底部的纵向碎石盲沟及横向排水管排出路基，如图9-9。

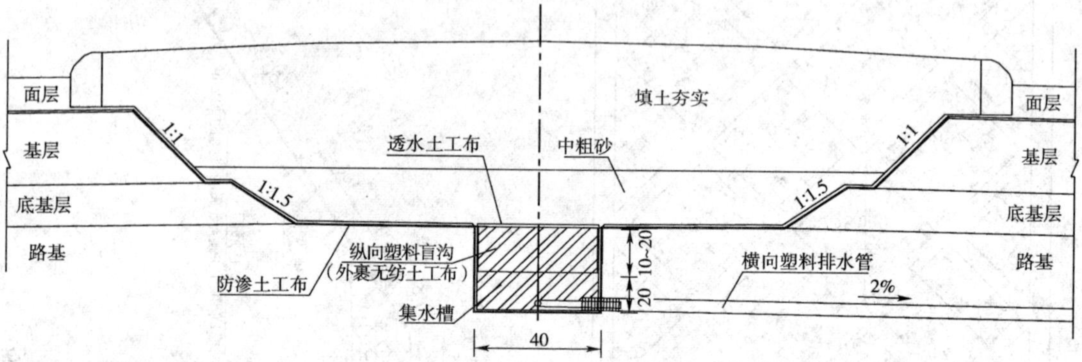

图9-9 中央分隔带排水示意图（尺寸单位：cm）

四、特殊路基设计

1. 软土地基处理

软土地基引起的危害共有两类：一类是路基稳定性不够，发生滑坡、路堤失稳等现象，危及行车及人身安全；另一类是路堤的沉降变形，尤其是路基和桥涵等构造物衔接处的差异沉降，超出一定范围时会影响行车舒适性，影响道路使用质量，严重时也会危及行车安全。软基处理的目的就是保证路基的使用安全性，消除或减小完工后的剩余沉降，提高行车舒适性，提高道路的使用质量。软基处理可分为稳定处理和沉降处理两大类型。

（1）稳定处理

通过以下几种处理方式，可以加强路基的稳定性。

①控制剪切变形。制止周围地基因路堤荷载作用发生隆起或滑动。

②阻止强度降低。阻止因路堤荷载作用而强度降低。

③促进强度增长。加速地基强度的增长。

④增加抗滑阻力。改变路堤形状或换填部分地基，增加抗滑阻力。

根据《公路软土地基路堤设计与施工技术规范》（JTJ 017—96），地基、路堤整体抗剪稳定验算应采用圆弧条分法，宜用总应力法或有效固结应力法，有条件时可用有效应力法（准毕肖普法）计算稳定安全系数，其最小安全系数应符合表9-14要求，否则应进行处治。

（2）沉降处理

沉降处理主要包括如下两种方式。

①加速固结沉降：加速地基沉降，减少有害的剩余沉降量。

②减小总沉降量：减小地基的沉降。

软土地基在荷载作用下，沉降变形的主要部分为主固结沉降，此外还包括瞬时沉降与次固结沉降，经处理后的工后沉降应满足以下要求：

①桥台与路堤连接处，沉降量小于10cm；

②涵洞或箱形通道处，沉降量小于20cm；

③一般路段，沉降量小于30cm。

稳定安全系数要求值 表9-14

采用的计算方法		稳定安全系数	备　注
总应力法	快剪指标	≥1.10	当需要考虑地震力时，稳定安全系数值应减少0.1
	十字板剪切强度	≥1.20	
有效固结应力法	快剪与固结快剪指标	≥1.20	
	十字板剪切强度	≥1.30	
准毕肖普法	有效剪切指标	≥1.40	

(3)地基处理方法选择

由于地质、地形和施工环境因素等千变万化，往往具有空间甚至时间上的变异性，因此，软基处理设计宜采用动态设计方法，注意发现、搜集软基试验或工程施工过程中影响设计的各种因素的变化，必要时应补充勘探、试验，并修改原设计，地基处理方法的程序见图9-10。

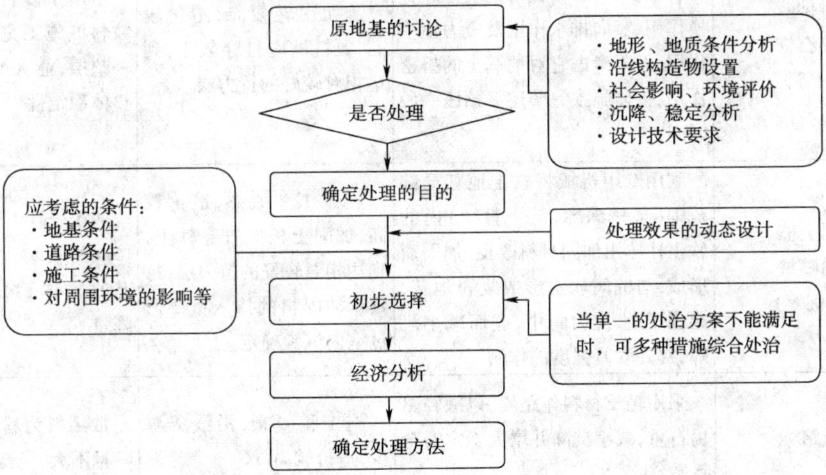

图9-10　地基处理方法选择程序图

根据当地的地质、水文、施工机具、材料及环境等条件进行经济、技术比较，依据先简后繁，就地取材的原则决定，当单一的处治方案无法满足稳定与沉降的要求时，可考虑多种措施组合使用。根据国内外的实践经验，常用的处理方案见表9-15。

图9-11给出了几种软土地基处理方法预案。

2. 易液化土地基处理

根据有关规范，当土层实测的修正标准贯入击数 N_l 小于计算的修正液化临界标准贯入击数 N_c 时，则判为液化，否则为不液化。

软土地基处理方案一览表 表 9-15

处理方案		处理原理	工程特性	适用范围
预压	填土预压（不处理）	利用土层固有排水通道，加载排水固结	施工简单，工期长。等（超）载预压土方存在二次调运	适用于路基稳定，沉降量小，且地层中有良好排水层
	等载预压			
	超载预压			
换填土		置换作用	施工工艺简单，费用高	适用于软土层厚度小于 3m 的表层软土，如清淤回填
反压护道		增加抗滑力矩，防止路堤滑动破坏	施工工艺简单，费用低，但公路用地增大	路堤稳定性不够时采用，一般与其他处治措施综合使用
固结排水法	铺砂垫层预压（或真空预压）	铺砂垫层是为了增加一个排水面，打（插）竖向排水体则是为了增加竖向排水通道，三种方法都是为了加快软土地基的排水固结，提高地基强度	除袋装砂井施工稍复杂外，其余均工艺简单，施工方便，地基受扰动后沉降加大，填土速率应严格控制	铺砂垫层预压适用于填土高度小、软土层薄、埋深浅、无硬壳层、排水性好或工期不紧的软基，打（插）竖向排水体适用于软土厚度大，路堤稳定，填土较高的软土地基
	打袋装砂井			
	插塑料排水板			
复合地基	粒料桩（如碎石桩、砂桩等）	采用碎石、砂砾、废渣、砂等散粒材料做桩料，粒料桩对地基土起置换作用、竖向排水作用及应力集中作用，但不考虑它对地基土的挤密作用，桩体施工完毕还需预压一段时间	施工工艺复杂，造价较高，粒料桩应打穿软土，到达相对较好的持力层	适用于砂石料较丰富地区，粒料桩施工完毕，其上须设置一垫层，能大幅度提高路基的整体稳定性
	加固土桩（如粉喷桩、浆喷桩等）	利用专用机械将软土地基局部范围（某一深度、某一直径）内的软土柱体用加固材料改良、加固而形成，与桩间软土形成复合地基，起到置换，应力集中，进而减小沉降，提高软基强度的作用	施工工艺成熟，造价较高，加固土桩应打穿软土，到达相对较好的持力层，每延米加固料的掺入量要通过室内试验确定	适用于软土层底埋深不大于 15m 的软基，能大幅度提高路基的整体稳定性，减小总沉降量
路堤处理	轻质路堤	采用轻质材料作路堤，以减轻路堤自重，减小沉降并增大稳定安全系数	施工稍复杂，沿线资源少，造价较高	常用料为粉煤灰，适用于沉降量不大，但已经超标的路段
	加筋路堤	利用土工合成材料的抗拉性能及土颗粒间的嵌固和咬合作用增强路基稳定性，减小差异沉降	施工工艺简单，常和其他处理措施综合使用	适用于处理路堤稳定性不够，有较大差异沉降的地段
化学加固法（电渗法、化学药剂灌注法）		电渗法是在地基内设置一对电极，将水集中排除，此时，有的用铅电极将化学药剂注入土中，同时进行电化学凝固，还有在地基内灌注作为土质稳定剂的化学药剂，使之生成物理化学反应，以提高地基强度	施工工艺复杂，造价高	无成熟经验，基本不适用于高速公路大面积的软基处理

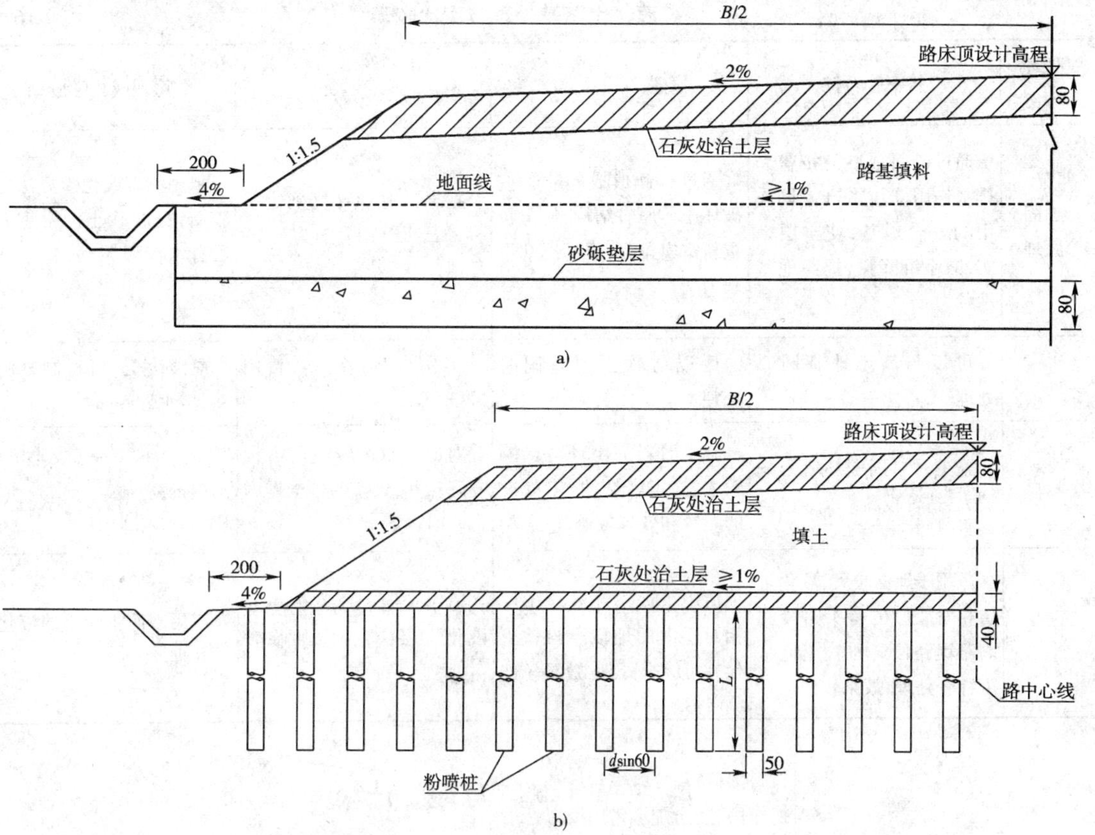

图 9-11　软基处理方案图(尺寸单位:cm)

a)固结排水法;b)复合地基

$$N_l = C_n \times N_{63.5} \tag{9-1}$$

$$N_c = \left[11.8\left(1 + 13.06\frac{\sigma_0}{\sigma_c}K_n C_v\right)^{\frac{1}{2}} - 8.09\right]\xi \tag{9-2}$$

上两式中:N_l——实测的修正标准贯入击数;

N_c——修正液化临界标准贯入击数;

C_n——标准贯入击数的修正系数;

$N_{63.5}$——实测的标准贯入锤击数;

σ_0——标准贯入点处土的总覆盖压力,kPa;

σ_c——标准贯入点处土的有效覆盖压力,kPa;

K_n——水平地震系数;

C_v——地震剪应力随深度的折减系数;

ξ——黏粒含量修正系数。

易液化土路基各种处理方案的比较见表 9-16。

3. 抗震处理

《公路工程抗震设计规范》(JTJ 004—89)规定:构造物一般应按基本烈度采取抗震措施。对于高速公路和一级公路上的抗震重点工程,可比基本烈度提高一度采取抗震措施。抗震重点工程系指特大桥、大桥、隧道及破坏后修复(抢修)困难的路基、中桥和挡土墙等工程。

易液化土路基处理方案比较表 表 9-16

处理方案	挤密碎石桩	强夯	换土	物理或化学胶结
加固原理	通过碎石或砂的挤密和排水作用,形成桩土共同作用的复合地基,使土层密实,减小沉降量,提高地基承载力	通过夯锤形成的冲击波破坏土体原有结构,使土粒重新密实排列,提高地基承载力	根据试验和计算确定置换的土层可以作为路基填料	采用物理或化学方法将砂胶结,提高砂土的强度。方法有水泥灌浆法、化学剂灌浆法
优点	可以与软土地基同时处理	可以与软土地基同时处理	可作为路基填料,费用较低	黏滞度低,可控制凝胶时间,截水性好
缺点	施工时对周围环境影响较大,造价较高	施工时对周围环境影响较大,施工麻烦,技术处理的参数和效果较难确定	对地下水位较高段需设立降压井,置换的砂土需增加临时占地	造价高
适用范围	适用于埋深较大,液化土层相对较厚的桥头路段和高路堤路段。与软土地基可综合处理,效果较佳	适用于埋深和液化土层相对适中的地段。与软土地基可综合处理,效果较佳	适用于地表厚度较小的液化土层,有一定的临时占地	适用于面积较小的液化土层处理

第三节 路面设计

根据建设项目沿线的自然地理环境、工程地质条件、材料来源和现有道路施工、使用情况的调查,选择路面类型,然后对路面结构方案设计比选。

一、路面类型方案比选

目前最常用的路面类型有沥青混凝土路面与水泥混凝土路面,前者变形协调性和行车舒适性优于后者,且沥青混凝土路面在运营阶段的维修养护方便。两者具体比较如下。

1. 沥青混凝土路面

行车使用性能方面具有表面平整、行车舒适、振动小和噪声低等特点;维修养护方面具有路面使用寿命短,易损坏,但容易修复养护等特点;对水文地质条件的要求方面具有对土基和水文地质条件具有较强的适应性的特点;资金投入方面具有一次性投入相对较小,后期养护费用高,但维修养护不需中断交通的特点;施工方面具有施工机械要求高,施工队伍技术要求高,施工质量易于控制,施工工期较短,便于流水作业的特点。

2. 水泥混凝土路面

行车使用性能方面具有由于接缝多,表面平整较差,行车时易于跳车,行车舒适性较差,噪声较大,后期路面抗滑性差的特点;维修养护方面具有路面强度高、稳定性较好、使用期长、养护费用较低,但路面修复困难的特点;对水文地质条件的要求方面具有对土基和水文地质条件适应性较差,特别是软基和高路堤路段,对修建水泥混凝土路面不适宜的特点;资金投入方面也具有一次性投入相对较大,但后期养护费用较小的特点;施工方面具有施工机械和施工队伍技术要求相对较低,施工质量不易控制,施工工期相对较长的特点。

面层选型主要从行车性能、地质条件及经济上进行比较、论证，根据项目所在地区的材料情况、水文地质情况、路基高度状况以及对工期的要求等条件，技术、经济综合比较后选用合适的路面类型。路面面层类型及适用范围见表9-17。

路面面层类型及适用范围 表9-17

面层类型	适用范围
沥青混凝土	高速公路，一、二、三、四级公路
水泥混凝土	高速公路，一、二、三、四级公路
沥青贯入、沥青碎石、沥青表面处治	三、四级公路
砂石路面	四级公路

二、沥青路面设计

1. 结构组合设计

在过去的多年中，石灰土广泛应用于公路底基层的建设，已经有一定技术基础。随着公路科技水平的提高，对石灰土认识也逐步深入。二灰土（石灰∶粉煤灰＝1∶2～1∶4）虽然初期强度低、成型较难，但强度随龄期的增长较大，后期强度较高，水稳定性好。石灰土与二灰土、水泥土相比较，石灰土材料收缩系数较大、抗弯拉强度较低和水稳定性较差，其他高速公路的使用经验也表明，其裂缝较严重，表层较二灰土和水泥土更容易受水的侵入而软化，以致在裂缝处出现冲刷唧泥。

二灰碎石具有良好的力学性能、板体性、水稳定性和抗冻性，已经作为主要的路面基层材料，但其初期强度较低。水泥稳定粒料比二灰碎石有更好的路用性能，其初期强度较高，但由于其收缩系数较大，施工要求较高，在沥青路面结构中有其客观局限性，但是水泥稳定粒料的抗冲刷能力明显大于二灰碎石。

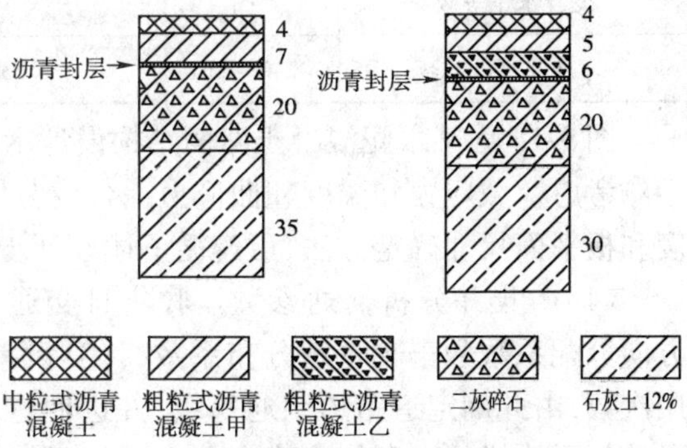

图9-12 沥青路面结构设计示例图（单位：cm）

图9-12为某沥青路面结构设计示例。

2. 厚度设计

根据《公路沥青路面设计规范》（JTG D50—2006），表9-18给出了规范推荐沥青层的厚度。

沥青混合料结构层的最小压实厚度与适宜厚度 表9-18

沥青混合料类型	公称最大粒径（mm）	最小压实厚度（mm）	适宜厚度（mm）
砂粒式沥青混凝土	4.75	10	15～25
细粒式沥青混凝土	9.5	20	20～25
细粒式沥青混凝土	13.2	30	30～40
中粒式沥青混凝土	16	40	40～60
中粒式沥青混凝土	19	50	60～80
粗粒式沥青混凝土	26.5	60	70～100
粗粒式大粒径沥青碎石	26.5	70	80～120
粗粒式大粒径沥青碎石	31.5	90	100～150
特粗式大粒径沥青碎石	37.5	100	120～150

三、水泥混凝土路面设计

水泥混凝土路面承受的交通，按使用初期设计车道每日通过的标准轴载作用次数划分为四个等级，即特重交通、重交通、中等交通和轻交通。

水泥混凝土路面的设计使用年限为路面达到预定损坏标准时所能使用的年限。水泥混凝土路面的使用寿命要比沥青混凝土路面长得多，根据国内外使用经验，并参照交通等级确定一般使用年限为 20 ~ 40 年。

根据《公路水泥混凝土路面设计规范》（JTG D40—2002），不同等级公路的各级交通量下的初估水泥混凝土路面板厚见表 9-19。

水泥混凝土面层厚度的参考范围 表 9-19

交通等级	特重				重			
公路等级	高速	一级		二级	高速	一级		二级
变异水平等级	低	中	低	中	低	中	低	中
面层厚度（mm）	≥260	≥250	≥240		270 ~ 240	260 ~ 230	250 ~ 220	

交通等级	中等				轻	
公路等级	二级		三、四级		三、四级	
变异水平等级	高	中	高	中	高	中
面层厚度（mm）	240 ~ 210	230 ~ 200		220 ~ 200	≤230	≤220

图 9-13 为某水泥混凝土路面结构设计示例。

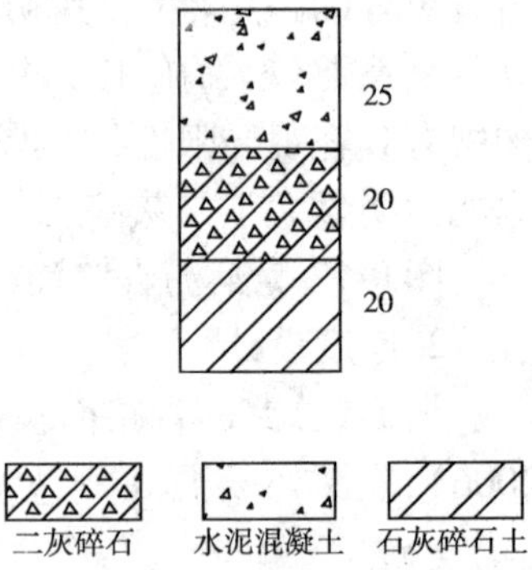

图 9-13 水泥混凝土路面结构设计示例图（单位：cm）

考虑荷载应力和温度翘曲应力综合疲劳作用的混凝土面层厚度和板平面尺寸确定方法，可遵循下述设计步骤。

（1）收集并分析交通参数。收集日交通量和轴载数据，确定方向分配系数和车轮轮迹分布系数，计算设计车道标准轴载日作用次数，由此确定道路的交通等级，并进而选定设计年限、选定交通量年平均增长率和轮迹横向分布系数，计算使用年限内标准轴载的累计作用次数。

（2）初拟路面结构。初选路面结构层次、类型和材料组成；拟定各层的厚度、面层板平面尺寸和接缝构造。

（3）确定材料参数。试验确定混凝土的设计弯拉强度和弹性模量，基层、垫层和路基的回弹模量，基层顶面的当量回弹模量。

（4）计算荷载疲劳应力。由应力计算图或公式得到标准轴载作用下板边缘中部的最大荷载应力；按接缝类型选定接缝传荷系数；按标准轴载累计作用次数计算得到疲劳应力系数；按交通等级选定综合系数；综合上述计算结果可得到荷载疲劳应力 σ_p。

（5）计算温度应力。由所在地公路自然区划选择最大温度梯度；按路面结构和板平面尺寸计算最大温度梯度时的温度翘曲应力；按自然区划和 σ_{tm}/f_{cm}，确定温度应力累计疲劳作用系数，由此计算确定温度疲劳应力 σ_t。

（6）检验初拟路面结构。如不符合，则重新拟定路面结构或板平面尺寸，按第（2）~（5）

步重新计算，直到满足为止。

第四节　桥涵设计

公路桥涵建设与交通运输、农田水利和人民生活有着密切的关系，因此公路桥涵的设置关系到经济、国防、运营、施工和养护等方方面面，工程可行性研究中桥涵设计的目的是对这些因素进行综合分析，选取最佳方案。

公路桥涵应根据所处公路的作用、性质和未来发展的需要，按照"适用、经济、安全、美观和有利环保"的原则进行设计，因地制宜、就地取材。

工程可行性研究中桥涵工程概略设计的主要任务是：确定沿线桥涵的布设，合理选择桥位；确定桥涵标准，拟定桥涵高程和孔径；拟定桥涵结构形式；特大桥、大桥方案比选。

《公路桥涵设计通用规范》(JTG D60—2004)对桥涵的分类如表9-20。

桥涵分类　　表9-20

桥涵分类	多孔跨径总长 L(m)	单孔跨径 L_K(m)
特大桥	$L>1\,000$	$L_K>150$
大桥	$100\leqslant L\leqslant1\,000$	$40\leqslant L_K<150$
中桥	$30<L<100$	$20\leqslant L_K<40$
小桥	$8\leqslant L\leqslant30$	$5\leqslant L_K<20$
涵洞	—	$L_K<5$

一、桥位选择

公路桥涵应根据沿线河流、湖泊及排灌沟渠等分布情况进行布设，保证引水、排洪、通航顺畅。山区公路应尽量避免高填方，宜采用高架桥方案，以利于环保和公路景观。平原地区可布设桥梁以减少占用耕地。路线交叉处可根据需要设置立交桥，对于全封闭的高速公路或一级公路，应合理布置立交桥、人行天桥和人行通道等，尤其是在人口稠密、村镇星罗棋布地段，桥涵布置应以方便沿线群众生产、生活和工作需要为原则。

公路桥涵的设置，尤其是特大桥、大桥的设置应根据公路建设项目的功能定位、技术等级和通行能力等，结合地形、河流水文、河床地质、通航要求、河堤防洪和环境影响等进行综合考虑。桥位的选择应遵循以下四个原则。

(1)公路桥涵及其引道的线形应与路线的总体布设相协调。高速公路和一级公路行车速度快，路桥衔接必须顺适才能满足行车要求，因此，要求高速公路、一级公路上各类桥涵的线形布设都要满足路线总体布设的要求，桥涵线形尽量简化，以方便设计。二、三级公路上的中小桥、涵洞的线形及其与公路的衔接亦应符合路线总体布设的要求；二、三级公路上的特大桥、大桥的桥位选择原则上应服从路线走向，且宜桥、路综合考虑。

(2)特大桥、大桥的桥位应选择在顺直的河道段，避免设在河湾处，以免冲刷河岸。同时要求河床稳定，主槽不易变迁，大部分流量能在所布置桥梁的主河槽内通过。桥位的选择要求河床地质条件良好、承载能力高、不易冲刷或冲刷深度小。桥位应尽量避免选择在断裂破碎带、岩缝、溶洞、滑坡和泥石流等不良地质地段，否则应采取工程防护措施，确保岸坡稳定。

(3)通航河道的主流宜与桥纵轴线正交，斜度不宜大于5°，如有困难，其斜度必须大于5°时，应增大通航跨径。

(4)立体交叉桥位原则上服从路线走向，在交叉道路等级较低且地形条件允许的情况下，可适当调整路线将桥位布置成正交，以节约工程造价。

二、设计标准的拟定

根据道路的等级，确定桥梁的车道数、桥面宽度及荷载标准，并确定是否有特殊荷载（设计等级以外的荷载）。根据桥梁跨度的大小及所处地区的特点，合理确定桥梁抗震设防标准。

桥涵高程和孔径的拟定以经济为原则，综合考虑河流通航、排洪及水利灌溉、地形地质情况和桥台填土高度等因素，立体交叉桥梁还应满足被交叉道路的交通需要。在工程可行性研究阶段确定桥涵设计时应注意以下原则。

(1)通航河流上桥梁的高程和孔径应根据通航等级、最高通航水位和设计洪水位等确定，保证通航净空要求[见《内河通航标准》(GB 50139—2004)]和排洪需要。桥下净高应从最高通航水位算起，桥下净宽应根据最低通航水位时墩台间的净距确定。当河道通航有远景规划时，应以远景规划通航等级为准来设计桥涵。

(2)不通航河流上桥梁的高程和孔径以满足排洪需要为原则，选择经济合理的孔径，但尽量减少或不压缩河道断面。

(3)公路排水以小桥、涵洞为主，其高程和孔径根据汇水面积或排洪量确定。涵洞的高程应满足排水要求。

(4)立体交叉桥梁的高程和孔径应满足被交叉道路的交通需要，并符合被交叉道路的净空要求。

(5)公路桥梁纵断面线形应与路线布设相协调，且桥上纵坡不宜大于4%，桥头引道纵坡不宜大于5%。位于市镇混合交通繁忙处，桥上纵坡和桥头引道纵坡均不得大于3%。

(6)桥台填土高度不宜太高。

三、结构形式的拟定

公路桥涵横断面宽度一般与路基断面同宽，全封闭公路桥梁设置人行道时可适当加宽，低等级公路桥梁考虑远期扩建时也应适当加宽。

1. 桥梁

公路桥梁结构的选定应技术先进，优先选用受力明确的桥型，做到经济合理、切实可行，并综合考虑地质条件、材料供应、施工工艺和使用效果及耐久性等多方面因素。

中小桥涵的设计应尽量采用标准化的装配式结构，以便于机械化、工厂化施工和营运期的养护，节约投资。

特大桥、大桥结构形式应根据水文、地质、通航条件、施工条件、工程量等多方面来合理选定，一般应进行桥型方案比选和论证，选取最佳方案。

特大桥，上跨高速公路、一级公路的桥梁，宜进行景观设计，使之与自然环境和景观相协调。

桥梁上部结构根据经济性、结构安全性及材料的特性来选定，跨径大于10m、小于等于20m宜采用预应力混凝土空心板桥；跨径大于20m、小于等于30m，宜采用预应力混凝土T形梁、预应力混凝土组合连续箱梁或预应力混凝土连续箱梁；跨径大于30m的桥梁，需进行特殊设计。图9-14为几种桥梁横断面示意图。

高等级公路考虑行车舒适性，宜采用连续结构，或先简支后连续结构。梁式桥宜采用预应力构件，以减小桥梁建筑高度和提高桥梁结构的耐久性。

下部结构形式应根据桥梁上部结构、地质条件、河床冲刷和填土高度等确定。一般优先采用柱式墩(台)和桩基础,岩层埋深较浅时宜采用扩大基础。

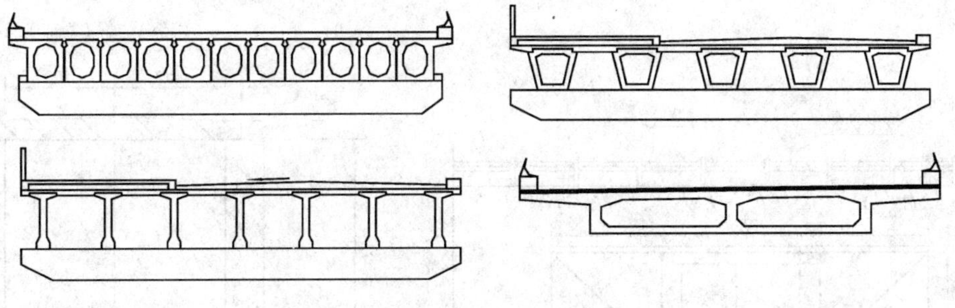

图 9-14　桥梁横断面示意图

桥梁桥墩主要分为水中和陆地两种形式。陆地桥墩主要用于高架桥或跨线桥。因此,其形式选定不仅从结构上考虑,还必须从美观上考虑。位于水中的桥墩尚应根据漂流物、斜角和流速等条件选定。桥台宜选择结构简单、整体性强的结构形式,在软土地带,尚应考虑减小台背水平土压力的结构形式。

基础的形式必须考虑施工的可能深度、地质条件、经济性和材料的供应条件等方面的因素来选用。

2. 涵洞

对于交叉宽度小于6.0m 的小型结构物,可以采用横穿道路的涵洞。涵洞的结构形式主要有圆管涵、盖板涵和箱涵等。圆管涵、箱涵对地基承载力要求较低,而盖板涵一般对地基承载力要求较高。涵洞形式根据排洪量和地质条件选定,一般优先选择圆管涵,以便于工厂化施工。图 9-15、图 9-16 为圆管涵和盖板涵的一般布置图。

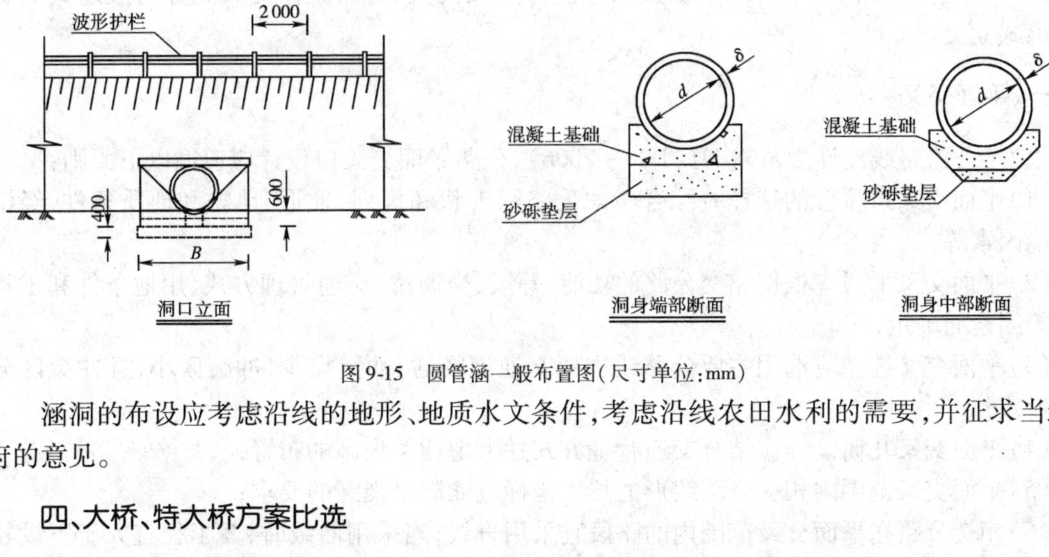

图 9-15　圆管涵一般布置图(尺寸单位:mm)

涵洞的布设应考虑沿线的地形、地质水文条件,考虑沿线农田水利的需要,并征求当地政府的意见。

四、大桥、特大桥方案比选

特大桥、控制性大桥应进行桥式方案比选,桥式方案比选的目的在于评估方案的可行性,特别是基础工程的可行性。为此,应采取比较成熟的方案以提高评估的可信性。在编制桥式方案时,根据水文、地质及航运条件,研究正桥、引桥的长度及跨度,并以各种结构形式及不同材料的上部结构进行同深度的比较,研究它们的可行性,并要求提供各个方案的工程量,最后,以工程量中偏高、技术先进并且可行的方案作为一个桥位的桥式参选方案。作为桥位比选时估算用的桥式工程量不宜偏紧，估算得过小，国家列入的计划投资不足，会对国家计划的执行造成不利影响。

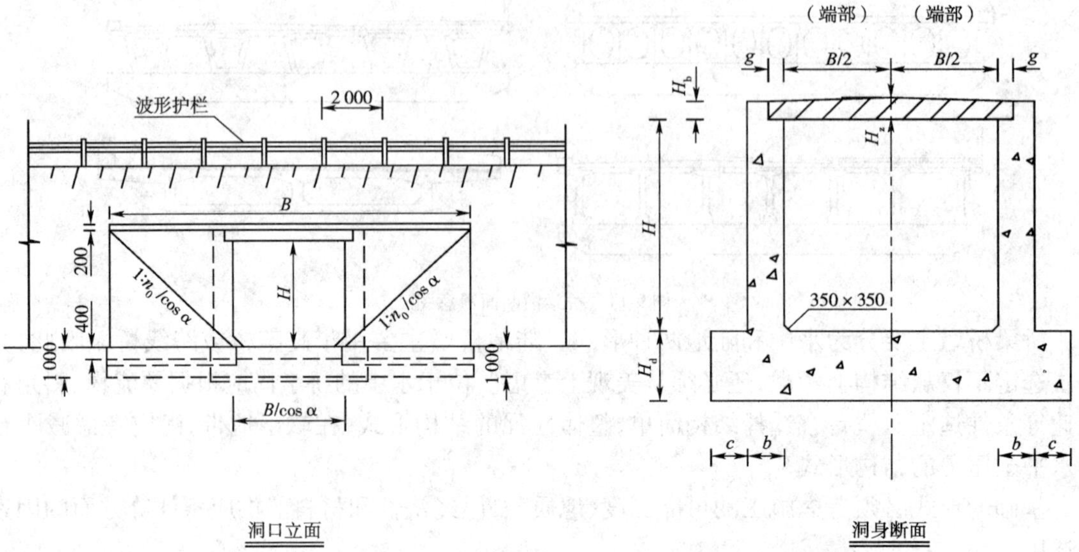

图 9-16　盖板涵一般布置图(尺寸单位:mm)

第五节　路线交叉设计

按照交叉口交通流处理的不同途径，交叉口有不同的设计构型，根据《公路路线设计规范》(JTG D20—2006)，一般分为平面交叉和立体交叉两大类，而立体交叉又分为互通式立交和分离式立交。

一、平面交叉

根据《公路路线设计规范》(JTG D20—2006)，公路平面交叉口设计应遵循以下原则：

(1)平面交叉口位置的选择应综合考虑公路网现状和规划、地形、地物和地质条件、经济与环境因素等；

(2)平面交叉形式应根据相交公路的功能、等级、交通量、交通管理方式、用地条件和工程造价等因素而确定；

(3)平面交叉选型应选用主要公路或主要交通流畅通、冲突点少、冲突区小，且冲突区分散的形式；

(4)平面交叉几何设计应结合交通管理方式并考虑相关设施的布置；

(5)平面交叉范围内相交公路线形的技术指标应能满足视距的要求；

(6)相交公路在平面交叉范围内的路段宜采用直线；当采用曲线时，其半径宜大于不设超高的圆曲线半径；纵面应力求平缓，并符合视觉所需的最小竖曲线半径值；

(7)平面交叉设计应以预测的交通量为基本依据，设计所采用的交通量应为设计小时交通量；

(8)平面交叉处行人穿越岔路口的设施应根据行人流量、公路等级和交通管理方式等设置人行横道或人行天桥或人行通道；

(9)平面交叉的几何设计应与标志、标线和信号设施一并考虑,统筹布设,视距不良的小型平面交叉,可根据具体情况设置反光镜;

(10)平面交叉改建时,除应收集交通量以外,还应调查交通延误以及交通事故的数量、程度和原因等现有交叉的使用状况。

1. 平面交叉口的类型及其适用范围

平面交叉口的形式取决于道路网的规划和周围地形、用地的情况,以及设计速度、直行和转弯交通量、交通性质和交通组织等。常见的形式有十字形、T 形及其演变而来的 X 形、Y 形、错位、多路交叉等。这些交叉口在平面上的几何图形,由规划道路网和街坊建筑的形状所决定,一般不易改变。但在具体设计中,常因交通量、交通性质以及不同的交通组织方式,把交叉口设计成各具交通特点的形式,可归纳为加铺转角式、分道转弯式、扩宽路口式及环形交叉四类。

(1)加铺转角式

交叉口用适当半径的单圆曲线或复曲线平顺连接相交道路的路基和路面,如图 9-17 所示。此类交叉口形式简单,占地少,造价低,设计方便,但行车速度低,通行能力小。适用于车速低,交通量小,转弯车辆少的三、四级公路或地方道路;若斜交不大时,也可用于转弯交通量较小的主要道路与次要道路交叉。设计时主要解决合适的转角曲线半径和足够视距问题。

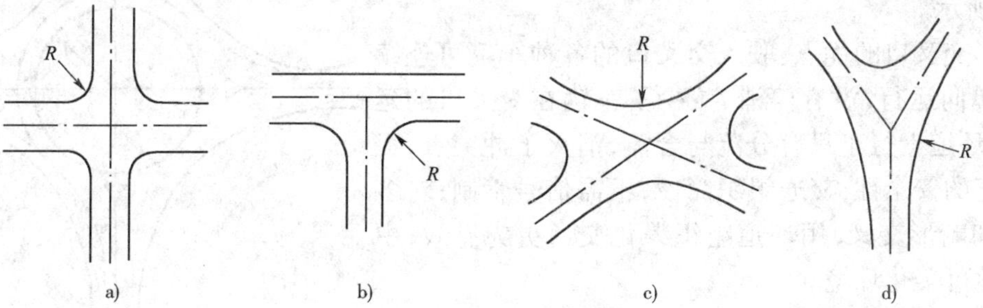

图 9-17　加铺转角式交叉口

a)十字形;b)T 形;c)X 形;d)Y 形

(2)分道转弯式

通过设置导流岛、分隔岛及划分车道等措施,使单向右转或双向左、右转车流以较大半径分道行驶的平面交叉,如图 9-18 所示。此类交叉口转弯车辆,尤其是右转弯车辆行驶速度和通行能力都较高。适用于车速较高,转弯车辆较多的一般道路。设计时主要解决分道转弯半径、保证足够的视距和满足导流岛端部半径的要求。

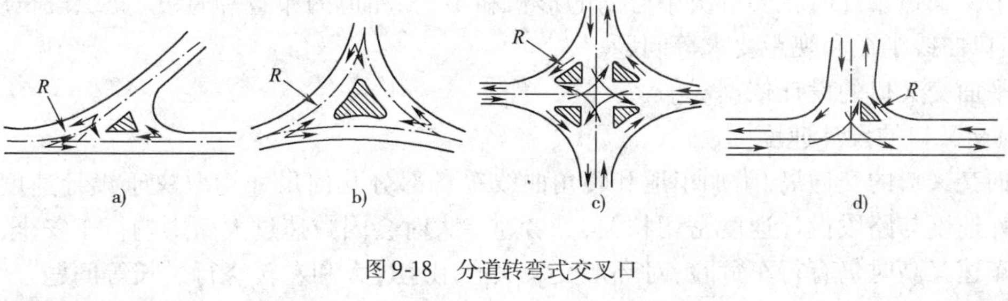

图 9-18　分道转弯式交叉口

(3)扩宽路口式

为使转弯车辆不影响其他车辆的正常行驶,在交叉口连接部增设变速车道和转弯车道平面交叉。这种交叉可以单增右转或左转车道,也可以同时增设左、右弯车道,如图 9-19 所示,此类交叉口可减少转弯交通对直行交通的干扰，车速较高、事故率低、通行能力大，但占地及投资较大，适用于交通量较大、转弯车辆较多的一级公路、二级公路。设计时要解决扩宽的车道数和位置，同时也要满足视距和转角曲线半径的要求。

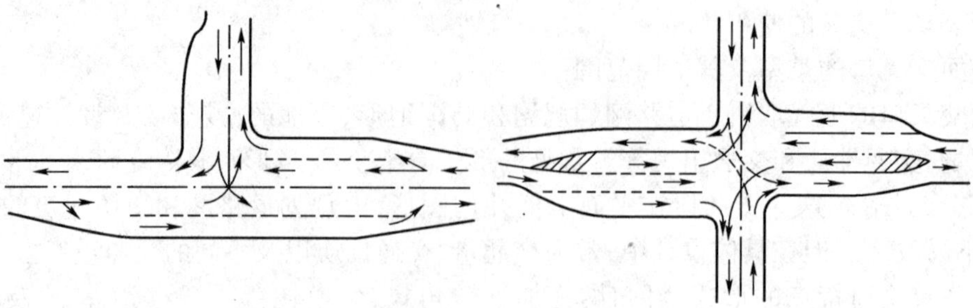

a)　　b)

图 9-19　扩宽路口式交叉口

(4)环形交叉

在交叉口中央设置中心岛，用环道组织渠化交通，使进入环道的所有车辆一律按逆时针向绕岛单向行驶，直至所要去的路口离岛驶出的平面交叉，俗称转盘，如图 9-20 所示。

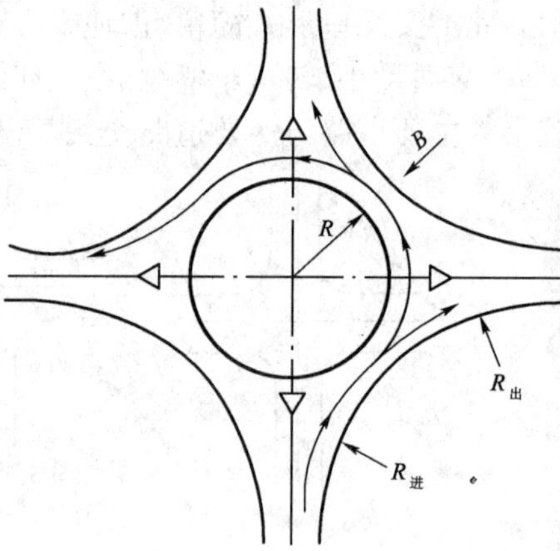

图 9-20　环形交叉口

环形交叉口的优点：驶入交叉口的各种车辆可连续不断地单向运行，没有停滞，减少了车辆在交叉口的延误时间；环道上行车只有分流与合流，消灭了冲突点，提高了行车的安全性；交通组织简便，不需信号管制；对多路交叉和畸形交叉，用环道组织渠化交通更为有效；中心岛绿化可美化环境。

环形交叉口的缺点：占地面积大，城区改建困难；增加了车辆绕行距离，特别是左转弯车辆；一般造价高于其他平面交叉。

环形交叉口适用于多条道路相交或转弯交通量较大，且地形较平坦的交叉口。在快速道路和交通量大的干线道路上、有大量非机动车和行人交通、位于斜坡较大地形以及桥头引道上均不宜采用。按规划需修建立体交叉处，近期可采用环形平面交叉作为过渡形式，并预留远期改建为立交的可能性。

环形交叉口设计时主要解决中心岛的形状和半径、环道的布置和宽度、交织段长度、交织角、进出口曲线半径和视距要求等问题。

2. 平面交叉口的设计依据

(1)交叉口的设计速度

平面交叉口的交通岛、附加车道和转角曲线等各部分几何尺寸均取决于设计速度。交叉口的设计速度与路段设计速度密切相关，二者速差大时会因减速过大而影响行车安全，速差小而路段车速又高时仍有行车危险，对环形交叉又有用地过大和左转绕行过长等问题。

平面交叉口范围直行交通的设计速度，原则上应与路段设计速度相同。两相交公路等级相同或交通量相近时，平面交叉范围内直行交通的设计速度可适当降低，但不得低于路段的 70%。当主要公路与次要公路相交时，次要公路一方由于为保证交叉正交等原因而需要在交叉范围内改线或不得已而采用较低的线形指标时，可适当降低设计速度。

转弯交通的设计速度，应根据相交公路的设计速度、交通量、交通类型和交通管理方式等因素合理确定，或按变速行驶需要而定。交叉范围车辆变速的加、减速度见表9-21。

加、减速度值（单位：m/s^2）　表9-21

道路类别		加速度	减速度
城市道路		1.5	3.0
公路	主要公路	1.0	2.5
	次要公路	1.5	3.0

我国规定：交叉口内的设计速度应按各级道路设计速度的0.5~0.7倍计算。直行车取大值，转弯车取小值。

(2)设计车辆

道路设计采用小客车、载重汽车、鞍式列车(或铰接车)作为设计车辆，平面交叉口的设计也采用这三种车辆作为设计依据。平面交叉转弯曲线的线形和路幅宽度应以设计车辆转弯时的行迹作为设计控制，其转弯时的行迹与行驶速度有关。

(3)规划交通量

在平面交叉设计中，多数情况下采用相交道路设计小时交通量作为交叉口规划交通量，并根据实测的转弯车辆比率决定各路口的左转、右转和直行交通量。对缺乏观测资料和新建的交叉口，可参照条件相似交叉口的交通量观测值类推确定。平面交叉口设计年限不一定等于道路设计年限，其值应根据相交道路交通量的发展趋势和交通组织方式决定，因为有时道路未达到设计年限，其交通量已较大，一般形式的平面交叉已无法适应，这时需作特殊处理或修立体交叉。

在决定规划交通量时，还应考虑其他影响通行能力的诸因素，如车辆种类、自行车及行人交通等。

(4)通行能力

平面交叉口设计，必须使其设计服务水平下的通行能力满足交叉口规划交通量的要求，而且不同的交通管制方式，交叉口的通行能力不一样，计算方法也不同。相关内容参见交通工程有关文献。

二、互通式立交

互通式立交功能上可分为一般互通式立交和枢纽互通式立交两大类。一般互通式立交是为路线经过的沿线地区利用高速公路而设置的，而枢纽互通式立交是路网连通的需要，因而服务范围更广，所涉及的因素更多。在有些情况下，由于位置条件的需要，将两种功能的互通合并设置。符合下列条件的，应该设置互通式立体交叉：

(1)高速公路间及其同一级公路相交处；

(2)高速公路、一级公路同通往县级以上城市、重要的整治或经济中心、重要工矿区、港口、机场、车站和游览胜地等的主要公路相交处；

(3)高速公路同通往重要交通源的公路相交而使该公路成为其支线时；

(4)两条具有干线功能的一级公路相交时；

(5)一级公路上，当平面交叉的通行能力不能满足需要或出现频繁的交通事故时；

(6)由于地形或场地条件等原因设置互通式立体交叉的综合效益大于设置平面交叉时。

1. 技术标准

作为高速公路的互通式立交，从安全及舒适性方面考虑，宜采用相对较高的设计行车速度。互通式立体交叉匝道设计速度规范值见表 9-22。

互通式立体交叉匝道设计速度(单位:km/h)　　表 9-22

匝道形式	直连式	半直连式	环形匝道
枢纽互通式立体交叉	80、60、50	80、60、50、40	40
一般互通式立体交叉	60、50、40	60、50、40	40、35、30

互通式立交原则上采用单向单车道或对向双车道，互通交通出入流量较大且具有明显方向性时，在充分研究交通特征和通行能力分析的基础上，可采用双车道的断面。

互通式立交单向单车道匝道断面采用 8.50m，对向双车道采用 15.50m，单向双车道的定向匝道采用 12.50m。

2. 位置与间距

随着公路运输的迅速发展，互通式立交成为一般公路建设项目都要考虑的问题。位置的选择可依据互通立交的服务对象，互通总体布局的考虑以及沿线城镇的自然经济现状，同时兼顾沿线交通的出入，为满足交通转换等不同目的进行。在市区附近的互通式立交，如若靠市区太近，区域可能被截断，会干扰城市的发展，因此，应离市中心有一定的距离，但不宜距市中心太远。表 9-23 给出了日本及欧美各国城市规模与互通式立交位置的关系例子(从市中心到互通式立交的距离)。

日本及欧美各国城市规模与互通式立交位置的关系　　表 9-23

国名	城市规模(人口)	从城市中心到互通立交的直线距离(km)	
		环状公路	放射公路
英国	50 万~100 万	7.8	2.8
前联邦德国	30 万~100 万	7.8	3.3
美国	40 万~80 万	11.6	2.3
日本	100 万~200 万	9.4	
	30 万~70 万	4.8	
	20 万~30 万	4.7	

注:日本统指直线距离，一般公路里程约为直线距离的 1.1~1.3 倍，平均 1.2 倍。

根据路线方案阶段以及前述互通位置的分析，确定互通式立交的相互间距。与市区联络的互通式立交位置，由各城市的人口决定，大致在 5~10km 的范围，规划得尽量靠近城市。就是对于市区附近以外的互通式立交也要考虑与连接道路的关系，互通式立交的位置是交通联络方便的地点，以便调整路线位置。另外，互通式立交附近的主线要有较高的线形标准。互通立交间距见表 9-24。

互通立交间距　　表 9-24

工业地区和大城市周围	5~10km	最大间距	20~30km
有小城市散在的平原区	15~25km	最小间距	1.5~4.0km
重丘山区	20~25km		

注:最小间距为除去互通立交在主线上所占长度之外的纯间距，考虑处理互通立交间车流交织和设置标志的需要长度。

3. 一般互通式立交

互通式立交连接道路的选择应满足以最短时间、最短距离与主要交通发生源联系；连接道路应具有与互通式立交相适应的交通适应能力;连接道路应具有合理疏散交通流能力,不应使原有道路网负担过重;应具有良好的工程条件等方面的要求。

互通式立交匝道与连接道路的交叉方式有平交和立交两种方式,采用何种交叉方式和形式主要考虑互通式立交的出入交通量、连接道路的功能及其交通特征、工程条件等因素。一般而言,在通车后 10 年内,互通式立交出入流量≤15 000 辆/日时采用平交方式。若采用立交方式,除互通式立交应达到流量要求外,从连接道路容量限制角度出发,连接道路应具有 4 车道以上的道路和较好的交通条件。对于平交口,原则上应采用渠化处理,靠近城市的平交口宜采用信号灯控制。

4. 枢纽互通式立交

高速公路与高速公路设置的互通式立交通常也称之为枢纽,通过枢纽的设置实现高速公路之间的交通流量转换。

枢纽往往承担着巨大的转向交通量,对于主要交通流向均需考虑采用定向或半定向匝道,在枢纽的规划设计时不宜考虑合并设置收费设施。

三路交叉枢纽的形式有定向 Y 形、不完全定向 Y 形及喇叭形。一般情况通常选择与其承担流量相适应的 Y 形,但转向交通量明显不均匀分布时,且预计利用环形匝道的交通量较小时,采用喇叭形也是适宜的。

四路交叉枢纽的形式有定向型、苜蓿叶形及变形苜蓿叶形。定向型能承担最大的转向交通量,但往往工程造价高,因此较少采用。苜蓿叶形比较对称美观,但存在交织段等交通组织上的不利因素,一般只在转向交通量不大时进行考虑。苜蓿叶形的演变形式根据转向交通量大小差异,通过设置定向或半定向匝道,大大提高了互通对交通流向及地形条件的适应能力,对多数情况都能适合。

三、分离式立交

为保证公路的使用质量和服务水平,在等级公路与高速公路交叉时,除设置互通式立交外,还可考虑设置分离式立体交叉(不含高速公路,含互通连接道路)。根据工程所处位置的地形、地质条件等因素,可设置主线上跨分离式立交、支线上跨分离式立交,还可设置农汽及机耕通道支线上跨分离式立交。符合下列条件的,应该设置分离式立体交叉:

(1)高速公路同其他各级公路交叉,除因交通转换而设置互通式立体交叉外,均必须设置分离式立体交叉;

(2)具有干线功能的一级公路同其他各级公路的交叉,除因交通转换而设置互通式立体交叉外,为减少平面交叉,且相交的公路又不能截断时,应采用分离式立体交叉;

(3)二、三、四级公路间的交叉,直行交通量很大或地形条件适宜,且不考虑交通转换时,可设置分离式立体交叉。

第六节　交通工程及沿线安全设施设计

为了最大限度地发挥建设项目的功能及其优越性,保证道路安全、高速和舒适,从而获得最大的社会效益和经济效益,必须配备交通管理、安全等设施。所有设施的建设标准按《公路工程技术标准》(JTG B01—2003)、《公路交通安全设施设计规范》(JTG D81—2006)及交工发[1992]830 号文《关于控制高速公路、一级公路交通管理和安全设施建设标准的通知》等执行。

一、总体设计

交通工程及沿线设施分为安全设施、服务设施和管理设施三种。这些设施应按总体规划、分期实施的原则配置。其最重要的是做好前期基础工作,即总体规划设计,确定系统的设置规模,一次性征用土地和实施基础工程、地下管线及预留预埋工程等。依据技术发展和交通量增长情况等,分期布设设备,逐步补充完善,最终形成系统规模。

交通工程及沿线设施等级分为 A、B、C、D 四级,各级公路交通工程及沿线设施等级与适用范围应符合表 9-25 规定。

交通工程及沿线设施等级与适用范围　　表 9-25

交通工程及沿线设施等级	适 用 范 围
A	高速公路
B	一级公路、二级公路作为干线公路时
C	一级公路、二级公路作为集散公路时
D	三级公路、四级公路

二、交通工程及沿线安全设施设计内容

交通安全设施的功能是提高道路使用者的安全性,保证道路交通的通畅、快速。交通安全设施主要包括:护栏、防眩设施、隔离栅、视线诱导设施、防落网、照明、紧急电话、情报板、标志和标线等。图 9-21 为交通安全设施示例。

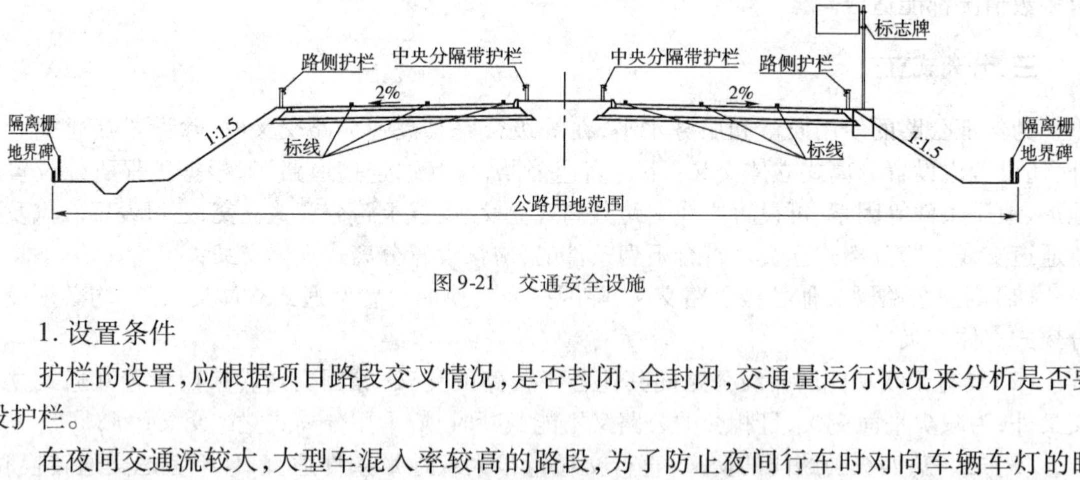

图 9-21　交通安全设施

1. 设置条件

护栏的设置,应根据项目路段交叉情况,是否封闭、全封闭,交通量运行状况来分析是否要设护栏。

在夜间交通流较大,大型车混入率较高的路段,为了防止夜间行车时对向车辆车灯的眩光,需要在中央分隔带上设置防眩设施。防眩设施的形式一般为植树、防眩网及防眩板等。其形式的选择应与其他道路设施以及公路周围的环境相协调。

为防止人畜及非机动车辆进入公路,保证车辆高速安全行驶,全线在公路两侧用地界桩内 0.5m 设置隔离栅,一般路段采用编织网型隔离栅,互通式立交、收费设施等重要设施处采用钢板网型隔离栅。

为保证车辆安全运行,在互通立交出、入口设置分、合流诱导标,提醒驾驶员注意车流的分出和汇入。考虑到雾天及夜间的行车安全,在中央分隔带上和路侧设置轮廓标引导行车。

在跨主线的分离立交、天桥上设置高度为 2m 的防落网,以防止杂物落到高速公路的行车

道上干扰行车。

在互通式立交、隧道及部分高架桥设置照明设施。

每隔一定距离公路两边设置一对紧急电话，以便于事故、故障的处理和救助。

情报板设置于必要路段，将交通状况、道路状况和气象现状告知道路使用者。

依据国标《道路交通标志和标线》（GB 5768—1999）的有关规范，结合实际情况设置必要的警告标志、警令标志、指示标志及指路标志等交通标志。交通标志的设置位置一般在道路两侧和道路上方，依据标志的性质以及道路条件采用不同的形式。从版画内容上标志一般分为警告、禁令、指示及指路四种，从结构形式上标志一般为单柱、双柱、单悬臂、双悬臂及门架式五种。

2. 交通安全设施的配置应符合的规定

A 级应配置系统完善的标志、标线、视线诱导标、隔离栅和防护网；中间带必须连续设置中央分隔带护栏和必需的防眩设施；桥梁与高路堤路段必须设置路侧护栏；互通式立体交叉及其周边地区路网应连续设置预告、指路标志；车道边缘线、分合流路段宜连续设置反光突起路标；出口分流三角端应设置防撞设施。

B 级应配置完善的标志、标线、视线诱导标及必需的隔离栅、防护网；中间带必须连续设置中央分隔带护栏和必需的防眩设施；桥梁与高路堤路段必须设置路侧护栏；互通式立体交叉及其周边地区路网应连续设置预告、指路标志；平面交叉必须设置完善的预告、指路或警告、支线减速让行或停车让行等标志、反光突起路标和配套完善的交通安全设施，并保证视距。

C 级应配置较完善的标志、标线及必需的视线诱导标、隔离设施；中间带必须设置隔离设施；桥梁与高路堤路段应设置路侧护栏；平面交叉应设置预告、指路或警告、支线减速让行或停车让行等标志和配套、完善的交通安全设施，并保证视距。

D 级应设置标志；视距不良、急弯、陡坡等路段应设置路面标线及必需的视线诱导标；路侧有悬崖、深谷、深沟和江河湖泊等路段应设置路侧护栏；平面交叉应设置标志和必需的交通安全设施。

3. 特殊情况下的交通安全设施

连续陡长下坡路段，危及运行安全处应设置避险车道。必要时宜在陡长下坡路段的起始端前设置试制动车道等交通安全设施。

风、雪、沙、坠石等危及公路安全的路段，应设置防风栅、防雪（沙）栅、防落网和积雪标杆等交通安全设施。

公路养护作业时，应设置限制速度等醒目的交通警示、诱导等交通安全设施。

公路改扩建时，交通安全设施的设置应进行专门设计。

三、服务设施

公路服务设施是指设置在高速公路上，为公路的使用者提供服务的服务区、停车区等。公路服务设施是保障行车安全，提高公路服务水平，保证运输迅速、经济，缓解驾驶员在生理上的过度疲劳和汽车在使用上的极限状态而必不可少的设施。服务设施是公路交通运输体系的一个基本要素，是体现公路交通文化的窗口，因而服务设施应依据公路服务水平、交通量的增长情况和路网规划，全省或区域内一次总体规划，区分功能和规模大小，有重点、分层次地分期建设。

1. 服务设施的分类

公路服务设施分为服务区、停车区和公共汽车停车站等三类。服务区具有停车场、加油站、厕所、休息区、小卖部或餐厅、汽车维修、绿地和管理设施等,另可结合地区特点增设客房,在环境优美的地方可修建观景台等设施。停车区仅设置小型停车场(5~10个停车位)、厕所、长凳和绿地等设施,仅少数停车区内可结合地形及景观设置观景台。服务区和停车区一般情况下可交替布置,相邻两处服务设施(服务区与停车区或停车区与停车区之间)的间距可在15~30km之间。

2. 设置原则

(1)以服务为主

服务区是公路的配套设施,也是社会的公益事业,应把提供完善、高质量和具有特色的服务放在首位,以满足服务对象的需求为宗旨,体现服务区的公益性。

(2)经济性

服务区要维持正常的运作,必须要获取一定的经济效益,所以要以科学的数据分析投资回收期和效益回报率,保证服务区的投资收益具有可靠性,有利于公路建设投资的回笼,实现资本价值,同时服务区的运营也要有利于刺激消费和安置社会就业,以形成新的增长点和就业机会。

(3)可持续发展

服务区的建设和经营过程,必然会对当地自然资源和生态环境造成一定的影响,因此应充分考虑当地的长远利益,控制环境污染和防止生态破坏,保证服务区的建设和经营管理持续、快速和稳步发展。

3. 服务设施的布局

服务区应按适当的间距并紧密结合公路沿线的城镇、交通流量、互通式立交、公路汽车站的位置以及景观资源、水源、电源、地质、地形、施工条件和征地的可能性等方面综合考虑进行布局。

一、二级公路,尤其是西部地区干线公路,采用一、二级公路标准建设时,其服务设施除布设少量服务区外,主要以加油站布设为主,并在加油站内配置厕所及少量车位的停车场等设施。公路管理部门应根据路网要求做好服务设施的规划和行业管理工作,而其投资建设和管理维护工作,主要应按照市场规律,依靠社会力量进行。在这些公路路网中应加强服务设施引导标志的设置,以充分按照市场规律利用社会设施,提高公路服务能力和质量。

公共汽车停靠站的设置,应与当地客运规划线路布局和相关政策紧密结合,以服务大众,方便乘行。公共汽车停靠站应结合服务区、互通式立体交叉等设置,但应设置联络通道,疏导人员,以保证安全,并不对服务区和互通式立体交叉的管理造成影响。

4. 服务设施的配置规定

A级应设置服务区、停车区和公共汽车停靠站;B级宜设置服务区、停车区、公共汽车停靠站;C级和D级可根据需要,设置加油站、公共厕所等设施。具体参见《公路工程技术标准》(JTG B01—2003)。

四、交通管理设施

为了方便人们对道路的使用,保证交通流的安全、畅通,也为了便于对道路的管理,高速公路需要设置交通管理设施,主要包括:监控系统、通信系统、收费系统、配电、照明和管理养护等设施。本书主要对前三大系统的设置做简单介绍。

1. 通信系统

通信、供电系统是公路运营管理的媒介和支持系统,建设项目可根据管理需要,采用统一规划设计、分期实施和逐步到位的方式,设置必要的通信、供电系统。

通信系统主要包括:光纤数字传输系统、数字程控交换系统、紧急电话系统、有线广播系统、通信电源及接地系统。

通信系统干线传输拟采用 STM-1 等级 SDH 光同步数字传输系统,辅以数字环路载波传输系统组成全线的通信传输系统,干线光缆采用 12 芯中心束管式管道光缆。公路供电系统应自成体系,由于本项目沿线靠近城区,原则上可就近利用民用电力设施,采用低压或中压传输方式,为保证核心系统的供电可靠性,管理中心应配置发电机组,满足双电源要求。

程控交换系统为管理机构及附属机构办理业务使用,包括业务电话、指令电话及收费系统对讲电话,同时程控交换系统能适应综合业务数字网的标准。

2. 监控系统

监控系统的功能主要包括:信息采集、处理、显示、控制、告警处理、报表统计与打印、查询、自动数据备份和系统恢复、自诊断、数据传输、协调处理等功能。

监控系统的基本框架:由交通控制子系统、闭路电视子系统、紧急电话子系统、调度电话子系统(指令电话、业务电话)、有线广播子系统五个子系统构成。

监控系统设计主要包括外场设备布设、监控中心设计以及为其服务的传输系统设计和供电系统。主要设置原则如下。

(1)一般路段不设置特别的监控设施,可以通过路侧的紧急电话、流动巡逻等配合处理紧急事项,未来可以对交通瓶颈地段进行重点监控。

(2)互通式立交与高速公路分、合流部交通流复杂,是事故多发地,是重点监控对象。

(3)由于隧道限速、禁止超车及不设置紧急停车带,成为事故多发地和交通瓶颈,必须重点监控。监控内容可根据交通量大小,采取一次规划、分期实施的原则。

监控中心设置在管理中心,用于日常交通管理,所有外场设备的数据均上传监控中心。监控设施应采取一次规划、分期实施,突出近远期监控的重点内容。图 9-22 为某监控分中心示意图。

交通控制子系统主要接收外场检测设备采集到的检测数据,进行数据信息的分析、处理,并以此为依据制订相应的控制方案,从而控制外场显示设备显示限速、警告和交通拥挤等有关信息。在必要时,利用可变信息标志诱导交通,发布有关信息。交通控制子系统主要由外场设备、监控分中心设备以及传输通道等组成。

闭路电视子系统主要用于交通状况、道路状况的监视,以利于交通控制,紧急时用于事件、事故等上传信息的确认,为选择控制方案提供依据,并可以对必要的视频图像进行录像,以便分析及取证。闭路电视子系统主要由外场摄像机、监控分中心闭路电视控制设备以及传输通道等组成。

3. 收费系统

收费系统是由执行国家、地方制订和颁布实施的道路收费法规、政策的道路收费管理机构、收费站、收费中心、收费设备、收费人员和收费对象等共同组成的系统。它是针对我国现阶段交通运输供需矛盾突出、建设资金紧张的现状应运而生的,对促进经济的发展、提高社会运输效率具有十分重要的现实意义。

收费系统的设计主要包括收费系统的制式、收费方式、站点布设、车道数计算、计算机系统、闭路电视监视系统、内部对讲及安全报警系统、电源系统、金柜系统等。

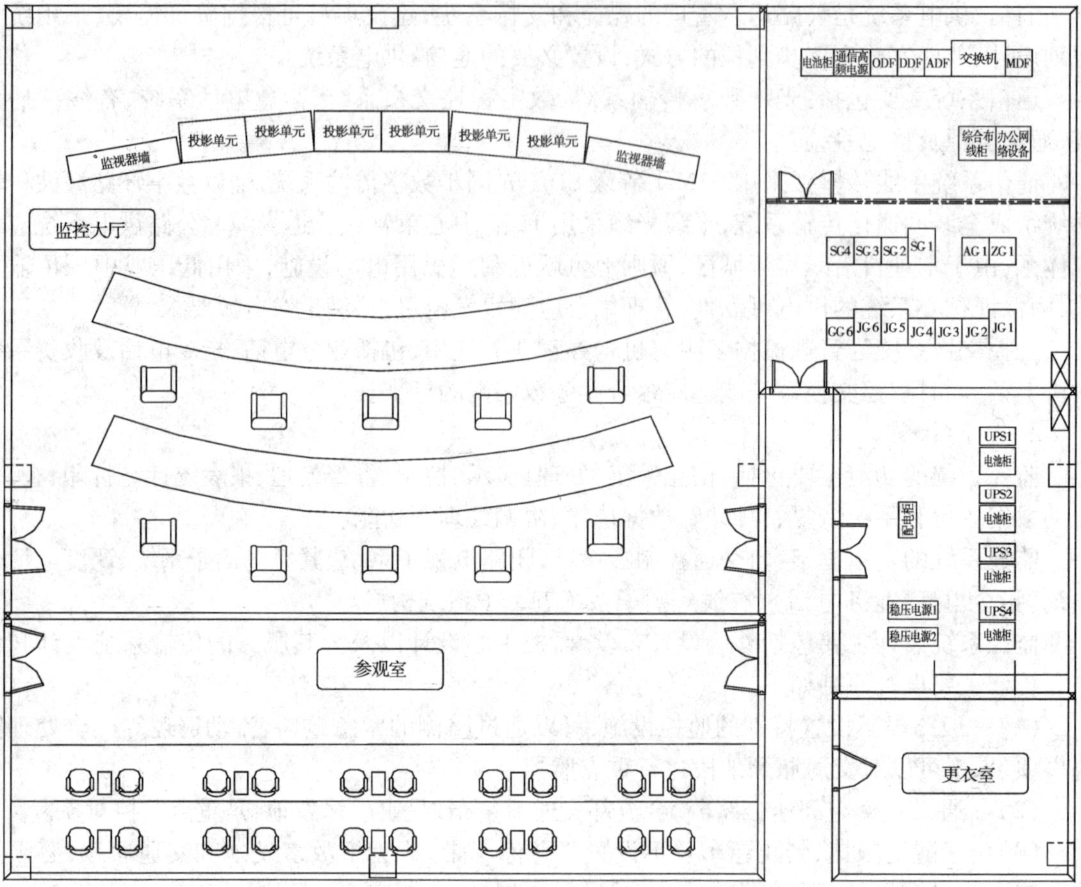

图 9-22　某监控分中心平面布置图

第七节　公路绿化及景观设计

随着我国经济的快速发展和高速公路的不断延伸,高等级公路的绿化、美化技术成为新时期园林工作的一个新课题。近几年来,高速公路绿化技术随着道路里程的增加,经过了模仿、探索、改进、发展、总结和再发展的几个重要阶段,形成了一定的基础和规模。同时,在总体风格的形成方面,也能根据我国传统的园林审美情趣,结合当地的风土人情和自然条件,塑造出具有中国特色的公路园林、艺术景观来。

工业发达国家非常重视公路环境美化、绿化和景观设计,如 1965 年美国制订了《公路美化规定》,1976 年日本制订了《公路绿化技术基准》,1975 年前苏联制订了《公路建筑和景观设计规范》等。世界上大多数国家,在公路工程技术标准、设计和施工规范中,都有关于公路景观设计方面的技术规定。

我国交通部历来十分重视公路绿化工作,1983 年制定颁发了《公路标准化美化标准》,要求道路畅通、整洁、绿化、美化,公路景物交叉协调,构成流畅、安全、舒适、优美的道路环境。随着高等级公路建设的发展,又提出了要创建公路绿化精品工程,设计、施工要高标准、高质量,注重植物的多样性和优化配置,加强公路景观的建设。

公路景观设计是指公路线形及其构造物应有美观的造型,与周围环境充分协调,从而构成优美的自然画面。

然而任何一条公路的修建,从选线、勘测设计、土石方开采到施工的整个过程中,难免对沿线自然和人文景观产生一定的影响,但以最小影响,达到最大限度的保护,使各种景观和公路工程结构物达到有限的协调,是完全可以做到的。景观设计就是在考虑使道路具备固有功能的同时,还需考虑使道路与周围环境相协调,以减少建设性景观破坏,提高其美学价值和文化价值。建设性景观破坏是指由于道路的建设破坏了自然环境,以致对自然景观产生了不利影响。

一、公路景观设计的基本思路

景观,它同时还是一种人的心理评价,立场不同、视点不同、爱好不同,对景观的评价也会不同。例如同样都是防噪墙,对载货汽车驾驶员来说只遮断了其视线的一部分,并没感觉什么不适,而对小车驾驶员,防噪墙就如一堵高墙,驾驶员会有一种压迫的感觉,这就是因为两人所处的视点不同,对景观产生了不同的评价。因此针对景观设计,就需要因地制宜,根据不同的情况,采用不同的景观设计。

公路景观包括自然景观和人文景观两部分。做好公路的景观设计,结合自然、经济条件及公路与通过地区的自然、人文景观相协调具有重要的意义。所以,公路景观设计应从使用者的视觉、心理出发研究公路的功能、美观及经济的一致性,同时应综合考虑以下几个方面。

(1)通视。要求路线各组成部分的空间位置配合协调,使驾乘人员感到线形流畅、清晰,行驶舒适安全。

(2)导向。建立一个区域性的视觉系统,使驾驶员在视觉所及的范围内,能预见到公路方向和路况的变化,并能及时采取安全的行驶措施。

(3)协调。使公路线形及沿线设施与沿途空间景观环境相协调。

(4)绿化。利用绿化来补充和改善沿线景观。

二、高等级公路景观设计

公路景观设计包括路线和行车道,各种桥梁和沿线建筑,路侧和中央分隔带绿化,装饰和其他设施等。公路景观应形成统一的建筑群体,在保证全路统一建筑风格的同时,不同路段上的景观还应具有各自的特色。

1. 公路线形及其构造物

公路线形及其构造物设计时应能诱导驾乘人员的视线并应满足视觉景观的要求。公路路线应尽可能与地形、地貌相吻合,几何设计时平、纵、横各要求应很好配合,以避免造成空间线形扭曲、暗凹、跳跃等景观缺陷。同时在条件允许时,应尽量采用分离式路基,以减少纵横断面对自然和景观所产生的不利影响。公路交叉口设计时应具有良好的通视条件,分汇流的出入口应易于分辨,并通过标志、标线和绿化栽植等进行视线诱导。互通式立交出口减速车道宜设置于上坡路段,入口加速车道应设置于下坡路段,立交匝道内可绿化部分应进行绿化设计。上跨主要公路的立交桥、天桥等跨线构造物应保证桥下净空要求。各种构造物的结构、造型和材料均应与当地自然和人文景观条件相适应。

2. 沿线景观空间

公路选线应合理确定与风景区的距离，避免分隔生态景观空间或视觉景观空间。公路必须穿越森林、果园和绿地时，应以曲线通过，避免以直线线形切割和贯通森林。应当充分利用沿途孤立大树、独立山丘、瀑布和古建筑等独立景观点作为主导建筑进行景观设计。当公路绕避或独立景观点时，宜将景观置于曲线内侧。旅游公路越岭线的垭口处，除应有广阔的视野外，还可根据当地条件，设置适当的观景台。公路沿线服务设施宜设置于海滨、湖滨和风景名胜区附近，其形式选择应有利于瞭望风景。

3. 协调设计

对山区公路应避免大填大挖破坏自然景观。路线通过山间谷地、路基高度较大时，应综合考虑填筑路基时对谷地通风、日照等原有生态环境的不利影响，必要时应进行高路堤方案与高架桥方案的比选论证。公路通过森林区时应做好路基断面设计，应尽量避免设置深挖路堑式断面，应力求拓宽双幅公路的中央分隔带，并尽可能保留中央分隔带位置原有林木。公路通过平原、水网区时应合理确定路基高度，沿线村庄稀疏、横向干扰少时，宜采用以低路基方案通过所经区域，确定公路桥位时应考虑保留有价值的岸边植物。公路沿途有影响到驾驶员视线、嗅觉的烟尘、刺激性气体发生源时，路线应布设于发生源的上风向。公路构造物及沿线设施的风格、色彩和造型应考虑景观效果，对乡村地区而言在满足使用功能的条件下，宜简洁、明快，城镇附近、风景游览区附近的公路构造物及沿线设施应与周围环境一致，做到美观大方，并应注意与地域民族特征及生活习俗协调统一。

4. 视觉效果设计

公路用地范围内，除收费站、服务区外，一般不宜设置广告牌、宣传栏等。除标线、标志和护栏等按规定涂覆色彩外，一般不宜涂特别刺眼的色彩。公路雕塑小品的设置应注意色彩、造型，并不得妨碍视线。公路除起、终点或大型构造物位置外，一般不宜设置雕塑小品，较宽的中央分隔带上设置雕塑小品应以单体为宜。公路沿线纳污设施、工业废弃堆弃点等影响视觉景观的位置在景观设计时应通过公路绿化或工程措施予以遮蔽。

三、高速公路绿地设计与维护

高速公路三大类绿地即中央分隔带绿地、立交绿地及边坡绿地，因环境、功能各不相同，故绿地设计的方法也不相同。为了衬托高速公路的宏伟气魄，同时满足乘客欣赏景观的要求，采用大色块的造景设计较为合适，这样景观开阔，且大面积的种植同种植物可以提高植物的成活率。高速公路中央分隔带绿地主要为条带状，立交绿地可富有地方特色，而边坡绿地可形成绿篱。依据高速公路特殊的生态环境条件，应选择相对应的抗逆性植物。首先应以乡土树种、草种为主，其次在生活习性上应具耐旱、耐寒、耐瘠薄和抗污染特性，以适应高速公路绿地粗放式管理的特点。中央分隔带绿地植物以灌木、矮乔木和草坪为主，高度以不遮挡视线为准。图9-23为一高速公路景观设计示例。

高速公路立交的坡面景观设计使立交的造型具有优美、实用的特点。立交的坡面景观设计的一个主要途径是通过坡面修饰来实现的。坡面修饰就是对匝道所包围着的区域，进行横断面设计时，根据匝道填土高度的不同，路基横坡度采用不同的值，越低越缓，一般在路肩3～4m的范围内作成圆形，这样将使匝道的横断面在整体上具有柔和的自然形态，起到修饰和美化的作用。

立交的绿化主要以矮小灌木、草皮为主，从工程条件看，这些花草树木对路基边坡有一个稳定作用,此外它们对现有的景观还能起到补充的作用,调整工程中难以避免的景观影响,并同时保持了生态平衡。

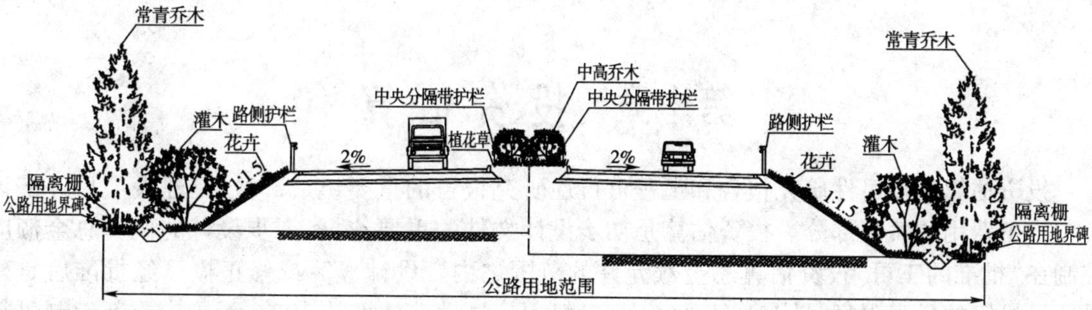

图 9-23　高速公路景观设计

思　考　题

1. 工程概略设计包括哪些内容?
2. 线形设计有哪些内容?应该注意些什么?
3. 典型特殊路基设计要注意哪些内容?
4. 路面设计有哪些要点?
5. 桥涵设计有哪些原则要注意?
6. 交叉工程设计的内容有哪些?具体要求是什么?
7. 了解公路景观设计的基本内容。

第十章 投资估算

投资估算是预可性研究报告和工程可行性研究报告的重要组成部分,是建设项目经济评价中支出费用的关键部分。投资估算是初步设计文件的重要依据,初步设计的概算总金额应控制在“批准的工可”投资估算总金额允许的范围之内。设计概算或修正概算经批准后是建设项目投资的最高限额,具有法律约束力,一般不超过批准估算的10%,否则应重新编制可行性研究报告,重新批复。因此,可行性研究必须依据交通部、建设部及其他各有关部门颁布的有关投资估算的规定,对项目进行投资估算。

第一节 资料收集

一、投资估算的依据

可行性研究投资估算的编制必须依据国家、交通部及有关各省(市)自治区现行规定的方针、政策、部颁定额和编制办法,在调查所得资料、设计文件和各阶级的批复文件基础上进行。

1. 法规性文件

(1)交通部发布的建设工程造价费用构成、估算指标、计算方法,以及其他有关计算工程造价的文件,如交通运输部发布的《关于印发公路建设项目可行性研究报告编制办法的通知》(交规划发[2010]178号)、2010年版《交通建设项目可行性研究报告编制办法汇编(公路、港口、航道)》、《公路工程基本建设项目投资估算编制办法》(JTG M20—2011)、《公路工程估算指标》(JTG/T M21—2011)、《公路工程预算定额》、《公路工程机械台班定额》及各地方政府、交通厅定额站发布的有关补充规定,并注意在不同时期部分内容的修改和调正。另外,有些地区为了执行上述文件,制订了相应的补充说明,这些补充说明或规定也是在编制投资估算时应掌握的。

(2)中华人民共和国土地管理法、环境保护法、水土保持法、森林管理法、矿产法、文物管理法及国家物价局、财政部颁发的《土地管理系统部分收费项目与标准》(1992)。

(3)建筑材料运杂费计算方面的文件,如铁道部颁布的铁路运杂费收取的文件,交通部水运运价规定,各省(市)自治区交通厅关于汽车运输价格和装卸费的规定文件。

(4)养路费和车船使用按各省(市)自治区交通厅、物价局及税务局发布的文件规定、标准办理。

(5)供电贴费按照国家计委批准水利电力部关于供电工程收取贴费的暂时规定执行。

(6)建设部批准的《全国统一安装预算定额》。

(7)勘察设计费按国家物价局、建设部的有关文件规定执行。

(8)各省(市)自治区《建筑工程预算定额》、《建筑安装工程费用定额》。

2. 各阶段的批复文件

了解批准的基本建设方案、建设项目的总工期、资金来源和建设投资总额。了解总工期是编制施工进度图的依据；了解资金来源主要决定是否计算建设贷款利息，如有贷款，则需了解分期贷款的额度、利息及贷款时间、还款时间。若利用外资贷款，还需注意它的特殊规定，若是世界银行贷款或其他外国政策贷款，不但要计算其贷款利息，还要计算其承诺费等。

3. 工程数量

建设项目的工程量是由可行性研究工程设计人员提供的。可行性研究报告中的工程数量是编制投资估算的重要依据，工程数量的正确与否对编制投资估算十分重要，直接影响到工程造价的正确性与编制的质量。

4. 材料价格

主要建筑材料一般包括两部分：一部分是计划内建筑材料，一部分是计划外建筑材料。因此，在搜集资料时，应全面掌握两种建筑材料的单价。

材料预算单价按《公路基本建设工程概算、预算编制办法》的规定计算，并根据《公路工程估算指标》计算指标材料综合价格。

二、指标调整

在对公路建设项目进行投资估算前，我们还应针对各自项目，对部分指标进行必要的调整。因此，需了解和掌握下述问题。

(1)工程、材料、机械单价应进行动态管理，指标中的基价不能作为估算的依据。

(2)指标中所列工程、材料的数量仅为主要工程项目的消耗量，未包括其他工程及其他费用等所需的工程、材料数量。

(3)在高原地区边施工边通车的工程，应采用相应系数调整。

(4)估算每公里的工程量中，不含1 000m及以上的特大桥、辅道和支线，实际发生时，应另行估算。

(5)路基宽度与指标规定不同时，可按比例调整。

(6)征地数量及单价也可根据所掌握的资料调整。

(7)设计中有硬路肩时，除高速公路路面指标外，均采用三级公路路面指标。

(8)涵洞与特殊路基的软土处理指标，如路基宽度与指标规定不同时，可按比例调整。

(9)大桥指标中未包括导流坝、丁字坝等调治构造物。其圬工与土方分别按防护工程及路基土方指标另行估算。

三、投资估算的影响因素

1. 施工方案

施工方案一经确定，则整个施工的进程、人力、材料和机械的需要、布置，工程质量、工程成本和现场状况等也相应被规定了。因此施工方案选择的好坏，决定了施工组织设计的质量和施工任务完成的优劣，对工程经济效益的好坏有决定性作用。

2. 定额的选用

它直接关系到能否准确地反映工程造价，所以要深入了解每项定额包括的工程内容，以及确定需要调整内容和调整方法。例如：路面工程中面层、基层和垫层达到一定厚度需分层拌和碾压时，应增加的人工工日及拖拉机、平地机和压路机的台班数量。涵洞及小桥的扩大定额只能是厂、矿、林中道路不能提供具体工程数量时才能使用，一般等级道路必须提供分项工程数量，套用分项定额等。

3. 建设资金来源

从当前情况看，建设资金来源渠道很多，主要有国家投资、地方投资、地方自筹资金、世行贷款、亚行贷款、国内贷款、引进外资和股份制集资等。有的是单一资金来源，有的是各种资金相互组合。一个公路项目的修建，不管资金来源如何，只要弄清各种资金所占的比例、资金的数额，明确哪些要计息、哪些不计息，确定借款年利率、工程施工工期和每年借款资金使用的安排，即可计算出建设借款利息的总额。采用贷款方式筹集建设资金的建设项目要在总估算中列入建设期贷款利息。

4. 工程量

近几年，由于公路事业的蓬勃发展，设计周期十分紧张，部分设计人员只重视设计本身，往往忽视对工程量计算复核及汇总，造成一个工程项目的概预算返工现象。所以在编制估算、概算和预算文件过程中，一定要正确计算工程数量。

第二节　投资估算编制内容

一、编制内容及方法

工程可行性研究的估算投资结构与预可行性研究的估算投资结构相同，都是由四个部分组成：建筑安装工程费的计算、设备及工具器具购置费的计算、其他基本建设费用的计算和预留费用（表 10-1）。

估算总金额的构成　　表 10-1

1	建筑安装工程费	直接费	人工费
			材料费
			机械使用费
		其他工程费	
		其他直接费、现场经费与间接费综合费用	
		综合利税费	
2	设备及工具器具购置费		
3	其他基本建设费用	征用土地费	
		拆迁赔偿费	
		建设单位管理费	
		研究试验费	
		勘察设计费	
		供电贴费	
		大型专用机械设备购置费	
		固定资产投资方向调节税	
		建设期贷款利息	
4	预留费用	工程造价增涨预留费	
		预备费	

工程可行性研究的工程量是按分项工程计量的，估算投资时，首先计算分项工程的费用，

然后汇总,计算工程总投资。而预可行性研究阶段,由于工程设计只要求进行方案设想等内容的研究设计,所以工程量按公路里程计算。

下面具体介绍投资估算各部分的计算内容与方法。

1. 建筑安装工程费

建筑安装工程费包括主要工程费、其他工程费、其他直接费、现场经费、间接费和综合利税费。

直接费,是支付建设项目直接投入工程施工的人工、材料及机械使用费。按照《公路工程投资估算编制办法》规定,该直接费应以人工、材料及机械使用的计划单价,乘以《公路工程估算指标》中规定的单位工程量消耗的人工、材料及机械使用量,再乘以总计工程量,计算而得。

其他直接费、现场经费与间接费综合费用按《公路工程投资估算编制办法》附录规定的费率计算,路线工程项目中的1 000m以上(含1 000m)的特大桥工程按独立桥梁工程的费率计算。计算方法为:

综合费用=指标直接费×(1+其他工程费率)×其他直接费、现场经费与间接费综合费率

综合费率是以省会地点和省、自治区、直辖市直属施工企业施工为对象测算的,如与建设项目实际有较大出入时,可以进行调整。

综合利税费指施工技术装备费、计划利润和税金之和,以直接费、其他工程费、其他直接费、现场经费与间接费综合费用之和为基数,按综合利税率10%计算。

2. 设备及工具器具购置费

《公路工程估算指标》中规定的设备及工具器具购置费,是以单位工程量所支付的费用表示的。考虑到时间、地区的变化,在计算该项费用时,应对项目所在的设备及工具器具在其他项目中的使用情况进行调查、分析,在此基础上,确定拟建项目支付设备及工具器具购置费用。

3. 其他基本建设费用

其他基本建设费用包括:建设单位管理费、征用土地费、拆迁赔偿费、勘察设计费及科学研究试验费、供电贴费、大型专用机械设备购置费、固定资产投资方向调节税及建设期贷款利息等。

建设单位管理费,应按照《公路工程估算指标》、《公路工程投资估算编制办法》的规定及其他补充规定,确定合理的费率计算;征用土地费,应按照《公路工程估算指标》规定的单位工程量及占用的土地数量及工程设计提出的工程量,与实际调查的土地征用的单位之积计算;拆迁赔偿费及科学研究试验费,应根据项目所在的地区其他类似工程的取费情况,合理确定;勘察设计费,应按照交通部颁发的《公路工程勘察设计取费标准》计算。

4. 预留费用

预留费用包括工程造价增涨预留费及预留费。根据《公路工程投资估算编制办法》的规定,对拟建项目中,使用非计划建筑材料的工程,其非计划建筑材料支付的费用,应在第一部分的直接费中,以计划价计入差额部分在预留费中,以材料差价的形式计入。因此,材料差价用非计划建材的总用量,与计划和非计划价差额的乘积来估算。

工程造价增涨预留费按《公路基本建设工程概算、预算编制办法》的规定计算。

预备费是为拟建项目的施工中发生不可预见的情况时支付的费用,收费标准应按《公路工程投资估算编制办法》的规定,以上述三部分费用之和(扣除大型专用机械设备购置费、固定资产投资方向调节税、建设期贷款利息)的11%计算。

二、分项工程量估算指标

工程量估算指标按分项指标进行计算，其指标如下。

1. 路基工程

路基土方：指标单位为 1 000m^3，工程量按设计断面计价方数量计算。

路基石方：指标单位为 1 000m^3，工程量按开挖天然密实断面计算。

排水与防护：指标单位为 100m^3 圬工和公路 km。可以算圬工体积的按圬工实体数量计算；其他排水防护工程按建设项目路线总长度公路公里计算。

粉煤灰及填石路堤：指标单位为 1 000m^3，工程量按设计断面压实方计算。

特殊路基处理：指标单位为 1km，工程量按需要处理的路基长度计算。

2. 路面工程

沥青路面及水泥混凝土路面：指标为 100m^3，工程量按路面实体计算。

基层、垫层及其他路面：指标单位为 1 000m^2，工程量按面积计算。

拦水带、沥青路面镶边及路缘石：指标单位为 1 000m，工程量按单边需要设置的长度计算。

3. 隧道工程

洞身：指标单位为 100m^2，工程量按隧道正洞面积计算。

洞门：指标单位为每端，一座隧道应按两端洞门计算。

装饰、照明及通风：指标单位为 100m^2，工程量按隧道正峒面积计算。

4. 涵洞工程

指标为 1 道，工程量不分涵洞类型，按总道数计算。

5. 桥梁工程

(1) 小桥及标准跨径小于 20m 的中桥：指标单位为 100m^2 桥面，不分结构类型，工程量按各种结构桥梁的桥面面积之和计算。

(2) 标准跨径大于 20m 的一般结构中桥及大桥：指标单位为 100m^2 桥面，分结构类型，工程量按桥面面积计算。

(3) 技术复杂大桥

基础工程：指标单位为 10m^3 实体。扩大基础工程量按基础设计混凝土圬工实体计算；沉井基础工程量中，钢筋混凝土沉井按井体、封底、封顶和填心等设计混凝土圬工实体计算，钢壳沉井按井壁、封底、封顶和填心等设计混凝土圬工实体计算，灌注桩基工程量按设计桩径的混凝土圬工实体计算，承台及围堰工程量按承台及承台封底设计混凝土圬工实体计算。

下部结构：指标单位为 10m^3 实体，工程量按墩台或索塔设计混凝土圬工实体计算。

上部结构：指标单位为 100m^2 桥面，工程量按桥面面积计算。

6. 交叉工程

(1) 互通式立体交叉

跨线桥：指标单位为 100m^2，工程量按桥面面积计算。

匝道：指标单位为 1km，工程量按设计长度计算。

被交道：指标单位为 1km，工程量按设计整修长度计算。

(2) 分离式立体交叉

按跨线桥、被交道分别计算，指标单位和工程量计算与互通式立交对应项目类似。

(3)平面交叉

指标单位为1m,工程量按需要设置的交叉处数计算。

(4)通道

指标单位为1道,分涵洞式通道和小桥式通道编制,工程量不分结构类型,按需要设置的总道数计算。

(5)人行天桥及渡槽

指标单位为1座,工程量不分结构类型,按需要设置的总数量计算。

7. 安全设施和服务、管理设施

指标单位均为1公路公里,工程量按建设项目路线总长度计算。

8. 其他工程的计算

其他工程包括:清除场地,拆除旧建筑物、构造物,绿化工程,公路交工前养护,临时轨道铺设、便道、便桥及临时电力、电信线路和临时码头、改河土方、其他零星工程等,不列工料机指标,以主要工程费用(如路线工程、独大桥工程、隧道工程)为基础,按规定的百分率计算。

在具体编制估算、概算和预算时,可根据部颁的有关编制办法、指标定额来执行,这里就不再详述了。

第三节　投资估算表的编制

可行性研究报告投资估算文件,按部颁编制办法规定,应包括如下内容。

1. 可行性研究报告投资估算编制说明
2. 可行性研究报告总估算汇总表
3. 可行性研究报告总估算表
4. 可行性研究报告人工、主要材料数量汇总表
5. 可行性研究报告设备、工具、器具购置费用计算表
6. 可行性研究报告工程建设其他费用计算表
7. 可行性研究报告分项工程估算表
8. 可行性研究报告其他直接费、现场经费及间接综合费率计算表
9. 可行性研究报告主要材料价格计算表

投资估算部分样表见表10-2~表10-5。

预可行性研究投资估算样表　　表10-2

建设项目名称:×××××线

编 制 范 围:×××段

项	目	节	工程或费用名称	单位	数量	估算金额(万元)	技术经济指标(万元)	各项费用比重(万元)	备注
			第一部分　建筑安装工程费	公路公里					
一			路线工程	km					
	1		××线10~40km	km					
		1	一般二级平原新建	km					
		2	增加机械土方	1 000m					

续上表

项	目	节	工程或费用名称	单位	数量	估算金额（万元）	技术经济指标（万元）	各项费用比重（万元）	备注
		3	增加预应力T形梁桥	100m					
二			桥长1 000m及以上的特大桥工程	m					
	1		1号大桥	m					
		1	预应力T形桥引桥	m					
		2	预应力T形刚构主桥	m					
三			其他工程	公路公里					
	1		支线工程	km					
	2		1号大桥调治工程	m					
			第二部分　设备、工具器具购置费	公路公里					
			第三部分　其他基本建设费用	公路公里					
			一、建设单位管理费	公路公里					
			二、征用土地费	公路公里					
			三、拆迁赔偿费	公路公里					
			四、勘察设计费	公路公里					
			五、研究试验费	公路公里					
			第一、二、三部分费用合计	公路公里					
			预留费用						
			1. 材料、人工价差及税金						
			2. 物价上涨费						
			3. 预备费						
			投资估算总金额						
			平均每公路公里造价						

编制：　　　　　　　　　　　　　　　　　　　　　　　　　　复核：

预可行性研究人工、主要材料数量汇总表

表10-3

建设项目名称：×××××线

编 制 范 围：×××段

序号	材料名称及规格	单位	总数量	分项统计		
				路线	特大桥	其他工程
1	人工	工日				
2	原木	m^3				
3	锯材	m^3				
4	高强钢丝	t				
5	钢材	t				
6	水泥	t				
7	石油沥青	t				
8	生石灰	t				
9	砂、砂砾	m^3				
10	碎(砾)石	m^3				
11	片、块石	m^3				

编制：　　　　　　　　　　　　　　　　　　　　　　　　　　复核：

工程可行性研究人工、主要材料数量汇总表 表10-4

建设项目名称：×××××线

编 制 范 围：×××段

序号	材料名称规格	单位	总数量	分项统计			
				路基	路面	桥梁、涵洞	交叉工程及沿线设施
1	人工	工日					
2	原木	m^3					
3	锯材	m^3					
4	高强钢丝	t					
5	钢材	t					
6	水泥	t					
7	石油沥青	t					
8	生石灰	t					
9	砂、砂砾	m^3					
10	碎(砾)石	m^3					
11	片、块石	m^3					

工程可行性研究分项工程估算表 表10-5

建设项目名称：×××××线

编 制 范 围：×××段

序号	工程名称			路基									路面		
	工程细目名称			平微区机械土方			土方汽车远运 3km			特殊路基处理			硬路肩		
	指标单位			1 000m^3			1 000m^3			1km			1 000m^2		
	工程量														
	估算指标表号														
	工、料、机名称	单位	单价（元）	指标	数量	金额（元）	指标	数量	金额（元）	指标	数量	金额（元）	指标	数量	金额（元）
1	人工	工日													
2	原木	m^3													
3	锯材	m^3													
4	高强钢丝	t													
5	钢材	t													
6	水泥	t													
7	石油沥青(渣油)	t													
8	生石灰	t													
9	砂、砂砾	m^3													
10	碎(砾)石	m^3													

续上表

序号	工程名称			路基									路面		
	工程细目名称			平微区机械土方			土方汽车远运3km			特殊路基处理			硬路肩		
	指标单位			1 000m^3			1 000m^3			1km			1 000m^2		
	工程量														
	估算指标表号														
	工、料、机名称	单位	单价（元）	指标	数量	金额（元）	指标	数量	金额（元）	指标	数量	金额（元）	指标	数量	金额（元）
11	片、块石	m^3													
12	其他材料费	元													
13	其中：水	m^3													
14	机械使用费	元													
15	其中：电	度													
16	指标直接费	元													
17	间接费	%													
18	指标直接费与间接费之和	元													
19	其他工程费	%													
20	直接费与间接费之和	元													

编制：　　　　　　　　　　　　　　　　　　　　复核：

各种表格之间的关系如图10-1所示。

图10-1　投资估算文件组成关系

思　考　题

1. 投资估算要收集哪些资料？
2. 预可和工可的投资估算有什么差别？
3. 编制可行性研究投资估算有哪些注意点？
4. 熟悉投资估算表格内容。

第十一章 经济评价

公路建设项目的经济评价是可行性研究的重要组成部分，经济评价工作是根据国民经济发展规划和有关技术经济政策的要求，结合交通预测和工程技术研究情况，比较项目的建设费用和效益，多方案论证，对项目的经济合理性进行分析，为项目决策提供依据。公路建设项目的经济评价可分为国民经济评价和财务评价。

第一节 概 述

一、经济评价的特点

1. 公路项目形不成建设和运营统一核算的独立企业

公路面向全社会开放，公路上行驶的车辆分属于许多运输企业和非运输企业的机关、企事业单位及个人。而且，公路建设、公路管理、公路运输是分开经营与管理，分属于不同单位和企业，形不成一个建设和营运统一核算的独立企业。

2. 公路项目以获得间接经济效益和社会效益为主

公路运输作为生产过程在流通领域里的继续，在实现产品价值的同时，不仅使公路运输部门获得直接经济效益，更主要的是全社会公路使用者获得社会效益。由于大部分的公路车辆附属于各部门、工矿和企事业，这部分运输创造的价值，理所当然地计入在各自部门的产值中，而公路部门本身获得的经济效益甚微，因此，确切地讲，公路的效益应该是间接经济效益和社会效益。

3. 收费与经营性公路项目需进行财务分析

通过收费偿还贷款的公路建设项目必须进行财务分析，目的是通过研究收费标准，测算过路（桥）费收入，动态计算贷款偿还年限等指标，分析项目财务的可行性。如果收费公路管理机构是经营性的经济实体，则财务分析就不仅要计算贷款偿还年限，还要计算偿还年限后的收费所得。由于公路是一项公共基础设施，公路建设部门本身没有盈利问题，且公路收费收入不完全是公路效益的全部货币表现。因而，公路建设项目的财务分析不必计算用路者的经济效益，这是公路建设项目财务分析的一个显著特点。

二、经济评价的原则

1. 范围一致的原则

公路建设项目的经济评价是支出费用与获得效益的相对比较。《公路建设项目经济评价办法》指出：应按照费用与效益计算范围对应一致的原则进行计算。

2. 有无比较法的原则

有无比较法，是指拟建项目建设的情况下发生的各种费用和效益与假定拟建项目不实施的情况下发生的各种费用和效益两者进行比较，来确定拟建项目费用与效益的一种方法。在分析中有人往往将有无比较法和前后比较法相混淆。前后比较法是通过拟建项目建设前后的公路运输成本、运行时间等参数的对比,确定项目的效益与费用的一种方法。

对改、扩建项目,经济评价采用有无比较法进行效益计算时,应减去老路在不进行改、扩建情况下交通量正常增长的效益。

3. 同一价格的原则

《建设项目经济评价方法》规定:国内项目的经济评价,在计算期内各年使用同一价格,即财务评价使用现行价格,国民经济评价使用影子价格。在做项目经济评价时,以项目建设第一年的市场价格和影子价格为基准,国民经济评价和财务评价期间价格不变。

采用同一价格,并不意味着项目在计算期内的投入物和产出物的价格固定不变,只是由于影响物价变化的因素太多、太复杂,难于预测;况且,在多数情况下,费用有涨价因素,效益(收入)也有涨价因素,两者有交叉作用或相向作用。为便于各方案、各行业和各部门作项目比较,不再考虑物价上涨因素。如果有的项目物价上涨非常剧烈或者项目要利用外资,为了便于作贷款偿还能力的分析,可将物价上涨因素作为影响项目评价的重要因素之一进行敏感性分析。

4. 年限统一的原则

公路建设项目经济评价计算年限为建设年限加公路投入使用后的预测年限,投入使用后的预测年限原则上按20年计算。

经济评价的计算年限,往往易与项目的使用年限、设计年限相混淆。项目的使用年限是指公路开通使用起到公路改线废弃或下一次重大改造时的年限。项目的设计年限是和各级公路所能适应的年平均日交通量即远景服务交通量相联系的。《公路工程技术标准》(JTG B01—2003)规定:远景设计年限:高速公路、一级公路为20年,二级公路为15年,三级公路为10年,四级公路一般为10年。

项目的经济评价主要是将公路使用年限内各年的效益和费用贴现比较。但是各个项目的具体使用年限不尽相同,如果项目使用30年,那么项目的效益与费用的经济比较按理是30年。然而为什么经济评价要统一建成后预测年限为20年呢?这是因为20年后经济贴现的费用和效益甚小,对整个项目的经济评价影响不大。另外,统一建成后的预测年限,以便比较不同项目的经济评价结果。

不采用设计年限作为项目效益计算年限,是因为公路的使用年限并不等于公路设计年限,不同等级公路的建设,在项目比选中,采取同一尺度进行衡量是合理的,如果高等级公路评价期为20年,低等级公路评价期为15年或10年,当两个项目内部收益率相等时,很难对两个项目做出判断,而这种评价计算期的确定,会使人们明显地感到对于低等级公路的经济评价要求反而高于高等级公路。因此,只有对不同等级公路采用同一经济评价计算年限,才便于项目比选。

三、国民经济评价与财务评价

由于公路是一项公共基础设施,公路项目以获得间接经济效益和社会效益为主,因此公路建设项目通常以国民经济评价为主,对于贷款或集资修建的项目,即收费公路,还应进行财务评价。

国民经济评价是从国家整体角度来分析,计算项目对国民经济净贡献,以判断项目的经济合理性,通过所支出的费用与社会使用公路者获得的效益两个要素的比较来衡量。公路建设项目的国民经济评价指标一般有:经济效益费用比、经济净现值、经济内部收益率和投资回收期。

财务评价是在国家现行财税制度和价格体系的条件下，从项目角度分析，计算项目的财务盈利能力，目的是研究收费标准，测算收费收入，动态计算贷款偿还年限等指标，分析项目的财务可行性。财务评价指标主要是财务内部收益率、财务净现值和财务投资回收期。

国民经济评价与财务评价相互之间存在很大联系，如两者的指标与方法相同，采用的计算期相同，两者评价指标中采用的价格都剔除通货膨胀因素等。但两者也有很大的区别，主要如下。

(1)地位不同。当国民经济评价与财务评价的结果不一致时，对于公益性、基础性、战略性强、耗费社会资源和自然资源较大的项目，应按国民经济评价的结论考虑项目的取舍。

(2)立场与角度不同。财务评价是从投资者的立场和角度来考察建设项目的经济效果，而国民经济评价则是从整个社会公路使用者的角度(及国家和社会的角度)来考察建设项目的经济效果。

(3)投入的计算内容和方法不同。财务评价所考察的是投资者的财务支出，计算中，是在投资估算的基础上，剔除工程造价增涨预留费后计算出来的。而国民经济评价考察的是公路建设项目所消耗的各种费用，是在投资估算的基础上按照影子价格计算建设项目所消耗的各种资源的价值，并剔除估算中的利润、税金、贷款利息、工程造价增涨预留费和供电贴费等费用。

(4)产出的计算内容与方法不同。财务评价分析中的产出是投资者的财务受益，而国民经济评价分析中的产出所考察的是公路建设项目能为公路使用者带来的效益。

(5)采用的价格不同。财务评价采用的价格是市场(不变)价格，而国民经济采用的是影子价格。

(6)主要参数不同。财务评价所使用的参数有官方汇率、行业折现率和行业基准回收期，而国民经济评价采用的参数为影子汇率、社会折现率和国民经济评价基准回收期。

第二节　国民经济评价

一、评价步骤

进行国民经济评价时，首先计算项目的直接效益、间接效益、直接费用和间接费用，然后以货物影子价格、影子工资、影子汇率和土地影子费用等计算项目固定资产投资、流动资金、经营费用和销售收入，并在此基础上计算项目的国民经济评价指标。主要步骤如下。

(1)识别和计算项目的直接效益。根据定价原则确定产出物的影子价格，计算项目的直接效益。对那些为国民经济提供服务的项目，应根据提供服务的数量和用户的受益计算项目的直接效益。

(2)用货物的影子价格、土地的影子费用、影子工资、影子汇率和社会折现率等参数直接进行项目的投资估算。

(3)估算流动资金。

(4)根据生产经营的实物消耗，用货物的影子价格、影子工资和影子汇率等参数计算经营费用。

(5)识别项目的间接效益和直接费用，对能定量的应进行定量计算，对难于定量的，应作定性描述。

(6)编制有关报表，计算相应的评价指标。

国民经济评价工作框图见图 11-1。

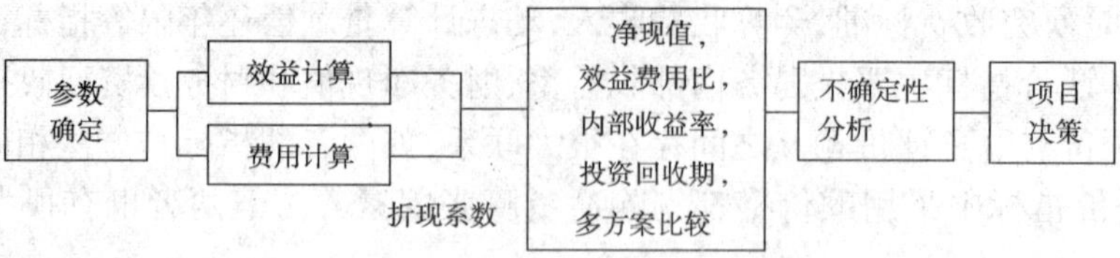

图 11-1　国民经济评价工作框图

二、评价参数的确定

公路建设项目国民经济评价,常遇到的参数是影子价格,影子汇率,汽车运输成本,旅客、货运的在途时间价值和项目的残值等,这些参数是项目经济评价的必备参数,参数的测算正确与否,直接影响着项目费用和效益的计算及评价结果。部分参数以国家发展改革委与建设部编制的《建设项目经济评价方法与参数》(3 版. 北京:中国计划出版社,2006. 8)为参考,进行取值。

1. 影子价格

影子价格是 20 世纪 30 ~ 40 年代由荷兰数理经济学家、计量经济学创始人之一詹恩·丁伯根和前苏联数学家、经济学家、1975 年诺贝尔奖获得者康特罗维奇分别提出来的。西方称它为预测价格或计算价格,前苏联称最优计划价格,又称影子价格。影子价格概念为:在一定的经济结构中,以线性规划方法计算的,反映资源最优利用的价格。影子价格不是实际价格,而是一种虚拟价格。某一资源的影子价格不是一个固定数值,而是随着经济结构的变化而变化,它反映了这些货物的真实价值。

影子价格的作用就是在投资项目的国民经济评价中,使扭曲的价格得以纠正,通过对项目费用与效益比较,实现社会资源的合理配置和有效利用。

在我国,国民经济评价不能采用市场价格,而应采用影子价格。在非完全竞争的市场条件下,影子价格与市场价格会产生偏离,在完全竞争的市场条件下,影子价格等于市场价格。影子价格又不能凭空产生,应从实际出发,以市场价格为基础,通过调整市场价格获得影子价格。目前,国家计委颁布的《方法与参数》公布的影子价格,是把项目的投入物和产出物分为外贸货物、非外贸货物及特殊货物三种类型分别确定的。

外贸货物影子价格的计价立足于国内价格,将国内价格与国际市场的差价,通过影子汇率进行修正。

非外贸货物影子价格的确定分三种情况:第一种,用现行的市场价格代替影子价格,这种价格适用于一般认为价格失真不大、供求基本平衡、市场机制对供求影响较为充分的货物;第二种,通过分解可变成本调整价格获得影子价格,这种价格适用于生产能力严重过剩的货物;第三种,分解完全的成本获得影子价格,这种价格适用于一般认为价格失真较为严重、市场供不应求的货物。

2. 影子汇率

影子汇率是在国民经济评价中,用以进行外汇与人民币之间的换算。影子汇率与官方汇率的区别在于它不是国家规定的外汇牌价。影子汇率代表了外汇的影子价格,它反映了外汇对于国家的真实价值。在国民经济评价中,使用影子汇率把外汇折算为人民币,从而建立项目投入产出品中的外贸品和非外贸品之间、非外贸品相互之间的正确比价关系,调整财务价格。

国家计委规定:根据我国目前的进出口结构和水平、外汇机会成本及其发展趋势、外汇供需状况等因素,影子汇率定为1美元约等于8.1元人民币(2005年),对于美元以外的其他国家货币,应参照一段时期内中国银行公布的该种外币对美元之比价,先折算为美元,再用影子汇率换算为人民币。

3.运输成本

在公路建设项目经济效益中有相当部分是由汽车运输成本的降低所产生的效益,汽车运输成本是公路经济效益计算中十分重要的因素。

汽车运输成本是公路运输承担者进行旅客、货物运输所消耗的以货币形式表现的一切费用。汽车运输成本一般分车辆费用和企业管理费用两大类。车辆费用是指营运车辆(包括汽车和挂车)从事运输和生产所发生的费用、工资、提取的职工福利基金、燃料消耗、轮胎磨损、大修费、折旧费、养路费、运营费及其他费用。企业管理费指承运者为组织和管理运输生产所发生的各项目管理费用和业务费用。企业管理费一般分企业管理部门管理费、车队管理费和车站管理费。

影响汽车运输成本的因素很多,如路况(路面质量,最小平曲线半径、坡度)、公路等级、车速和交通量等。汽车运输成本有一个十分重要的特点:不同的公路等级,若车速不一样,成本也不一样;即使相同的等级,对于不同的交通量,汽车运输成本也不一样。

为便于使用,在诸多影响汽车运输成本的因素中,我们抓住公路等级和交通量这一因素来研究它和汽车运输成本之间的关系。由于经济评价采用有无比较法,汽车的运输成本也应分为有此项目的运输成本和无此项目的运输成本,见图11-2。

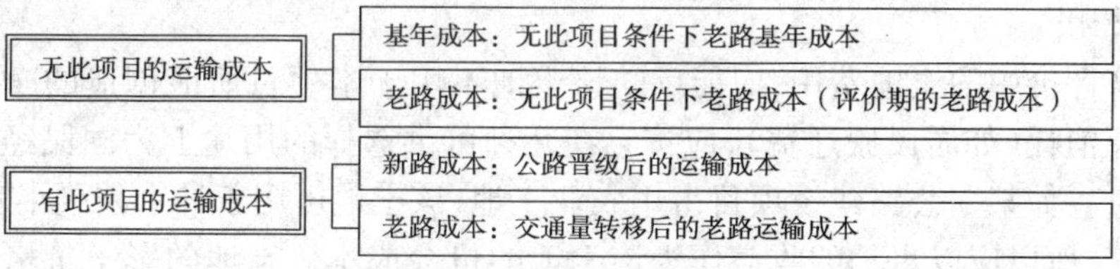

图11-2　运输成本构成图

这四个成本,除基年成本外,老路成本每年都是不同的。这是因为每条公路所能承受的交通量是弹性的,并受运输条件、路况及经济发展多因素制约。在项目效益计算时,必须要考虑这种差异,才能正确计算。

运输成本构成主要表现为车辆费用中的燃料消耗、轮胎磨损、保修费用三大费用指标。车辆费用中的其他项目和企业管理费则主要与国家的政策、市场的经济环境等影响因素有关。

(1)汽车的燃料消耗从总体情况分析是受车辆的老旧状况、平均行驶速度、载质量的大小、道路运行条件和汽车发动机性能等技术条件的影响,考核的主要指标是百车公里耗油和百吨公里耗油两项指标。在车辆运行速度、载质量、车型和车况相同的条件下,路面质量好、坡度小、行车干扰少和刹车次数少等可以减少油耗。

(2)车辆轮胎的消耗主要受轮胎的质量、路况的好坏、车辆的行驶速度和连续运行的时间长短等因素的影响。高速公路与普通道路相比,由于其路面条件好,减少了由于刹车、转向所引起的轮胎磨损,也基本上消除了轮胎在低等级路面上行驶所经常发生的破坏性磨损和割伤。但在高速公路上连续运行的时间长,轮胎内部产生的热量就会积聚,不易散发,从而产生高压,轮胎极易发生爆胎现象,造成轮胎的实际耐用距离缩短。

(3)汽车的保修费用采用千吨公里保修费用衡量。

4. 社会折现率

将未来不同年份的效益和费用的价值调整到现在同一年份的过程叫折现。折现的过程就是将评价计算期内某一年的费用和效益乘以该年的折现系数,转换成基年的费用和效益,如1990年、1991年以及以后的效益、费用按一定的折现系数折到1989年。公路建设项目折现基年是项目开工的前一年。折现反映了货币的时间价值。

社会折现率(i_s)是社会对资金时间价值的估值。对国民经济评价来说,社会折现率是从整个国民经济角度对资金的边际投资收益率的估值。具体地说,由于项目使用资金,致使这些资金不能再用于国民经济其他方面,从而失去了这些资金用于其他方面所能获得的盈利,这部分失去的盈利就是项目使用资金的代价,或称为资金的机会成本,这个资金的机会成本就是用社会折现率来体现的。根据我国目前的投资收益水平,一般采用10% ~12%。

5. 贸易费用率

贸易费用是指物资局、各级批发站和外贸公司等商贸部门花费在生产资料流通过程中的除长途运输费用以外的费用,它包括货物的经手、储存、再包装、短距离倒运、装卸、保险和检验等所有流通环节上的费用支出,也包括流通过程中的损耗以及按照社会折现率计算的资金回收费用,但不包括长途运输费用。不由商贸部门经手而由生产厂家直供的产品,不必计算贸易费用。

贸易费用率是用以计算贸易费用的一个系数,货物的出厂价或到岸价乘以贸易费用率即等于贸易费用。在没有特殊要求的情况下,贸易费用率取6%。

6. 土地费用

国民经济评价中的土地费用,应能反映该土地不用于本项目所能创造的净效益及社会为此而增加资源消耗(如居民搬迁费),应按它在几种可供选择的用途上为国民经济所提供的最大价值来衡量。如某一公路建设项目占用农业土地,该土地可用于种水稻或小麦,由于水稻的收益大于小麦,所以应以水稻的收益作为该土地的机会成本。土地的影子价格应计算项目占用土地在整个占用期间逐年效益的现值之和,并将其作为土地的费用计入项目建设投资成本中。

7. 旅客与货物的时间价值

旅客因旅行时间节省而受益,他们节省的时间的货币表现即为旅客的时间价值。计算公路旅客时间价值有多种方法,主要有按人均工农业总产值、人均工资、人均国民收入计算等几种计算方法。《公路建设项目经济评价办法》要求按人均国民收入计算旅客的时间价值,每一旅客的国民收入份额可通过下式计算:

$$IC = IC_j / P \tag{11-1}$$

式中:IC_j——计算年度的国民收入总额,万元;

P——计算年度的总人口数,万人。

采用人均国民收入计算时间价值的有利条件是,各地区均有人口和国民收入的统计资料,数据收集较为方便。在计算过程中,参数的取值应注意:如果时间价值指标是以全社会人口平均求得,则计算时间节约效益可以以旅客总数为乘数;如果对旅客职业和出行目的作调查并分组计算,则人均国民收入指标也应按不同的人员测算,这才符合计算范围对应的原则。

货物的时间价值是以在途货物时间节约引起流动资金利息的减少作为时间节约的效益。《公路建设项目经济评价办法》只计算了货物途中资金的时间价值,对于货物的储存装卸期间的时间价值没有比较。

在计算客、货时间节约效益时，应注意要按有无比较法计算项目的效益，计算中采用的客货周转量、全程节约小时数均为变量，应根据每年的变化情况进行该项效益计算。在途货物价格应以项目建设的第一年为基础。

在许多可行性研究报告中，对公路客、货时间价值计算多予忽略。如果公路线路短，节约时间甚微，这类效益可不计。但是，随着商品经济的发展，我国经济发展水平的不断提高，高价值货物运输比重的增加，集装箱运输的发展以及人们时间观念的更新，时间价值会越来越受到人们的重视。

8. 评价期末残值

残值是指评价期末道路残留下来的价值，按照《公路建设项目经济评价办法》的规定：残值一般可取工程建设投资的50%，以负值形式计入费用。残值为什么要取工程费用的50%来计算呢？首先，残值通常是在项目评价期末以负值计入费用，评价期为20年，第20年以后的价值贴现为现值后，数额就非常小了；其次，项目评价期20年以后，该项目可出现多种可能，有的可能废弃，残值为0，有的使用超过项目评价期，如大桥，特大桥，其使用寿命超过三四十年，甚至上百年，残值应为100%，还有的项目一部分工程使用期可能超过20年，一部分工程可能废弃。

对于BOT（Build-Operate-Transfer，建设—经营—转让）项目，由于特许经营期结束后该项目要无偿交还给国家，因此残值按0考虑。

三、效益分析

公路建成后所带来的最重要、最直接的可以货币形式计量的效益，是公路使用者获得的直接效益，而交通量是计算项目效益的基本数据。由于项目经济评价采用有无比较法，因此交通量可相应划分为有此项目条件下的交通量和无此项目条件下的交通量。其构成见图11-3所示。

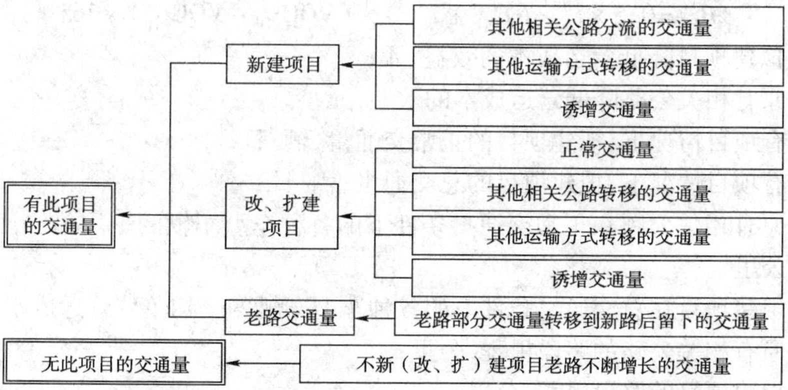

图11-3　交通量构成图

正常交通量的效益是改、扩建与无改、扩建项目形成的汽车运输成本之差额。

转移交通量的效益是指通过这部分交通量在拟建项目和其他公路或其他运输方式线路上的运输成本、运行时间等的比较，而获得的效益，但是，对于铁路、水运转移到拟建公路上的交通量的效益，就不宜简单地比较各自的运输费用，而应扩大口径，把装卸、储存、损耗和误期费用一并包括在内进行比较。以往所做的经济评价，对其他运输方式转移的交通量产生的效益，通常是与相关公路转移的交通量所产生的效益合并计算，这是一种简化计算，其前提是：假定其他运输方式的运输根据合理分工，转移到现有的公路网上，然后在运输通道范围内进行二次转移，转移到拟建的公路上。另外，继续留在老路或其他运输方式上没有转移的交通量，也会由于运输环境的改变而产生效益，这部分效益称为减少拥挤的效益。

诱增交通量所产生的效益，按照国内外的习惯作法，按正常交通量效益的一半来计算。

根据以上分析，国民经济评价中的效益归纳为四类，主要有：降低运营成本效益(B_1)、旅客在途时间节约效益(B_2)、拟建项目减少交通事故效益(B_3)和减少拥挤的效益(B_4)四类。在实际评价时，我们一般采用B_1、B_2、B_3这三项指标测算公路建设项目的效益，B_4在较特殊项目中可采用。

在分项效益计算中，我们利用货、客换算周转量和货、客综合运输成本进行计算，如果将货、客车分开计算，其运输成本也应分别测算。但是货、客车节约在途时间价值要分开计算效益。

在效益计算中，交通量在项目开工后的预测年限与评价计算期应相一致。这期间在未来年交通量达到公路通行能力后，交通量和效益不再变化。例如，1989年建成一条新路，交通量预测和效益计算应到2009年，假如预测的年交通量到2003年已达到最大通行能力，则2004年的交通量与效益等同于2003年，不再变化。

1. 降低运营成本效益(B_1)

是指公路晋级后，使得客、货运输成本降低而产生的效益。新建公路项目运输成本降低额，按没有此公路时，旅客、货物通过其他公路或其他运输方式的运输成本，与有了此公路时的汽车运输成本之差额来计算。改建公路项目运输成本降低额，按公路未经改建时评价年度交通量状况下的客货运输成本，与经过改建在同一交通量水平下所能达到的客货运输成本之差额来计算。

$$B_1 = B_{11} + B_{12} \tag{11-2}$$

$$B_{11} = 0.5 \times (T_{1P} + T_{2P}) \times (\mathrm{VOC}'_{1b} + L' - \mathrm{VOC}_{2P} \times L) \times 365 \tag{11-3}$$

$$B_{12} = 0.5 \times L' \times (T'_{1P} + T'_{2P}) \times (\mathrm{VOC}'_{1b} - \mathrm{VOC}'_{2P}) \times 365 \tag{11-4}$$

式中：B_{11}——拟建项目降低营运成本的效益，元；

B_{12}——原有相关公路降低营运成本的效益，元；

T_{1P}——有项目情况下，拟建项目的正常交通量，辆/日；

T_{2P}——有项目情况下，拟建项目的总交通量，辆/日；

VOC'_{1b}——原有相关公路在正常交通量条件下的各种车型车辆的平均单位营运成本，元/车公里；

VOC_{2P}——拟建项目在总交通量条件下的各种车型车辆的平均单位营运成本，元/车公里；

L'——原有相关公路的路段里程，公里；

L——拟建项目的路段里程，公里；

T'_{1P}——有项目情况下，原有相关公路的正常交通量，辆/日；

T'_{2P}——有项目情况下，原有相关公路的总交通量，辆/日；

VOC'_{2P}——有项目情况下，原有相关公路在总交通量情况下的各种车型车辆的平均单位营运成本，元/车公里。

以拟建项目是高速公路为例，各种车型车辆的平均单位营运成本(VOC)和平均运行速度(S)的计算方法如下，其他等级的公路可适当简化。

(1)根据交通量预测数据,准备各时段的小时数及平均小时交通量(用年平均日交通量的百分比表示)。

(2)选用适当的流量—速度—营运成本模型,按小时流量分别计算各车型(V)车辆在各路段(g)的单位营运成本(VOC_{Vg})和运行速度(S_{Vg})。

(3)在给定路段上某种车型V车辆的单位营运成本(VOC_V)和运行速度(S_V)分别为:

$$VOC_V = \frac{1}{24}\sum_{g=1}^{n}(h_g \times VOC_{Vg}) \tag{11-5}$$

$$S_V = \frac{1}{24}\sum_{g=1}^{n}(h_g \times S_{Vg}) \tag{11-6}$$

式中:VOC_V——车型V车辆的单位营运成本,元/车公里;

S_V——车型V车辆的运行速度,km/h;

g——时段或流量组个数,$g=1,2,3,\cdots,n$;

n——车型种类数;

h_g——第g组小时数,h,$\sum_{g=1}^{n}h_g=24$;

VOC_{Vg}——车型V车辆在路段g的单位营运成本,元/车公里;

S_{Vg}——车型V车辆在路段g的运行速度,km/h。

(4)各种车型车辆的平均单位营运成本(VOC)和平均运行速度(S)分别为:

$$VOC = \sum_{V=1}^{n}(VOC_V \times d_V) \tag{11-7}$$

$$S = \sum_{V=1}^{k}(S_V \times d_V) \tag{11-8}$$

式中:VOC——各种车型车辆的平均单位营运成本,元/车公里;

S——各种车型车辆的平均运行速度,km/h;

k——车型种类数;

V——车型种类,$V=1,2,3,\cdots,n$;

d_V——第V种车型交通量占全车种交通量(自然数)的比重,$\sum d_V=1$;

其他符号意义同前。

2. 旅客在途时间节约效益(B_2)

公路因改建而缩短里程,节约了旅客在途时间的价值,以旅客旅行时间缩短可多创造的国民收入考虑,其金额以每人平均创造国民收入(净产值)的份额来计算。公式如下:

$$B_2 = B_{21} + B_{22} \tag{11-9}$$

$$B_{21} = 0.5 \times W \times E \times (T_{1PP} + T_{2PP}) \times (L'/S'_{1b} - L/S_{2P}) \times 365 \tag{11-10}$$

$$B_{22} = 0.5 \times W \times E \times L' \times (T'_{1PP} + T'_{2PP}) \times (1/S'_{1b} - 1/S'_{2P}) \times 365 \tag{11-11}$$

式中:B_{21}——使用拟建项目旅客节约时间效益,元;

B_{22}——使用原有相关公路旅客节约时间效益,元;

W——旅客单位时间价值,元/(人·小时);

E——客车平均载运系数,人/辆;

S'_{1b}——基准情况下,原有相关公路在正常交通量条件下各种车型客车的平均运行速度,km/h;

S_{2P}——有项目情况下,拟建项目在总交通量条件下各种车型客车的平均运行速度,km/h;

T_{1PP}——有项目情况下，拟建项目的客车正常交通量，辆/日；

T_{2PP}——有项目情况下，拟建项目的客车总交通量，辆/日；

S'_{2P}——有项目情况下，原有相关公路在总交通量条件下各种车型客车的平均运行速度，km/h；

T'_{1PP}——有项目情况下，原有相关公路的客车正常交通量，辆/日；

T'_{2PP}——有项目情况下，拟建项目的客车总交通量，辆/日。

旅客单位时间价值的测算应同时考虑工作时间价值和闲暇时间价值，其具体测算方法参照《公路建设项目可行性研究技术经济参数》进行，客车平均载运系数应以各种车型客车交通量为权数，计算其加权平均数。

3. 拟建项目减少交通事故效益(B_3)

公路项目的建设，提高了交通安全性，从而使交通事故费用损失得以减少，给国民经济带来效益。该效益可以根据项目实施后预测的事故发生次数、事故严重程度和每次事故的平均损失费用来计算。

$$B_3 = B_{31} + B_{32} \tag{11-12}$$

$$B_{31} = 0.5 \times (T_{1P} + T_{2P}) \times (r'_{1b} \cdot L' \cdot C'_b - r_{2p} \cdot L \cdot C_p) \times 365 \times 10^{-12} \tag{11-13}$$

$$B_{32} = 0.5 \times (T'_{1P} + T'_{2P}) \times (r'_{1b} \cdot L' \cdot C'_b - r'_{2p} \cdot L' \cdot C'_p) \times 365 \times 10^{-12} \tag{11-14}$$

式中：B_{31}——拟建项目减少交通事故效益，万元；

B_{32}——原有相关公路减少交通事故效益，万元；

r'_{1b}——基准情况下，原有相关公路在正常交通量条件下的事故率，次/亿车公里；

C'_b——基准情况下，原有相关公路单位事故平均经济损失费，元/次；

r_{2p}——有项目情况下，拟建项目在总交通量条件下的事故率，次/亿车公里；

C_p——有项目情况下，拟建项目单位事故平均经济损失费，元/次；

r'_{2p}——有项目情况下，原有相关公路在总交通量条件下的事故率，次/亿车公里；

C'_p——有项目情况下，原有相关公路单位事故平均经济损失费，元/次；

其余符号意义同前。

4. 减少拥挤的效益(B_4)

无此项目时，原有相关公路的交通量不断增加，评价行车速度降低，单位运输成本不断提高。有此项目后，使原有相关公路部分交通量发生转移而减少拥挤，原应提高的单位运输成本不再提高，此项金额的节省即为减少拥挤的效益，其计算公式为：

$$B_4 = B_{hy} + B_{ky} = (C_{hw} - C_{hyy}) Q_{hl} + (C_{kw} - C_{kyy}) Q_{kl} \tag{11-15}$$

式中：B_4——减少拥挤的效益，万元/年；

B_{hy}, B_{ky}——由于公路网中新路建设使原有相关公路减少拥挤的货物、旅客运输效益，万元；

C_{hw}, C_{kw}——无此公路时，原有相关公路货物、旅客运输的单位成本，单位分别为元/千吨公里、元/千人公里；

C_{hyy}, C_{kyy}——有此项目后，使原有公路减少拥挤相应的货物、旅客运输的单位成本，单位分别为元/千吨公里、元/千人公里；

Q_{hl}, Q_{kl}——公路建成后，原有相关公路的部分交通量发生转移(到新建公路)后剩余的货物、旅客周转量，单位分别为千万吨公里、千万人公里。

当缺乏旅客运输单位成本时，可采用换算吨公里按货物运输成本进行间接推算。

四、费用分析

公路建设项目的经济成本是指为兴建和经营该项目而付出的经济代价，即所投入的全部物资资源和人力资源，包括政府负担的代价和私人负担的代价，以货币形式来计量和表示。根据经济成本的定义，其构成应该包括建造成本（又称投资成本）、营运成本和外差成本三部分。

1. 建造成本

建造成本可分为固定资产费用、其他建造成本两类，从经济成本角度出发应包括勘测设计费、科学试验费、建设单位管理费及建设费用。其中建设费应包括以下内容。

（1）建设安装工程费用：包括土方、结构物、防护工程、安全设施、通信中心及服务设施的建设费用。

（2）设备、工具等购置费：包括收费系统、监控系统、通信设备以及养护设备的购置费。

（3）其他基建费用：包括征地拆迁、技术装备等。

（4）预留费用、不可预见费和其他费用等。

2. 营运成本

营运成本包括公路使用费和公路大修费两种。公路使用费主要指公路寿命年限内的养护及交通管理费用。在作国民经济评价时，为使效益与成本的计算范围统一，只考虑新增的养护管理费用。

（1）公路工程使用费（养护费用）

公路工程的养护费用指对公路及构造物各部分磨损进行恢复、改善的公路工程费用。从养路费支出的财务角度讲，公路工程的养护费用包括公路小修保养费用、公路大中修费用、公路水毁工程抢修及修复费用、改建工程费用、公路渡口、公路绿化、道（渡）班房建设费用及县、乡公路补贴等。这里仅对其中的公路小修保养费用（日常养护）做一介绍。

公路工程的小修保养是对公路及构造物进行预防保养和修补其轻微损坏部分，使之经常保持完好状态。小修保养费用主要包括道路工人的基本工资及附加工资、养护材料费、工具费、道路机械使用费等。

（2）公路工程大修费用

一般公路网建设项目实施后，在一定时期内，需要对公路进行一次全面的维修，以保证公路达到原有的标准。

公路的大修工程是对公路及构造物的较大损坏进行全面综合大修理，以全面恢复到原设计标准，或在原技术等级范围内进行局部改善和个别增建，以提高公路通行能力的工程。大修工程在高等级公路中按每 10 年进行一次，大修费用每 10 年记入建设费用一次。

公路大修工程费用指公路养护单位为提高公路的使用质量，恢复和改善公路的各个构成部分，必须为进行大修的工程所支付的各种费用，主要包括人工费、材料费、施工机械使用费、其他直接费（直接用于公路工程施工的费用）和施工管理费等。

在做项目经济评价时，对公路大修的工程费用的估算应按照各地区的实际情况，结合各等级公路的服务水平及技术状况进行测算。

3. 外差成本

公路运输项目的兴建和营运往往会给社会带来不利的影响和副作用，诸如污染之类，这种情况称为消极外差因素和外部不经济。因此运输项目的兴建和营运一方面给社会带来了好处，一方面又迫使社会花钱采取一些防污措施，诸如疏散运输项目附近的居民、改建房屋、装置防噪和去污设备等。这些设备不论由谁承担,对国民经济来说,总是付出代价,反映资源的消耗和流向。

外差成本必须根据项目的有无原则来鉴别、衡量,只有当有该项目时发生的消极外差因素导致减少了国民收入,这样的费用才可列入外差成本。

五、评价指标计算

公路建设项目国民经济评价的主要指标有:经济净现值(ENPV)、经济效益费用比(EBCR)、经济内部收益率(EIRR)和投资回收期(N)。

1. 经济净现值

经济净现值(ENPV),是反映项目对国民经济净贡献的绝对指标,是指用社会折现率将项目计算期内各年的净效益流量折算到开工前一年年末的现值之和。其计算方法为:

$$\mathrm{ENPV} = \sum_{t=1}^{n}\left[(B_t - C_t)(1 + i_s)^{-t}\right] \tag{11-16}$$

式中:ENPV——经济净现值,万元;

B_t——第 t 年的净效益流入量,万元;

C_t——第 t 年的净费用流出量,万元;

i_s——社会折现率;

n——公路项目计算的年限。

ENPV 大于零,说明评价期内项目总收益大于总费用,项目可行;ENPV 小于零,说明评价期内的总收益小于总费用,项目不可行;ENPV 等于零,说明项目获利能力仅达到刚能补偿投资的水平,此时要看其他指标决定项目的取舍。

2. 经济效益费用比

项目经济效益费用比(EBCR),是项目评价年限内各年效益的现值总额和各年费用的现值总额的比率,其经济含义为每万元的投资费用可获得多少效益。计算公式为:

$$\mathrm{EBCR} = \left(\sum_{t=1}^{n} B_t P_t\right) / \left(\sum_{t=1}^{n} C_t P_t\right) \tag{11-17}$$

式中:EBCR——经济效益费用比;

P_t——按社会折现率计算的第 t 年折现系数,$P_t = (1 + i_s)^{-t}$;

其余符号意义同前。

当 $\mathrm{EBCR} > 1$ 时,说明项目所具有的获利能力超过对项目的投入,项目可行;$\mathrm{EBCR} < 1$,说明项目所具有的获利能力不足抵偿项目的投入,项目不可行;而 $\mathrm{EBCR} = 1$,说明项目效益现值总额等于费用现值总额。

3. 经济内部收益率

经济内部收益率(EIRR),是公路项目对国民经济净贡献的相对指标,它是项目在计算期内各年经济净现金流量的现值累计等于零时的折现率,其计算方法为:

$$\sum_{t=1}^{n}(B_t - C_t)(1 + \mathrm{EIRR})^{-t} = 0 \tag{11-18}$$

式中:EIRR——经济内部收益率;

其余符号意义同前。

经济内部收益率等于或大于社会折现率表明项目可以接受。

4. 投资回收期

投资回收期(N)是以项目的净效益抵偿项目建设总投资所需要的时间,即计算费用和效益相抵需要的年份数。投资回收期可分为静态和动态两种,静态投资回收期采用费用、效益原值,不考虑货币时间价值因素;动态投资回收期要包含时间价值因素,即对建设投资费用和效益采用同一折现率折为现值,然后再计算费用和效益相抵的年限。现在我们所进行的项目经济评价,通常是计算动态的投资回收期。采用动态投资回收期,还应注意两种情况。

(1)如果建设期终的次年投入使用开始产生效益,则投资回收期为净现金流量的累计值接近零的年份数减去建设期初的年份数。

(2)如果分段建设分段投入使用,使建设期内产生局部效益,则以各段计算的投资回收期的平均数为整个公路项目的投资回收期。注意每段效益均要按20年计,如果修半幅高速公路若干年再修另外半幅,要重新评价。

采用投资回收期作为评价指标,主要是根据收回投资年限的长短作为衡量和筛选项目的标准和依据。一般地讲,投资回收期短表明获利能力较高,风险较小。

六、案例

某一级公路工程可行性,建设期为2009~2010年,运营期为2011~2030年,评价期为20年,评价基年为2005年。

社会折现率取8%,影子汇率换算系数取1.08,影子工资换算系数取1.0,贸易费用率取6%,公路货运影子价格换算系数取1.26,残值取公路建设费用的50%,以负值计入费用。

对该项目经济费用和经济效益计算统计后,编制国民经济效益费用流量表如表11-1。

国民经济效益费用流量表(单位:万元)　　　　表11-1

年份		费用流出	效益流入	净效益流量	净效益流量累计	净效益流量折现	净效益流量累计折现
建设	2009	75 166	0	-75 166	-75 166	-55 249	-55 249
	2010	66 656	0	-66 656	-141 822	-45 365	-100 614
营运期	2011	482	10 547	10 065	-131 757	6 343	-94 272
	2012	499	11 813	11 314	-120 443	6 601	-87 670
	2013	516	13 230	12 714	-107 729	6 869	-80 801
	2014	534	14 818	14 283	-93 446	7 145	-73 656
	2015	553	16 596	16 043	-77 403	7 431	-66 225
	2016	572	18 587	18 015	-59 388	7 726	-58 499
	2017	593	20 818	20 225	-39 163	8 032	-50 467
	2018	613	23 316	22 703	-16 460	8 348	-42 119
	2019	635	26 114	25 479	9 019	8 675	-33 444
	2020	5 672	29 248	23 576	32 595	7 432	-26 012
	2021	680	32 757	32 077	64 672	9 363	-16 649
	2022	704	36 688	35 985	100 657	9 726	-6 924
	2023	728	41 091	40 363	141 019	10 101	3 177
	2024	754	46 022	45 268	186 287	10 489	13 666
	2025	780	51 544	50 764	237 052	10 891	24 557
	2026	808	57 730	56 922	293 974	11 308	35 865
	2027	836	64 657	63 821	357 795	11 739	47 605
	2028	865	72 416	71 551	429 346	12 186	59 791
	2029	895	81 106	80 211	509 557	12 649	72 440
	2030	-70 911	90 839	161 750	671 307	23 618	96 058

各项评价指标计算结果如表11-2。

国民经济评价指标表 表 11-2

指标	内部收益率 EIRR(%)	净现值 ENPV(万元)	效益费用比 EBCR	投资回收期 N(年)	
				静态	动态
结果	14.3	96 058	2.27	10.64	14.68

通过国民经济评价分析,本项目内部收益率为14.3%,大于社会折现率8%。到评价期末,项目的净现值为96 058万元。效益费用比为2.27,效益比较好。静态回收期为10.64年,动态回收期为14.68年,回收年限不算很长。

第三节　财务评价

财务评价是通过一系列的预测、计算、分析和比较,对公路建设项目产生的财务效益进行全面评估。财务评价对公路建设项目的主要作用有如下几方面:

第一,投资者掌握项目在计算期内现金的流动情况,以决定如何安排运用资金和偿还贷款;

第二,使投资者弄清在国家现行财税制度和现行价格条件下,项目能给投资者带来多大的盈利;

第三,与项目的国民经济评价指标进行比较,根据比较结果做出项目决策。

一、评价步骤

公路建设项目财务评价的主要步骤如下:

(1)选取财务评价基础数据与参数,包括财务价格、税率、利率、汇率、计算期、折旧率和基准收益率等;

(2)计算收入,估算成本费用;

(3)编制财务评价报表,主要有财务现金流量表、损益表和借款偿还计划表等;

(4)计算财务评价指标,进行盈利能力分析和偿债能力分析;

(5)进行不确定性分析,包括敏感性分析和风险分析;

(6)编写财务评价报告。

图11-4为财务分析工作框图。

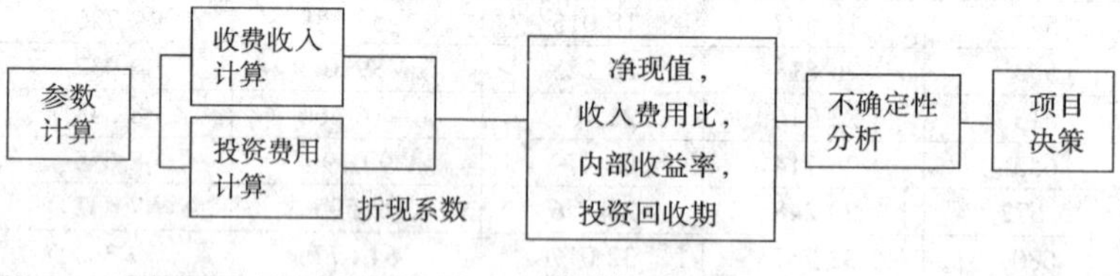

图11-4　财务分析工作框图

二、评价参数的确定

财务评价的基础数据与参数选取是否合理,直接影响到财务评价的结论,在进行财务分析之前,应做好这项基础工作。部分参数以国家发展改革委与建设部编制的《建设项目经济评价方法与参数》(3版.北京:中国计划出版社,2006.8)为参考,进行取值。

1. 财务价格

财务评价是对拟建项目未来的效益与费用进行分析,应采用预测价格。预测价格应考虑价格变动因素，即各种产品相对价格变动和价格总水平变动（通货膨胀或通货紧缩）。由于建设期和生产经营期的投入产出情况不同，应区别对待。财务价格分为固定价格和变动价格。

固定价格是指在项目生产运营期内不考虑价格相对变动和通货膨胀影响的不变价格，即在整个生产运营期内都用预测的固定价格，计算产品销售收入和原材料、燃料动力费用。基于在投资估算中已经预留了建设期涨价预备费，因此建筑材料和设备等投入品，可采用一个固定的价格计算投资费用，其价格不必年年变动。

变动价格是指在项目生产运营期内考虑价格变动的预测价格。变动价格又分为两种情况：一是只考虑价格相对变动引起的变动价格；二是既考虑价格相对变动，又考虑通货膨胀因素引起的变动价格。采用变动价格是预测在生产运营期内每年的价格都是变动的。生产运营期的投入品和产出品，应根据具体情况选用固定价格或者变动价格进行财务评价。为简化起见，有些年份也可采用同一价格。

进行盈利能力分析，一般采用只考虑相对价格变动因素的预测价格，计算不含通货膨胀因素影响的财务内部收益率等盈利性指标，不反映通货膨胀因素对盈利能力的影响。

进行偿债能力分析，预测计算期内可能存在较为严重的通货膨胀时，应采用包括通货膨胀影响的变动价格计算偿债能力指标，反映通货膨胀因素对偿债能力的影响。

2. 税费

财务评价中合理计算各种税费，是正确计算项目效益与费用的重要基础。财务评价涉及的税费主要有增值税、营业税、资源税、消费税、所得税、城市维护建设税和教育附加费等。进行评价时应说明税种、税基、税率和计税额等。如有减免税费，应说明政策依据以及减免方式和减免规模。

3. 利率

借款利率是项目财务评价的重要基础数据，用以计算借款利息。采用固定利率的借款项目，财务评价直接采用约定的利率计算利息。采用浮动利率的借款项目，财务评价时对借款期内的平均利率进行预测，采用预测的平均利率计算利息。

4. 汇率

财务评价汇率的取值，一般采用国家外汇管理部门公布的当期外汇牌价的卖出、买入的中间价。

5. 项目计算期

财务评价计算期包括建设期和生产运营期。生产运营期应根据项目使用年限、主要设施和设备的使用寿命期、主要技术的寿命期等因素确定。财务评价的计算期一般不超过20年。

6. 财务基准收益率

财务基准收益率（i_c）是项目财务内部收益率指标的基准和判据，也是项目在财务上可行的最低要求，可用作计算财务净现值的折现率。

如果有行业发布的本行业基准收益率，即以其作为项目的基准收益率；如果没有行业规定，则由项目评价人员设定，设定方法有两种：一是参考本行业一定时期的平均收益水平，并考虑项目的风险因素确定；二是按项目占用的资金成本加一定的风险系数确定。

设定财务基准收益率时，应与财务评价采用的价格相一致，如果财务评价采用变动价格，设定基准收益率则应考虑通货膨胀因素。

对于贷款项目，若费用全部由银行贷款，财务基准收益率应依照国家的有关规定确定；若费用全部由国外贷款，应按照国外的利率适当地考虑贷款的承诺费、管理费来确定；若项目费用为中外合资，财务基准收益率应考虑国内外银行贷款利率所确定的综合利率。

三、投资及收费估算

1. 项目的资金来源

公路建设项目的资金渠道，分国家基建计划之内与国家基建计划之外两种，见图11-5。需要进行财务分析的公路建设项目从资金来源上分，主要有两类：一是国内贷款项目，一是利用外资项目，见图11-6。

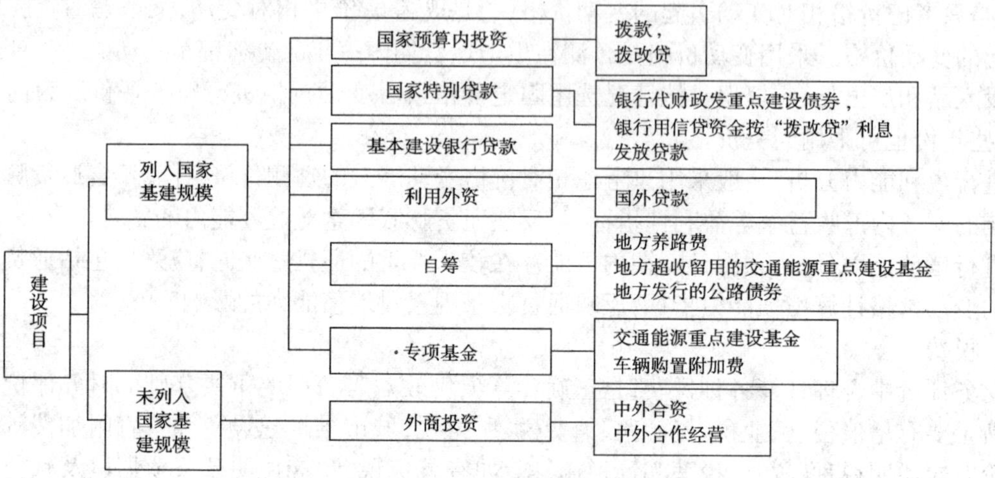

图11-5　公路建设项目资金来源分类图

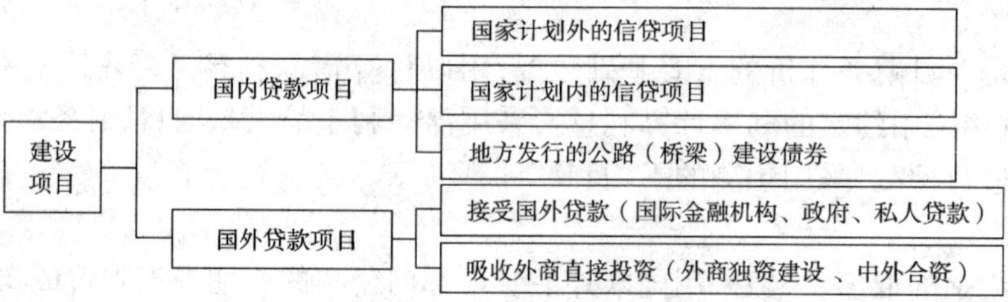

图11-6　财务分析项目的资金来源图

如果项目是利用外资建设，为了准确估算贷款偿还能力，应了解贷款方式。贷款方式分为两种。

一种按贷款的期限分长期、中期和短期贷款。长期贷款一般指5年以上，金额超过1亿美元的巨额贷款；中期贷款是指1年以上、5年以内的贷款，借贷金额一般在1亿美元左右；短期贷款一般指1年和1年以下的贷款，数额较小。公路建设项目一般采用长期贷款。

另一种按贷款的利率分为无息贷款、低息贷款、中息贷款和高息贷款。无息贷款只还本不付息，低息贷款是利率在5%以下的贷款，中息贷款的利率一般在5%～10%之间，高息贷款年利在10%以上，有的贷款利率（如商业贷款）还要随国际金融市场的利率上下波动。

2. 项目收费标准

收费主要针对过往车辆进行，所以我们首先对交通量要进行必要了解。项目交通量通常是由正常交通量、转移交通量和诱增交通量三部分组成，并根据经济发展水平确定远景交通量。

公路收费标准是一个十分复杂的问题，目前全国还没有统一的规定。具体收费标准的确定是一个科学性、技术性、政策性和社会性较强的综合性问题，是一个涉及公路建设与发展的重大课题，收费标准的确定应该是根据“贷款修路，收费还贷”的政策，根据建设投资总额、偿还年限、车辆成本及效益分析、交通量及交通组成等对收费标准进行综合分析，同时考虑社会承受能力统筹确定。通行费收费标准确定一般应从道路使用者、道路管理经营者以及社会效益等方面考虑。

确定公路收费标准需要考虑的因素如下：有无此项目条件下各种车辆的速度和汽车运输成本；用路者所获得的效益；其他运输方式的收费标准和国外公路的收费标准；经济发展对公路的需求；公路收费对个人收入的负担能力；公路建设费用的投资利率、社会折现率等。

在确定公路收费标准时，应根据经济发展情况、公路用户的信息反馈进行阶段调整。调整一般间隔几年进行一次，也可逐年进行。前者会给用户造成一次涨价太高的感觉，后者则会给用户造成年年涨价的感觉。

当前已采用的公路收费标准有如下几种形式。

(1)根据用路者受益价值的大小确定收费标准。主要依据有此项目与无此项目之间形成的车辆行驶费用的节约额，考虑不同车型或汽车的载重吨位确定收费标准。

(2)考虑公路建设项目的总投资费用、项目评价期内交通量增长率和项目的投资利率等因素，各车型平均收费标准计算公式如下：

$$K = \frac{P(1+r)(t+r)}{N \times L \times (1+t)^{n-1}} \tag{11-19}$$

式中：K——收费标准；

N——交通量；

L——里程；

P——总投资现值；

r——投资利率；

t——交通量增长率；

n——评价计算期。

(3)参照日本道路公团高速公路收费标准方法，按收费的负担度测算。收费的负担度的定义为：人们在一定的收入水平下对公路收费的承受能力，计算方法如下式：

$$B = K/I \tag{11-20}$$

式中：B——收费的负担度；

K——收费水平，以小客车的收费额来计；

I——人均收入，可采用人均 GDP。

采用此公式计算收费标准，为小客车的收费标准，其他车型的收费标准，均以此为基础，利用一定的换算系数求得。

3. 总投资和总收入估算

(1)项目总投资估算

公路建设项目的投资估算，应根据交通部的《公路工程估算指标》要求进行计算。财务分析的总投资估算与工程总投资估算的区别在于前者不考虑项目建设期间的物价上涨费用。

(2)收费总收入估算

$$S = \sum_{t=1}^{n} Q_t \times K \tag{11-21}$$

式中：S——收费总收入；

Q_t——第 t 年交通量；

K——收费额；

n——项目评价计算期。

四、评价指标计算

财务分析采用的评价指标主要有财务净现值（FNPV）、财务效益费用比（FBCR）、财务内部收益率（FIRR）和财务投资回收期（N）。财务分析的这四个指标中，财务投资回收期是反映项目在财力上投资回收能力的重要指标，是判断项目取舍的依据，而财务内部收益率表明了项目在财务上的实际承受能力。

1. 财务净现值

财务净现值（FNPV）是项目的收费收入现值总额减去项目费用现值总额的差额。计算公式为：

$$\mathrm{FNPV}=\sum_{t=1}^{n}\left[(B_t-C_t)(1+i_c)^{-t}\right] \tag{11-22}$$

式中：FNPV——财务净现值，万元；

B_t——第 t 年的收费金额，万元；

C_t——第 t 年的费用金额，万元；

i_c——财务基准折现率；

n——公路项目计算年限。

2. 财务效益费用比

项目的财务效益费用比（FBCR）是各年收费收入现值总额与各年费用现值总额的比率。计算公式为：

$$\mathrm{FBCR}=\sum_{t=1}^{n}B_tP_t/\sum_{t=1}^{n}C_tP_t \tag{11-23}$$

式中：FBCR——财务效益费用比；

P_t——按财务基准折现率计算的第 t 年的折现系数，$P_t=(1+i_c)^{-t}$；

其他符号意义同前。

3. 财务内部收益率

财务内部收益率（FIRR）是指项目在整个计算期内各年净现金流量累计等于零时的折现率，即使项目的收费收入总和等于费用现值总和的折现率。它是评价项目盈利能力的动态指标，计算公式为：

$$\sum_{t=1}^{n}(B_t-C_t)\times(1+\mathrm{FIRR})^{-t}=0 \tag{11-24}$$

式中：FIRR——财务内部收益率；

其他符号意义同前。

建设单位可以通过财务内部收益率与国外贷款机构的利率或国内银行贷款利率作比较，确定项目在财务上能否接受。

4. 财务投资回收期

财务投资回收期（N）是项目的收费收入抵偿总建设费用所需要的时间，计算公式为：

$$\sum_{t=1}^{n}(B_t-C_t)=0 \tag{11-25}$$

式中符号意义同前。

上述等式成立时的 n 值即为财务投资回收期,财务投资回收期必须与标准投资回收期指标作比较来判断项目财务上的可行性。

五、借款偿还能力分析

借款偿还能力分析是对项目使用期间收费收入的估算,通过对项目借款的本利预测,说明项目是否在规定的偿还条件下,保证有足够的偿还能力,以防止出现财务状况的恶化和长期负债的现象。借款偿还能力分析的重点在于借款偿还期内可否偿还借款。

1. 借款偿还期分析

借款偿还期是用规定的偿还借款资金(项目收费收入)收回借款本息的时间。按复利法进行贷款偿还分析时,其计算公式如下:

$$\sum_{t=1}^{N}[B_tQ_t(1-r)-C_t](1+i)^{-t}-\sum_{t=0}^{M}P_t(1+i)^t=0 \tag{11-26}$$

式中:N——借款偿还期(不含建设期);

M——项目建设期;

P_t——建设项目投资中的各年度贷款额;

B_t——车辆通行费收费标准;

Q_t——交通量;

r——营业税率;

C_t——年度营运费支出;

i——贷款利率。

按单利法进行贷款偿还分析时,其计算公式如下:

$$P-\sum_{t=1}^{N}\left[P-\sum_{m=1}^{t}(R_m-F_m)+\frac{1}{2}(R_t-F_t)\right]\cdot i+\sum_{t=0}^{M}(R_t-F_t)=0 \tag{11-27}$$

式中:R_t,R_m——收费公路在 t、m 年度的收费收入,由收费标准及交通量决定;

F_t,F_m——收费公路在 t、m 年度的运营费支出;

P——建设期内的贷款额及其贷款利息,$P=\sum_{t=1}^{M}P_t[1+(M-t+0.5)i]$;

其他符号意义同前。

借款偿还能力分析还要作借款还本付息预测。当预测出每年项目的收入以后,可据以预测投资借款还本付息的进度和时间。它要求按建设期和使用期分别预测。

2. 利息备付率分析

利息备付率是指项目在借款偿还期内,各年可用于支付利息的税息前利润与当期应付利息费用的比值,表示项目的利润偿付利息的保证倍率。计算公式如下:

$$\mathrm{BCF}=T_{\mathrm{before}}/F_{\mathrm{now}} \tag{11-28}$$

利息备付率 = 税息前利润/当期应付利息费用

式中:BCF——利息备付率;

T_{before}——税息前利润,等于利润总额与计入总成本费用的利息费用之和;

F_{now}——当期应付利息费用,等于计入总成本费用的利息费用。

利息备付率可以按年计算,也可以按整个借款期计算。对于正常运营的项目,利息备付率应大于 2,否则表示付息能力保障程度不足。

3. 偿债备付率分析

偿债备付率指项目在借款偿还期内，各年可用于还本付息资金与当期应还本付息金额的比值，即：

偿债备付率 = 可用于还本付息资金/当期应还本付息金额

其中，可用于还本付息资金，包括用于还款的折旧和摊销、在成本中列支的利息费用和可用于还款的利润等。当期应还本付息金额包括当期应还贷款本金及计入成本的利息。

偿债备付率可按年计算，也可以按整个借款期计算。偿债备付率表示可用于还本付息的资金偿还借款本息的保证倍率。偿债备付率在正常情况下应当大于1，当指标小于1时，表示当年资金来源不足以偿付当期债务，需要通过短期借款偿付已到期债务。

六、案例

某一级公路工程可行性，建设期为2009～2010年，2011年正式通车。财务评价运营期取20年，财务评价拟定建设期为2009～2010年，营运期为2011～2030年。

根据《建设项目经济评价方法与参数》（3版. 北京：中国计划出版社，2006）及国家的有关税务制度，营业税税率取5.5%；对于国内公司所得税税率取33%；固定资产折旧按20年计算，运营期末留5%的残值；建设期贷款利息按中国人民银行最新利率执行，年利率6.3%；根据项目方案的资金筹措方式，确定项目财务基准折现率为2.2%。

项目方案财务分析中建设费用以现行（基年）价格为基础，按年均5%物价上涨指数调整到项目评价基年，评价期（包括项目建设期和营运期）内考虑物价上涨因素，按每年8%的上涨指数计算。

根据投资估算，项目的财务费用112 369.5万元。养护、管理费用取项目建设费用的0.4%，大修安排在通车后第十年（即2020年），费用为项目建设费用的4.0%。

本项目的财务收入主要是收费收入。

考察项目本身及投资各方的盈利水平，编制财务现金流量表如表11-3。

财务现金流量表（单位：万元）　　表11-3

年　份	1	1.1	2	2.1	2.2	2.3	2.4	3
	现金流入	收费收入	现金流出	建设投资	经营成本	营业税	所得税	净现金流量
2009			78 131	78 131				−78 131
2010			69 286	69 286				−69 286
2011	9 122	9 122	1 823		500	502	821	7 299
2012	9 493	9 493	1 896		520	522	854	7 597
2013	9 879	9 879	1 973		541	543	889	7 906
2014	10 281	10 281	2 053		562	565	925	8 228
2015	10 868	10 868	2 161		585	598	978	8 707
2016	11 150	11 150	2 225		608	613	1 004	8 925
2017	11 440	11 440	2 292		633	629	1 030	9 149
2018	17 607	17 607	3 211		658	968	1 585	14 396
2019	18 064	18 064	3 304		684	994	1 626	14 761

续上表

年份	1 现金流入	1.1 收费收入	2 现金流出	2.1 建设投资	2.2 经营成本	2.3 营业税	2.4 所得税	3 净现金流量
2020	18 088	18 088	8 519		5 897	995	1 628	9 568
2021	18 413	18 413	3 410		740	1 013	1 657	15 003
2022	18 745	18 745	3 488		770	1 031	1 687	15 257
2023	19 082	19 082	3 567		801	1 050	1 717	15 515
2024	19 426	19 426	3 649		833	1 068	1 748	15 776
2025	19 484	19 484	3 691		866	1 072	1 754	15 793
2026	19 718	19 718	3 760		900	1 085	1 775	15 959
2027	19 955	19 955	3 830		936	1 098	1 796	16 125
2028	20 194	20 194	3 902		974	1 111	1 817	16 292
2029	20 437	20 437	3 976		1 013	1 124	1 839	16 460
2030	94 307	20 599	14 728		1 053	5 187	8 488	79 579

财务评价各项指标计算结果如表 11-4。

项目财务评价指标 表 11-4

指标	财务内部收益率 FIRR(%)	财务收入费用比 FBCR	投资回收期 N(年)		财务净现值 FNPV(万元)
			静态	动态	
评价值	6.06	1.43	15.32	17.53	80 482

通过财务评价结果可以看出,财务内部收益率为 6.06%,大于基准折现率 2.2%;财务收入费用比为 1.43,效益比较好;静态投资回收期为 15.32 年,动态为 17.53 年,均在可接受范围内;财务净现值为 80 482 万元。

第四节　多方案经济比选

多方案经济比选是对同一公路建设项目的多种不同方案,寻找其中合理的经济方案的一种技术手段,是项目经济评价的重要组成部分。在计划决策部门,多方案比选可作为项目立项、项目排序的依据。在项目可行性研究过程中进行各项主要经济和技术决策时,均应根据实际情况提出各种可能的方案进行筛选,并对筛选出的几个方案进行经济计算,结合其他因素详细论证比较,做出抉择。方案比较应注意两点:一是保持各个比较方案的可比性,二是每个独立方案首先应是可行的。

一、评价标准和指标

经济计算结果是方案比选的主要依据,不同方案原则上应按国民经济评价结果进行比选,但对国民经济评价结果基本一致的方案进行比选时,为了简化计算,在不会与国民经济评价结果发生矛盾的条件下,也可通过财务评价结果确定。

1. 评价标准

方案比选可按各个方案所含的全部因素(相同因素和不同因素)计算各方案的全部经济

效益和费用，进行全面的对比，也可仅就不同因素计算相对经济效益和费用，进行局部的对比。要特别注意各个方案间的可比性，遵循效益与费用计算口径对应一致的原则，必要时应考虑相关效益和相关费用。

在方案比较中，作为评价标准（基准）的财务基准收益率（财务评价时）和社会折现率（国民经济评价时），是分别从部门（行业）和国民经济角度对资金时间价值的估量，它反映了不同部门（行业）和整个国民经济的投资收益水平、资金机会成本和资金供需情况等因素。它还可作为计算净现值、净现值率、年值等指标或计算最小价格（最低收费标准）时的折现率。

2. 评价指标

方案比选应注意在某些情况下使用不同指标会导致相反结论的可能性。根据方案的实际情况（计算期是否相同，资金有无约束条件及效益是否相同等）选取用适当的比较方案和指标。

净现值、内部收益率和净现值率是项目经济评价、方案比较和项目排序中经常出现的指标。一般来说，内部收益率比较直观，能直接表示项目投资的盈利能力，但内部收益率过高或过低时，往往缺乏实际意义。当项目在生产期有大量追加投资时，可能有多个收益率，从而得不到正确的解答。这种"非常规项目"在实践中并不多见，当出现这种情况时，应对现金流量作适当处理，使之成为"常规项目"，也可得到一个内部收益率。

净现值指标没有上述缺点，但它只能表明项目投资的盈利能力超过、等于或达不到要求的水平（财务评价时为财务基准收益率，国民经济评价时为社会折现率），而该项目的盈利能力究竟比财务基准收益率或社会折现率的要求高多少或低多少，则表示不出来。

净现值率是在净现值基础上发展起来的，可作为净现值的一个补充指标，它反映净现值与投资现值的关系。净现值率的最大化，将有利于实现有限投资的净贡献最大化。

在独立（单个）项目的经济评价中，用净现值、净现值率和内部收益率来判断项目的可行性所得出的结论是一致的，因此，可选用任一指标作为项目经济评价的指标。在方案比较和项目排序时，各个指标有可能导致相反的结论。

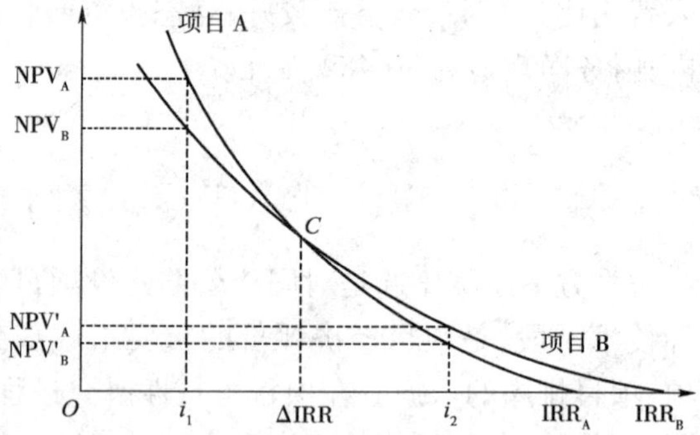

图 11-7　净现值曲线图

图 11-7 中 A、B 两项目（方案）的净现值曲线与横轴的交点（IRR_A 和 IRR_B）即为两项目的内部收益率。当折现率（财务评价时为财务基准收益率，国民经济评价时为社会折现率，下同）为 i_1 或 i_2 时，由于 IRR_A 和 IRR_B 均大于 i_1 和 i_2，且 $IRR_B > IRR_A$，如果按内部收益率的大小来选择项目，则应选项目 B。

但是，若按净现值来进行选择，就会得到两种结论，若折现率为 i_1，则 $NPV_A > NPV_B$，应选项目（方案）A，相反，若折现率为 i_2，则 $NPV'_B > NPV'_A$，这样，项目（方案）选择的结论就正好相反。图 11-7 中两条净现值曲线的交点 C 所对应的横坐标即为差额投资内部收益率（ΔIRR），采用差额投资内部收益率来进行方案比较，不论折现率为 i_1 还是 i_2，其结论均与以净现值作为指标时相同。因此，在方案比较中，一般不直接采用内部收益率进行比较，而采用净现值和差额内部收益率作为比较指标。

采用净现值与净现值率这两个指标在方案比较和项目排序中有时也会导致相反的结论。如有 A、B 两个方案，$NPV_A = 100$，$NPV_B = 180$；投资现值 $I_A = 100$，$I_B = 200$。按净现值先进行比较,应选方案 B;而按净现值率进行比较,则方案 A 较优。在进行方案比较时,这两个指标究竟选用哪个指标主要看有无资金限制条件,如无资金限制,此时可以采用净现值作为比较的指标。相反,当事先明确了资金限定范围时,应进一步用净现值率来衡量。当多个项目进行排序时,往往是在限定的资金限额内,采用净现值率指标,选择既符合资金限制条件,又能使净现值最大的项目组合,以实现有限资金的合理利用。

几个指标的应用范围归纳如表 11-5。

几个指标的应用范围 表 11-5

用途＼指标	净现值	内部收益率	净现值率
项目经济评价(独立项目的可行性判断)	NPV≥0 时,可考虑接受	IRR≥i 时,可考虑接受	NPVR≥0 时,可考虑接受
方案比较(互斥方案选优)	无资金限制时,可选择 NPV 较大者	一般不直接用,可计算差额投资内部收益率(ΔIRR)、当 ΔIRR≥i 时,以投资较大方案为优	存在明确的资金限制时,选择 NPVR 较大者
项目排队(独立项目按优劣排序的最优组合)	不单独使用	一般不采用	按 NPVR 大小将项目排序,选满足资金限制条件的项目组合,使 NPV 最大

二、投资相等方案的比选

对于投资相等的不同方案的比选,可视不同情况和具体条件分别选取用差额投资内部收益率法、净现值法、年值法或净现值率法。

1. 内部收益率法

差额投资内部收益率是两个方案各年净现金流量差额的现值之和等于零时的折现率。

财务评价时,计算公式为:

$$\sum_{t=1}^{n}[(\mathrm{CI}-\mathrm{CO})_2-(\mathrm{CI}-\mathrm{CO})_1]_t(1+\Delta\mathrm{FIRR})^{-t}=0 \qquad (11\text{-}29)$$

式中:$(\mathrm{CI}-\mathrm{CO})_2$——投资大的方案的年净现金流量;

$(\mathrm{CI}-\mathrm{CO})_1$——投资小的方案的年净现金流量;

ΔFIRR——差额投资财务内部收益率;

n——计算期。

国民经济评价时,计算公式为:

$$\sum_{t=1}^{n}[(B-C)_2-(B-C)_1]_t(1+\Delta\mathrm{EIRR})^{-t}=0 \qquad (11\text{-}30)$$

式中:$(B-C)_2$——投资大的方案的年净效益流量;

$(B-C)_1$——投资小的方案的年净效益流量;

ΔEIRR——差额投资经济内部收益率;

n——计算期。

进行方案比较时,可按上述公式计算差额投资内部收益率,并与财务基准收益率(i_c,财务评价时)或社会折现率(i_s,国民经济评价时)进行对比,当 ΔFIRR≥i_c 时或 ΔEIRR≥i_s 时,以投资大的方案为优;反之,投资小的方案为优。

多个方案进行比较时,要先按投资大小由小到大排序,再依次就相邻方案两两比较,从中选出最优方案。

2. 净现值法

将分别计算的各比较方案的净现值进行比较,以净现值较大的方案为优。

3. 年值法

将分别计算的各比较方案净效益的等额年值(AW)进行比较,以年值较大的方案为优。年值的表达式为:

$$\left.\begin{aligned} AW &= \left[\sum_{t=1}^{n}(S - I - C' + S_v + W)_t (P/F,i,t)\right](A/P,i,n) \\ \text{或}\quad AW &= NPV(A/P,i,n) \end{aligned}\right\} \tag{11-31}$$

式中: S——年收入;

I——年全部投资(包括固定资产投资和流动资金);

C'——年经营费用;

S_v——计算期末回收的固定资产余值;

W——计算期末回收的流动资金;

$(P/F,i,t)$——现值系数;

$(A/P,i,n)$——资金回收系数;

i——社会折现率或财务基准收益率(或设定的折现率);

NPV——净现值。

4. 净现值率法

净现值率(NPVR)是净现值与投资现值之比。其计算式为:

$$NPVR = \frac{NPV}{I_p} \tag{11-32}$$

式中:I_p——方案的全部投资的现值。

净现值率说明该方案单位投资所获得的超额净效益。用净现值率法进行方案比较时,以净现值率较大的方案为优。

用上述四种方法进行方案比较时,须注意其使用条件。在不受资金约束的情况下,一般可采用差额投资内部收益率法、净现值法或年值法。当有明显的资金限制时,一般宜采用净现值率法。

三、投资不等方案的比选

对投资不等的方案的比选,可采用动态计算的差额效益费用比、差额投资内部收益率、静态投资回收期和动态投资回收期。

1. 差额效益费用比法

差额效益费用比是两个方案效益差额的现值累计与支出费用差额的现值累计值的比值。计算公式为:

$$BCR = \frac{\sum_{t=1}^{n}(B_{2t} - B_{1t})P_t}{\sum_{t=1}^{n}(C_{2t} - C_{1t})P_t} \tag{11-33}$$

式中:BCR——差额效益费用比;

B_{1t}——第一方案 t 年的效益金额,万元;

B_{2t}——第二方案 t 年的效益金额,万元;

C_{1t}——第一方案 t 年的费用金额,万元;

C_{2t}——第二方案 t 年的费用金额,万元;

P_t——第 t 年的折现系数;

n——公路项目计算年限。

如果 BCR >1,说明第二方案优于第一方案;反之,则第一方案优于第二方案。

2. 差额投资内部收益率法

差额投资内部收益率是两个方案净现金流量(净效益)差额的现值之和等于零时的折现率。计算公式为:

$$\sum_{t=1}^{n}[(B_{1t}-C_{1t})-(B_{2t}-C_{2t})]P_t=0 \tag{11-34}$$

式中符号意义同前。

若差额投资内部收益大于基准收益率或社会折现率时,则第一方案较优;反之,则第二方案较优。

思 考 题

1. 国民经济评价的步骤包括哪些?
2. 掌握国民经济评价的效益和费用计算内容和分析过程。
3. 国民经济评价的指标有哪些? 具体应用时选用什么指标?
4. 财务评价与国民经济评价有哪些区别?
5. 财务分析的指标和内容是什么?
6. 如何进行多方案比选?

第十二章　不确定性分析

在考查投资项目的经济效果时，需要使用各种参数，如工程投资、建设期限、交通量、运输成本和营运费等，这些参数是进行公路建设项目经济评价的基础数据，他们或来自估算，或来自预测，带有某种不确定性，不可能与实际情况完全吻合。造成这种不确定性的原因可能是原始数据的可靠性不足、代表性差、预测模型或方法有问题、国家政策有重大变化、存在某种不可抗拒因素或市场变化等。当上述情况发生时，经济评价中所采用的基础数据将受到重大影响，会发生相应变化，从而使得评价结果出现预期结果和实际情况不符的现象。

不确定性分析是研究各种经济参数发生变化时，经济评价结果的变化情况和变化范围，估计经济评价结果所面临的风险，为投资决策提供风险分析的资料和结果，以避免投资决策的失误。

不确定性分析是经济分析中的重要内容，主要有敏感性分析、风险分析和概率分析等。本章主要学习这三种分析方法。

第一节　敏感性分析

敏感性是指某一相关因素的变化对项目投资效果的评价指标（如净现值、效益费用比、内部收益率和投资回收期等）的影响程度。敏感性分析就是对影响经济效果的各种参数的变化作出估计和预测，并对经济效果的变化作出相应的分析和计算，从而判断经济参数变化时经济效果的敏感程度。

一、敏感性分析的必要性与目的

1. 必要性

公路建设项目经济评价所采用的数据，大部分来自预测和估算，而工程开工后又不能保证不发生变化，因此，造成项目的经济评估具有一定的不准确性，对于投资决策者来说，这些不确定的项目经济分析意味着一定程度的风险，即投资风险。如何在这种不确定因素下做出比较合乎情理的决策，就需要在项目决策之前做好敏感性分析，以便使决策者了解风险的大小与程度，采取有效的措施和对策，尽量降低风险可能造成的损失，保障工程项目顺利进行。

2. 目的

敏感性分析的目的是提高项目决策的正确性与可靠性，预防决策中相关因素的变动可能带来的损失，测算相关因素变动对项目投资评价指标的影响程度，或测算保持项目可行时，容许相关因素变动的范围，即评价指标达到某一临界点（如内部收益率等于基准收益率）时，允许某个因素变化的最大幅度。

二、敏感性分析的作用

敏感性分析的主要作用有如下几点。

(1)通过敏感性分析，研究不确定因素变动对项目经济评价指标的影响程度，即引起经济评价指标的变化幅度。

(2)通过敏感性分析，找出影响项目经济效果的敏感性因素，并进一步分析与预测或估算有关数据的可能变化范围，预测项目风险的大小。

(3)通过对项目不同方案中某些关键因素的敏感性程度对比，可区别项目不同方案对某关键因素的敏感性大小，选取敏感性小的方案，以减小项目的风险性。

(4)通过敏感性分析，可以估算保持项目评选原有结论时，相关因素容许的变动范围，找出它们变化的最坏与最好情况，以便在项目中实施有效地控制，使项目能够获得预期的或更大的收益。

三、分析方法

(1)确定敏感性分析的对象，即评价项目经济效益的指标。一般按项目的性质特点、类型和要求的不同，选取最能反映项目经济效益的综合性指标作为敏感性分析对象。公路建设项目可能发生变化的主要因素有公路造价、交通量和运输成本等，受影响的经济评价指标包括净现值、效益费用比、内部收益率和投资回收期等，重点是测定变化的因素对内部收益率变化的影响。项目对某种因素的敏感性程度可表示为该因素按一定比例变化时引起评价指标的变化范围或幅度。

(2)设定不确定因素，即敏感因素。一般应选用在成本效益分析中比重大、影响大且在建设期和经济寿命期内最有可能发生的因素。国民经济评价时，原则上应选取建设投资、交通量等可能发生变化的因素，重点测算这些因素变化对内部收益率的影响。财务评价时，可选取建设投资、交通量、收入标准和物价总水平上涨率等因素，重点测算这些因素变化对财务内部收益率的影响，必要时对借贷偿还期的影响进行分析。

(3)计算和分析敏感因素。按最可能的情况预测出各因素的值，并计算方案的经济效益指标。

(4)分析全部投资内部收益率指标对主要原材料或动力价格、固定资产投资、建设工期等影响因素的敏感程度。可以用图表示各变动因素的变化规律，即将所得数据列成表，用纵坐标表示经济效益指标，横坐标表示不确定性因素的变化幅度，作出敏感性分析图，具体做法为：以全部投资内部收益率为纵坐标，以几种不确定因素的变化率(百分数)为横坐标，根据敏感性分析表所示数据绘制敏感性分析图(图 12-1)，表示出财务基准收益率线或社会折现率线。

图 12-1 中某些因素对全部投资内部收益率的影响曲线与基准收益率线(或社会折现率线)的交点(临界点)，表示允许该种因素变化的最大幅度，即变化极限。变化幅度超过这个极限，项目将不可行。国民经济评价敏感性分析与财务评价敏感性分析流程图分别见图 12-2 和图 12-3。

例如，某省道财务评价的各项指标结果如表 12-1。

项目财务盈利能力分析指标 表 12-1

指标	财务内部收益率 FIRR(%)	财务收入费用比 FBCR	投资回收期 N(年)		财务净现值 FNPV(万元)
			静态	动态	
评价值	6.06	1.43	15.32	17.53	80 482

现对该项目财务进行敏感性分析，确定其主要不利因素为：由于交通量达不到预期值，致使收费收入降低；建设期由于通货膨胀或工程设计方案的变动，造成建设费用的增加。分别对

财务收入减少10%、20%，财务费用上涨10%、20%的各种情况组合进行财务评价，分析最不利情况（财务收入减少20%，并且财务费用上涨20%）下，财务评价的各项指标，如表12-2所示。

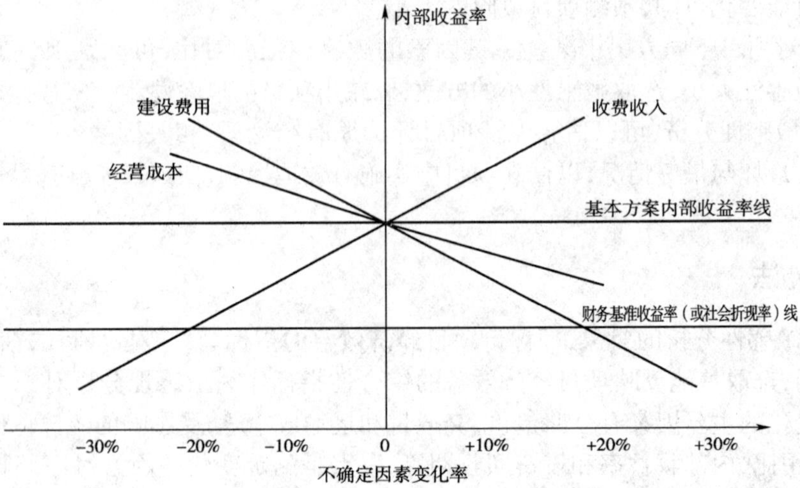

图 12-1 敏感性因素分析示意图

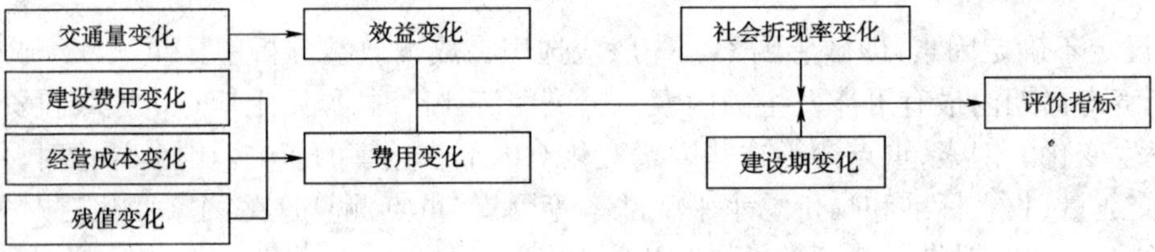

图 12-2 国民经济评价敏感性分析流程图

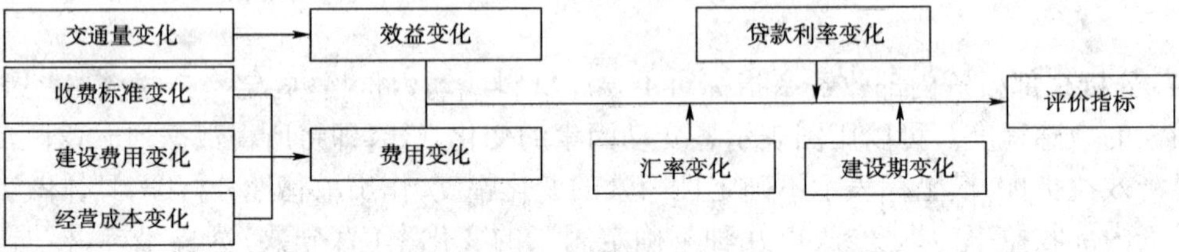

图 12-3 财务评价敏感性分析流程图

财务敏感性分析表 表 12-2

财务效益变动情况	财务费用变动情况	财务内部收益率（%）	财务效益净现值（万元）	财务收入费用比	投资回收期（年）	
					静态	动态
-10%	10%	5.13	69 840	1.31	16.33	18.45
-10%	20%	4.68	58 763	1.22	17.02	19.06
-20%	10%	4.11	46 523	1.18	17.69	19.87
-20%	20%	3.76	33 412	1.14	18.25	20.14

通过财务敏感性分析结果可以看出，在建设费用增加20%，效益降低20%的最不利情况下，财务内部收益率为3.76%，高于2.2%的财务基准折现率，表明该项目具有一定的抗风险能力。

第二节　风 险 分 析

风险是人们在活动中遭遇危险、受损失或伤害的可能性或机会，是人们对不确定性的一种主观的、个人的预见，或偏离预期目标的可能结果。每一种决策都暗含风险，如何在收益和风险之间取得平衡，是决策中必须考虑的重要问题。

我国目前的项目前期论证及工程管理过程中缺乏全过程的风险管理规划。为了与国际接轨，提高我国项目投资决策及项目管理水平，在可行性研究阶段必须重视风险分析。

风险分析是指应用各种管理科学技术，采用定性与定量相结合的方式，最终定量地估计风险大小，找出主要的风险源，并评价风险的可能影响，以便以此为依据采取相应的对策。

风险分析的目的是降低建设项目风险程度或者规避风险，减少损失。其目标为在收益预期相同的前提下，尽量降低项目成本，避免损失和浪费，最大限度地减少或消除外部的干扰，帮助决策者做出最稳妥的决策方案，为项目的实施创造一个平静、稳定的环境，使项目顺利实施，效益稳定。

一、风险分析的内容

在项目决策阶段应考虑的风险包括：投资环境风险、地质风险、设计和技术风险、资源风险、市场风险、原材料风险、布局安全风险、工程建设风险、人力资源风险、资金风险、汇率风险和不可抗拒力的风险等，本书仅对其中部分内容做介绍。

1. 通货膨胀风险

从今后我国物价上涨率、营运期营运成本和收费收入等方面分析项目通货膨胀风险性。

2. 融资风险

融资风险主要指由于资金来源改变或各项资金成本率加大，致使项目平均资金成本率提高，降低项目盈利和清偿能力或项目自身的回报率不高，缺乏向国内外金融机构贷款和直接融资的能力，使项目建设资金得不到充分保证。

3. 工程投资风险

由于物价上涨和设计漏项，从而使得实际建设费用超出概算。针对这种风险，在设计时组织对项目的估算进行认真核查，对国内同类型项目进行考察、比较和分析。

4. 交通量风险

可行性研究中交通量的预测是以机动车 OD 调查和现有交通量观测资料为基础，采用四阶段推算法进行的。因此我们主要考核预测的基础数据是否正确、预测方法是否科学，以此来确定预测交通量结果是否可信。

二、分析步骤

工程项目的风险分析一般包括风险因素识别、风险程度评估、风险评价和风险控制对策四个方面，主要过程如图 12-4 所示。

1. 风险因素的识别

由于每个投资项目本身就是一个复杂的系统，因而影响它的风险因素很多，影响关系错综复杂，而且各风险因素所引起后果的严重程度也不相同。当进行风险决策时，完全不考虑这些风险因素或是忽略其中主要因素，都将导致决策失误，但如果对每个风险因素都加以考虑的话，则又会使问题极其复杂化，这也是不恰当的。

风险识别就是用系统的观点，从工程项目涉足的各个方面和项目建设的发展过程出发，将引起风险的复杂事物分解成比较简单的、容易被认识的基本单元。从错综复杂的关系中找出因素间的本质联系，在众多的影响中抓住主要因素。

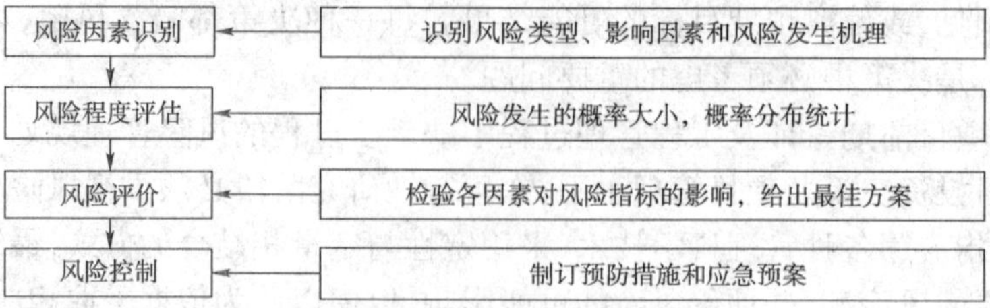

图 12-4　风险分析的步骤

2. 风险程度的评估

风险评估就是对识别出的风险进行测算，给定某一风险发生的概率。对风险进行概率估计的方法有两种：一种是根据大量试验，用统计的方法进行计算，这种方法所得数值是客观存在的，不以人的意志为转移，称为客观概率；另一种是估计者根据合理的判断与当时的有限信息以及过去长期的经验所进行的估计，称为主观概率。

在实际可行性研究中进行风险分析时，所遇到的事件经常不可能做试验，又因事件是将来可能的，因而不可能做出准确的分析，很难计算出客观概率。但由于决策的需要，必须对事物出现的可能性作出估计，于是由有关专家对事例的概率作出一个合理的估计，这就是主观概率。主、客观概率的使用方法完全一样，主观概率在风险估计中的应用近年来已日益引起人们的重视。对于大型工程项目，由于缺乏历史资料的借鉴，经常利用主观概率估计的方法对辨识出的风险进行估计。

3. 风险评价

风险评价的方法很多，大致可分为两类：第一类属于规范的决策方法，它能给出方案选择的规则并选出最佳方案；第二类方法只是用来检验各种风险因素对指标的影响，而不进行方案的选择。现行的各种项目评价规范所采用的多为后一类方法，应用概率统计方法，先计算出目标概率分布的统计量，再根据这些统计量并参考其他管理技术评价的方法得出最后结论。常用的统计量包括均值、方差和变异系数等。

4. 风险控制的对策

根据定性、定量评价结果提出消除或减弱危险因素的技术、管理措施及建议。安全对策措施包括总图布置、安全措施的工艺和设备、安全工程设计对策、安全管理对策等综合措施。

三、风险分析的方法

常用的方法有调查和专家打分法、风险报酬法（又称调整标准折现率法）、风险当量法、概率分析法、解析法、蒙特卡罗模拟法、CIM 模型法等。本文介绍前四种方法。

1. 调查和专家打分法

调查和专家打分法是一种最常用、最简单且易于应用的风险分析方法。首先通过风险识别将工程项目所有风险列出，设计风险调查表，然后利用专家经验，对各风险因素的重要性进行评估，再综合成整个项目风险。具体步骤如下：

(1)确定每个风险因素的权重，以表征其对项目过程的影响程度；

(2)确定每个风险因素的等级值,例如按较小、稍大、中等、较大和很大五个等级,分别以0.2、0.4、0.6、0.8和1.0打分;

(3)将每个风险因素的权重与等级值相乘,求出该风险因素的得分,再将各风险因素得分求和,求出工程项目整个过程风险的总分,总分越高,说明风险越大。

为规范这种方法,可根据专家的经验,对所评价项目的了解程度、知识领域等,对专家评分的权威性确定一个权重值。每位专家评定的风险总分乘以各自的权威性的权重值,所得之积合计后再除以全部专家权威性的权重值的和便是最后的风险度值。

该方法适用于项目决策前期,这个时期往往缺乏具体的数据资料,主要依据专家经验和决策者的意向,得出的结论也只是一种大致的程度值,它只能作为进一步分析的基础。

2. 风险报酬法

风险报酬法又称调整标准折现率法。从西方投资理论可以看出,资金除具有时间价值外,同时还存在风险价值,即投资者因在投资中冒风险而取得的报酬。风险越大,风险报酬越大。基于这一理论,风险报酬的大小应随投资项目的类型不同而有所变化,反映出"风险大,报酬也大"的一般趋势。一般说来,投资项目可根据对风险主观估计判断而进行粗略划分,例如可以划分成无风险、低风险、中等风险和高风险四类。

在经济评价时,除采用标准的折现率外,必须考虑风险的报酬问题,即考虑将各方案分为若干等级,不同的风险方案规定一个与之对应的风险折现率。此时采用的标准折现率应该是无风险折现率和调整风险折现率之和,以此为基准评价方案的可取性。此时项目的净现值(NPV)表示为:

$$\mathrm{NPV} = \sum_{t=0}^{T} \frac{\mathrm{NCF}_t}{(1+i)^t} \tag{12-1}$$

式中:T——项目工期;

NCF_t——第 t 年度项目的净现金流量;

i——考虑了资金风险价值的评价折现率,即 $i = i_0 + i_\tau$,i_0 为无风险的标准折现率,i_τ 为风险补偿的调整折现率。

按此方法计算,如果 $\mathrm{NPV} \geqslant 0$,则此投资方案可取。

计算内部收益率IRR也可以($i = i_0 + i_\tau$)作为评价取舍的标准,即由下式可解出内部收益率IRR的值:

$$\sum_{t=0}^{T} \frac{\mathrm{NCF}_t}{(1+\mathrm{IRR})^t} = 0 \tag{12-2}$$

若 $\mathrm{IRR} > i = i_0 + i_\tau$,则投资方案可取;否则,风险偏大,不可取。

3. 风险当量法

该法是对风险报酬法的改进,把对折现率的调整转化为对净现金流量的调整。先用当量系数 a_t 把含风险的净现金流量化为等价的无风险净现金流量,然后计算净现值NPV或内部收益率IRR,以决定项目的可取程度。

风险当量系数是指无风险的净现金流量占有风险的净现金流量的比例。即:

$$a_t = \mathrm{NCF}_t{}' / \mathrm{NCF}_t \quad \text{或} \quad \mathrm{NCF}_t{}' = a_t \times \mathrm{NCF}_t \tag{12-3}$$

式中:NCF_t——第 t 年有风险的净现金流量;

$\mathrm{NCF}_t{}'$——经过当量因子 a_t 调整过的第 t 年无风险的净现金流量;

a_t——第 t 年的风险调整因子。

风险越大，a_t 值越小；风险越小，a_t 值越大。a_t 的取值在 0 与 1 之间，即 $0 \leqslant a_t \leqslant 1$。

a_t 值一般随决策者不同而有所不同，即决策者根据自己的知识、经验来判断有风险的净现金流量为多少时相当于一定量的无风险净现金流量。这里，NPV 的计算公式为：

$$NPV = \sum_{t=0}^{T} \frac{NCF_t'}{(1+i_f)^t} = \sum_{t=0}^{T} \frac{a_t NCF_t}{(1+i_f)^t} \tag{12-4}$$

式中：i_f——无风险折现率。

4. 概率分析法

概率分析法是运用概率方法和数理统计方法，对风险因素的概率分布和风险因素对评价指标的影响进行定量分析。预测风险因素发生的概率，将风险因素作为自变量，预测其取值范围和概率分布，再将选定的评价指标作为应变量，测算其取值范围和概率分布，计算评价指标的期望值，以及项目成功的概率。主要步骤如下：

(1)选定一个或几个评价指标，如财务内部收益率、财务净现值等；

(2)选定需要进行概率分析的风险因素，通常有产品价格、销售量、原材料价格、投资额和外汇汇率等，针对项目的不同情况，通过敏感性分析，选择最为敏感的因素进行概率分析；

(3)预测风险因素变化的取值范围及概率分布，一般分为单因素概率分析和多因素概率分析；

(4)根据测定的风险因素值和概率分布，计算评价指标的相应取值和概率分布；

(5)计算评价指标的期望值和项目可接受的概率；

(6)分析计算结果，判断其可接受性，研究减轻和控制风险因素的措施。

其中，风险因素概率分布的测定是概率分析的关键，概率分布类型有离散型和连续型两种，后者常用的主要有正态分布、三角分布、β 分布、阶梯分布、梯形分布和直线分布等。概率的确定可以采用专家调查法、历史统计资料和数理统计分析方法进行测定。

评价指标的概率分布可采用理论计算方法或模拟计算方法。服从离散型分布的，可采用理论计算法；当随机变量的风险因素较多，或者风险因素变化值服从连续分布，不能用理论计算法计算时，可采用模拟计算法。

四、防范对策

在预测主要风险因素及其风险程度后，应根据不同风险因素提出相应的规避和防范对策，以期减小可能的损失。在可行性研究阶段，风险防范的主要对策有以下几种。

1. 风险回避

风险回避是彻底规避风险的一种做法，断绝风险的来源，对投资项目可行性研究而言，意味着可能彻底改变方案甚至否定项目建设。该对策，在某种程度上意味着丧失项目可能获利的机会，因此只有当某种风险因素导致的风险损失频率和幅度相当高，或采取其他风险管理措施的成本超过其产生的效益时，才应采取回避对策。

2. 风险控制

风险控制是对可控制的风险，提出降低风险发生可能性和减少风险损失程度的措施，并从技术和经济相结合的角度论证拟采取控制风险措施的可行性与合理性。

3. 风险转移

风险转移是将项目可能发生的风险的一部分转移出去的一种风险防范方式，该方式可分为保险转移和非保险转移两种，前者是向保险公司投保，将项目部分风险损失转移给保险公司承担,后者是将项目的一部分风险转移给项目承包方,可在签订合同时将部分风险损失转移给合同方承担。

4. 风险自担

风险自担是将可能的风险损失留给拟建项目自己承担,这种方式适用于已知有风险存在,但可获高利回报且甘愿冒险的项目,或者风险损失较小,可以自行承担风险损失的项目。

第三节 概 率 分 析

1. 概率分析的含义

概率分析是使用概率统计理论研究预测不确定因素和风险因素对项目经济评价指标影响的一种定量分析方法。概率分析与敏感性分析的区别是,后者不确定因素的概率是未知的,而前者不确定因素的概率是可以估计出来的。

2. 概率分析的步骤

(1)确定一个或两个不确定因素,如投资或收益等。

(2)估计不确定因素的概率分布,可以参考统计资料或专家经验来确定。

(3)计算变量的期望值,表达式如下:

$$E(x) = \sum_{j=1}^{n} x_j P(x_j) \tag{12-5}$$

式中:$E(x)$——变量 x 的期望值;

x_j——第 j 次状态下不确定因素的值;

$P(x_j)$——不确定因素 x 出现第 j 次状态的概率。

(4)对方案效益指标的概率分布作评价来判断方案效益的风险性。

思 考 题

1. 敏感性分析的主要方法和步骤是什么?

2. 了解风险分析的主要内容和步骤。

3. 风险评价的方法有哪些?

4. 掌握概率分析与敏感性分析的区别。

第十三章　环境影响评价

在可持续发展战略思想的指导下，我国十分重视环境保护工作，先后出台了一系列有关环保的政策法规。交通部继 1990 年发布《交通建设项目环境保护管理办法》后，在 1996 年和 1998 年又相继发布了《公路建设项目环境影响评价规范（试行）》（JTJ 005—96）和《公路环境保护设计规范》（JTJ/T 006—98），2006 年颁布了《公路建设项目环境影响评价规范》（JTG B03—2006）。公路建设项目的设计和施工越来越重视对自然环境的保护。公路建设项目环境影响评价已成为项目可行性研究的重要组成部分。

公路建设项目环境影响评价涉及面广，是一项较为复杂的工作。高速公路，一级公路和经过水源保护区、自然保护区、风景名胜区、文物古迹保护区、经济林带、大中城市的二级公路，以及有特殊意义的公路，应编制“公路建设项目环境影响评价大纲”和“公路建设项目环境影响报告书”。对于公路建设规模较小，沿线环境状况比较简单的二级公路及其他有特殊意义的公路，可只编制“公路建设项目环境影响报告表”。本文通过作者的工作实践并结合现行规范及有关资料，总结了一些有关这方面的经验。

第一节　环境影响评价概要

公路建设项目环境影响评价的环境要素主要包括生态环境、声环境、环境空气、水环境、社会环境和景观环境等内容。一般公路建设项目宜突出对社会、生态和声环境的评价，以及环境保护措施的论证，对于地表水、环境空气、事故污染风险分析等预测分析可以适当弱化。

一、环境影响评价的地位与作用

环境质量的好坏，以对人类生活和工作，特别是对人类健康的适宜程度作为判别的标准。为了控制建设项目对环境产生新的污染，造成重大的潜在影响，必须实行建设项目环境影响评价制度，而且这项工作必须在项目建设前期工作的可行性研究阶段进行。

根据我国有关工程建设程序的规定，工程建设的可行性研究是建设前期的重要工作内容，是工程建设程序中调研和评价阶段的主要工作之一。尽管环境影响评价与可行性研究分别进行，但作为建设项目决策的主要依据之一，它应该与工程项目的可行性研究同时完成。而在建设项目实施的过程中，环境治理设施也应与项目的主体工程同时施工，同时投入使用。环境影响评价与工程建设程序的匹配关系如表 13-1。

环境影响评价主要目的是定性或定量的描述，预测和评价建设项目对社会、经济、自然、生态环境的现状和未来影响的范围和程度，为减轻公害和优化环境，在工程环保设计方面提出建议，并为环保措施的选择与实施提供参考。

环境影响评价在环境管理中的主要作用有：

（1）为地区发展规划和环境管理提供科学依据；

（2）通过环境影响评价了解拟建项目所在地区的环境质量现状，预测拟建项目对环境质量可能造成的影响；

(3)针对项目对环境质量造成的不利影响，提出有效的、经济合理的防治措施，使不利影响降至最低程度。

环境影响评价与工程建设程序对照表　　表13-1

工程建设项目程序	相应的环境影响评价工作
1. 现场调查研究	现场环境情况调查
2. 编制工程项目预可行性研究	编制环境影响初评
3. 编制工程项目可行性研究	进行环境影响评价、编写报告书
4. 工程设计	监督设计、落实评价结论
5. 施工	监督环保设施在施工中实施
6. 运行	进行周围环境监测

总之，环境影响评价是正确认识经济发展、社会发展和环境之间相互关系的科学方法，是正确处理经济发展与国家整体利益和长远利益关系、强化环境规划管理的有效手段，是对经济发展和保护环境一系列重大问题作决策的依据。

二、环境影响评价的程序

环境影响评价工作大体分为三个阶段：第一阶段为准备阶段，主要工作为研究有关文件，进行初步的工程分析和环境现状调查，筛选重点评价内容，确定各单项环境影响评价的工作等级，编制评价工作大纲；第二阶段为环境影响评价工作阶段，其主要工作为完成工程分析和环境现状调查监测评价，进行建设项目环境影响预测和评价；第三阶段为报告书编制阶段，其主要工作为汇总、分析第二阶段工作所得到的各种资料、数据，编制完成环境影响报告书。报告书中应给出项目环境影响控制对策与环保措施、项目建设评价结论与建议。环境影响评价程序见图13-1。

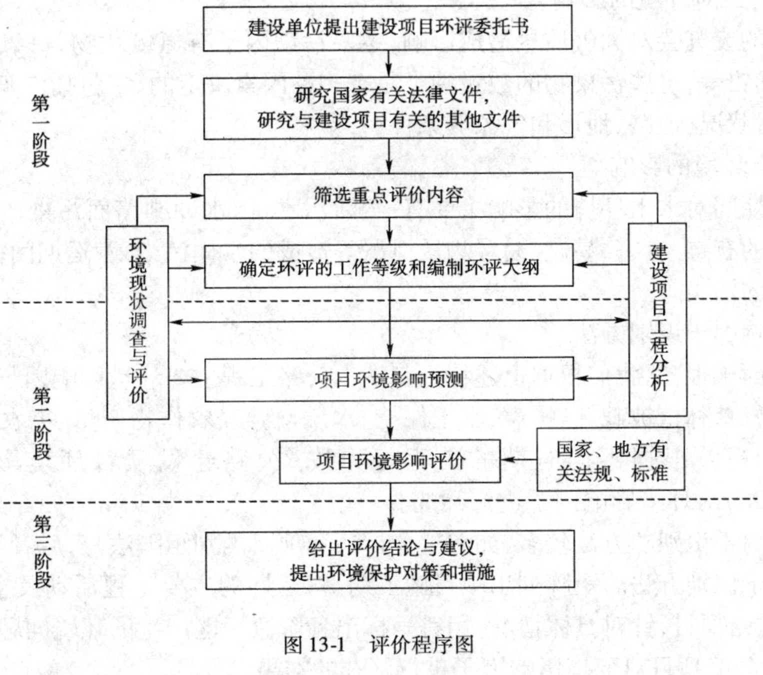

图13-1　评价程序图

第二节 环境影响因子的识别

公路工程为环境影响型建设项目，其对环境影响的是线形的带状区，长达几十公里至数百公里，宽达几公里至几十公里，因此必须突出敏感点评价，简化路段评价。被选择作为环境评价的环境要素的质量参数叫做评价因子。工程建设对环境的影响主要包括施工期影响和营运期影响。

1. 项目施工期对环境的影响

在施工中，填方、堆方过程中使土壤覆盖的植被遭到破坏，暴雨冲刷，随流水带走土粒，造成水土流失。

施工材料的装卸、运输和搅拌等会产生漏洒、扬尘和水体污染。

施工机械具有高噪声、不规则、不连续和突发性的特点，对附近居民、学校等噪声敏感点产生极大的噪声污染。

沥青混凝土在熬炼、搅拌以及路面铺设过程中都会排放大量的有害烟尘，沥青烟气含有THC、苯等有害物质。

2. 项目营运期对环境的影响

(1) 对社会环境的影响

项目建成后，可能会给沿线群众生产和生活带来不便；由于道路占地，可能给农业生产带来一定的损失，同时如果项目从风景区经过，在一定程度上将影响风景区的景观。

(2) 交通噪声对环境的影响

公路营运期噪声主要来自交通工具的机械振动声，排气声，与路面、空气的摩擦声，道路激起的车体振动噪声和汽车喇叭声等。此类噪声受交通量大小、车种组成、昼夜率、路况和车况等影响，对公路两侧的传递随距离增加而衰减，但是在一定范围内噪声对环境的影响是显著的。

(3) 废气污染对环境的影响

汽车排放的废气会对大气质量造成影响，主要污染因子有氮氧化物、一氧化碳、碳氢化合物、二氧化硫和铅等，这些污染物的数量种类是有多种因素决定的，它包括汽车的种类、发动机性能、汽车运行状况、道路、地形和气象等条件。

(4) 对水土环境的影响

公路营运期间对水土环境的影响主要有：生活污水、雨水冲刷路面污染产生的污水，由于交通事故造成的有毒、有害、易燃、易爆物质泄漏等造成的水体污染，营运期间排放的重金属元素造成对土体的污染等。

3. 环境影响因子识别方法

环境影响因子很多，我们根据上述特点归纳出公路工程主要环境影响因子为：路基占用土地、拆迁建筑物、森林植被破坏、噪声、水土保持、水质、涝渍、农作物产量、工农业产值、人均收入和人群健康等。根据不同时期的工程行为按《公路建设项目环境影响评价规范》(JTG B03—2006)对环境影响因子进行筛选。

环境影响因子识别的方法较多，如叙述分析法和项目类别矩阵法等，后者为常用的公路项目环境影响因子识别方法。矩阵列出项目施工期、营运期的主要工程活动及主要环境影响因子，对于某个道路项目，针对具体情况，用符号标出各阶段可能产生的环境问题及其影响大小。表13-2为某一公路项目对环境影响因子进行筛选的结果。

公路工程环境影响因子 表 13-2

环境项目	工　程　活　动	工程阶段影响因子	建设期	营运期
社会环境	公路联网交通运输	地区经济发展	■	□
		地区经济规划		□
		交通运输发展	●	□
		人群生活变化	●	□
		旅游业	●	□
	征地、拆迁	占用土地	●	
		房屋、公共设施拆迁	●	
		隔离村庄、阻隔交往		
声环境	路基、路面土石方工程	施工机械噪声	●	
	交通工程	交通噪声	■	
地面环境	桥梁工程	废水、废料、土石方等		
	交通运输	路面雨水径流	■	
	路基工程	废矿渣等有害物质		
大气环境	施工作业	扬尘、沥青烟等	●	
	车辆尾气	NO_x、CO、TSP	■	
生态环境	土石方工程	植被破坏、水土流失		
	车辆尾气	尾气中 P6 微粒	■	
景观环境	构造物	互通立交及桥梁等		

注：■长期不利影响，□长期有利影响，●短期不利影响，○短期有利影响，空白表示无相互作用。

第三节　经济损益分析

公路建设项目对环境造成不利影响而导致经济损失，主要表现在施工期对物质资源、生态资源的破坏及生活环境的污染。但是，工程建设中采取防护措施以后，减少了工程对环境造成的经济损失。另外，工程本身的占地和拆迁安置，已参与经济评价，在此不予考虑。由此，环境影响总体经济损益可按下式计算：

$$A_{sum} = S_{sum} - (\sum Y_i - \sum Y_{hi}) - \sum Y_m \tag{13-1}$$

式中：S_{sum}——项目国民经济效益，取国民经济评价中净经济效益值；

Y_i——在未采取任何措施的情况下，环境影响因子经济损失总和；

Y_{hi}——采取环保措施后，仍然存在的环境影响因子经济损失总和；

Y_m——环保措施总投资。

一、经济损失估算

1. 水土流失经济损失

公路工程对水土流失的影响主要表现在施工期：一方面是工程建设中如取土、开挖和石料开采等人为地对土地造成破坏,另一方面是由工程引起的土体崩塌、冲刷侵蚀等对土地的破坏。两者作用的结果均为失去土地及破坏景观。水土流失经济损失估算公式如下:

$$I_{失} = C_{土} + D_{农} + E_{林} \tag{13-2}$$

式中:$C_{土}$——土地侵蚀面积经济损失,元/年;

$D_{农}$——农作物被侵蚀损失与农作物受影响减产损失之和,元/年;

$E_{林}$——林地被侵蚀损失与林地受影响损失之和,元/年。

2. 大气、水体和噪声污染造成的经济损失

施工中的粉尘、废气和生活垃圾造成大气污染、水体污染,以及机械的使用造成噪声污染,会对人群健康造成影响。人群健康影响经济损失估算公式为:

$$L_{人} = P_0(1+\lambda_p)^t(P_a - P'_a)\left(b_p \times \frac{T_0}{T} + C\right) \tag{13-3}$$

式中:$L_{人}$——人群因染病而造成的经济损失,元/年;

P_0——当年受影响人口数,人;

λ_p——人口自然增长率,0.1%;

P_a, P'_a——分别为工程兴建前、后的发病率,0.1%;

t——工程建设年限;

b_p——某年一个人的生命价值,元/年;

T_0——染病天数,d;

T——年工作天数,d;

C——患者在一年内支付的医疗费用,元/(人·年)。

3. 公路建设缺水经济损失

主要表现在农业灌溉,其估算公式为:

$$L_{农用} = \sum_{i=1}^{n} A_i(\Delta y_i C_i + \Delta y_i{}' C_i{}') \tag{13-4}$$

式中:A_i——断水灌溉面积,公顷;

$\Delta y_i, \Delta y_i{}'$——分别为有无灌溉水时主、副产品减产量,kg/ha;

$C_i, C_i{}'$——分别为农作物主、副产品价格,元/千克;

n——农作物种类。

二、环保投资

对公路建设项目,设计性文件是安排建设项目、组织施工、竣工验收和控制投资的重要依据。国务院环境保护委员会、国家计委 1987 年颁布的《建设项目环境保护设计规定》规定:"环境保护设施按下列原则划分:(一)凡属污染治理和保护环境所需的装备、设备、监测手段和工程设施等均属环境保护设施;(二)生产需要又为环境保护服务的设施;(三)外排废弃物的运载设施、回收及综合利用设施、堆存场地的建设和征地费用列入生产投资,但为了保护环境所采取的防粉尘飞扬、防渗漏措施以及绿化设施所需的资金属于环境保护投资。"

公路建设项目设计和环境保护影响评价过程中,环保投资必须分别加以界定,主要包括项目和指标见表 13-3。

环保投资估算项目和估算指标 表 13-3

一、环境污染治理投资	1. 声环境污染治理	1.1 声屏障(含环境设施带)(延米)
		1.2 围墙(延米)
		1.3 建筑物封闭外廊(延米)
		1.4 隔声窗(m^2)
		1.5 低噪声路面(m^2)
		1.6 防噪林带(m^2)
		1.7 建筑物拆迁(m^2)
		1.8 专设的限速、禁鸣标志等(处)
	2. 振动治理	2.1 减振沟(m)
	3. 环境空气污染治理	3.1 附属设施锅炉烟尘、餐饮油烟处理设施(套)
		3.2 收费亭、隧道强制通风设备(套)
		3.3 防护林带(m^2)
		3.4 施工期降尘措施
		3.5 建筑物拆迁(m^2)
	4. 地表水污染环境治理	4.1 附属设施污水处理设施(处)
		4.2 施工期生产和生活废水处置(处)
		4.3 路面汇水集中处理设施(处)
二、生态环境保护投资	1. 绿化美化工程(m^2)	
	2. 对湿地、草原、草场的保护工程(或置换工程)	
	3. 公路经过渔业养殖水域所采取的防护措施	
	4. 公路经过自然保护区所采取的特殊工程措施	
	5. 保护沿线土地资源措施	
	6. 取弃土(含石方)场所生态恢复和水保措施	
三、社会经济环境保护措施	1. 通道和人行桥工程(处)	
	2. 为保护人文景观、历史遗产所采取的措施	
	3. 危险化学品运输事故的防范措施	
	4. 工程拆迁及安置费用	
	5. 为补偿因公路建设所占用水源(特别是农村的饮用水源)的供水工程费用	
	……	
四、环境管理及其科技投资	1. 专设监测站的基建费、仪器设备费、装备费等	
	2. 项目环境保护专业人员及监理工程师等的技术培训费	
	3. 环境监测费用	
	4. 项目环境保护工作人员的薪酬及办公经费	
	5. 环境工程(设施)维护和运营费用	
	……	
五、环境保护税费项目	1. 水土保持补偿费	
	2. 造林费、林地补偿费	
	3. 耕地费、造地费	
	4. 矿产资源税	
	5. 文物勘察费、文物挖掘保护费	
	6. 渔业资源保护费	
	……	

注:资料来源于《公路建设项目环境影响评价规范》(JTG B03—2006)。

第四节　环境影响评价内容与方法

建设项目环境影响评价的内容，由项目性质和当地的环境状况等经环境影响评价因子筛选后确定。环境影响报告书应包括：工程概况与工程分析、环境概况、环境要素专题评价、公众参与、事故污染风险分析、环境管理计划、环境监测计划与环境监理要求、环境保护措施与投资估算、环境影响经济损益分析和环境影响评价结论等内容。

下面简要介绍公路建设项目进行环评的各项专题及其主要评价内容，其中关于环境保护措施，每个项目因地制宜，本书不作详细展开。

一、社会环境影响评价

公路建设项目是交通运输系统基础设施的重要组成部分，存在于社会经济大系统中，是其一个子系统。公路建设对社会环境的正面影响是主要的，除道路交通自身的经济效益外，对地区的经济发展有很大的推动作用。其负面影响主要是征用土地、拆迁民房、阻隔通行和破坏文物等对社会经济和生活环境造成影响。

项目的社会影响分析，从广义上讲，包括项目对社会经济发展、自然资源利用、自然生态环境、人的生活环境和文化等方面影响的分析和评价；从狭义上说，社会影响分析是指不包括区域经济影响和自然生态影响的社会环境影响的分析和评价。我们对项目的国民经济评价、财务评价和区域经济影响分析以及项目的环境影响评价已有单独章节叙述，所以，这里只讲狭义的社会影响评价。

1. 评价内容

社会环境影响评价主要包括地区社会环境现状分析、项目影响预测评价和缓减（或降低）影响措施（建议）三部分组成。从研究范围来看，包括区域社会环境评价和沿线社会环境评价。

社会是宏观的动环境，公路建设项目对社会环境的影响是从整个社会角度出发，评述项目对地区社会经济发展带来的影响，其影响因子和评价要求如下。

（1）社会发展影响，应从社区建设、人口结构、社区经济发展、文化结构、路线对两侧交往的阻隔及民族因素等方面分析评价项目建设对社区发展的影响。

（2）农村生计方式与生活质量的影响，应从农村生计方式、居民生活收入及结构、健康保健、文化教育等方面分析评价。

（3）征迁、安置分析，应分析评价征地拆迁对受影响人口生活条件、生产条件等的影响；根据地区自然和社会经济条件，对项目再安置提出指导性意见，有条件时可简要描述拆迁再安置计划。

（4）对基础设施所产生的影响，应分析评价建设项目对沿线现有交通设施、通信设施、电力设施及水利排灌设施所产生的影响，并进行必要的防洪分析。

（5）资源利用影响，应从土地、矿产、旅游和文化古迹资源的保护、开发和利用等方面分析建设项目对其产生的影响。

（6）发展规划影响，主要分析项目建设与直接影响区内县级以上城市规划、交通规划和经济发展规划的协调性，并分析其影响。

2. 评价方法

根据项目社会环境影响因子的特点，在不同路段内选择代表性点或代表性路段进行分析评价。评价采用类比方法，根据已建的公路建设项目社会环境影响的调查或项目后评价资料，考虑建设单位经验和管理水平，进行类比分析与评价。

3. 公众参与

公众参与是指向项目所在地的公众、团体和单位等团体采用征询和协商等方式进行双向沟通与交流，使建设项目的论证更加科学合理，使他们的合法利益得到充分保证。

公众参与调查对象包括公众个人、政府部门、感兴趣团体、企事业单位和专家。公众参与的方式，可由建设单位通过各种传播媒体进行新闻发布或召开新闻发布会，向公众介绍项目工程概况、项目直接影响区社会概况、预期的环境影响和防止措施等。一般由环境影响评价机构向受影响的群体发放公众意见调查表或入户走访，主要采取发放调查表的方式，调查表分为户级调查表和群体调查表，样表如表 13-4 和表 13-5 所示。

沿线企事业单位、政府机构及社会团体意见调查表 表 13-4

单位名称	所在地区	单位人数	填表人
单位主要从事行业	单位与公路位置关系	单位可能受到的影响	联系方式
项目简介：主要控制点、技术指标、建设规模、建设时间等			
对修建该公路的看法和态度			
对该公路走向的具体意见			
修建该公路对本地区经济发展的影响			
修建该公路对本地区社会公共事业的影响，如能源、交通、文化、卫生和教育			
修建该公路对本地区生态环境的影响			
修建该公路对民众生活质量的影响			
修建该公路对本地区文物古迹、文物景点有何影响			
对修建该公路的具体要求、建议及其他需要说明的问题			

注：本表格不够填写时，请附纸填写。

调查人： 调查日期： 年 月 日

沿线公众意见调查表 表 13-5

被调查者姓名	性别	年龄	民族	文化程度
单位或住址	职务	职业	与项目关系	可能受到的影响
项目简介：主要控制点、技术指标、建设规模、建设时间等				
是否赞同修建该公路	赞同	不赞同	不知道	
是否同意该公路的选线、走向	同意	不同意	不知道	
修建该公路是否有利于本地区经济的发展	有利	不利	不知道	
修建该公路要占用部分田地，要拆迁一些住房，你对此有无意见	没有	有	不知道	

续上表

是否了解公路征地/拆迁补充政策	了解	部分	不了解	
是否服从征地/拆迁和重新安置	服从	部分	不服从	
对安置补偿有何要求	经济补偿	就地安置	变更职业	其他
公路建设对你影响较大的是	噪声	尾气	灰尘	其他
建议采取何种措施减轻影响	绿化	声屏障	远离村镇	其他

注:(1)请你用"√"表示对每个问题的态度;(2)对于其他意见和建议请书面表达,可附纸说明。

调查人:　　　　　　调查日期:　　年　　月　　日

二、生态环境影响评价

生态环境是指生物本身的生存条件和生存环境,即指生物赖以生存的物质基础。生态环境涉及面很广,内容极为丰富,本文生态系统主要包括城市生态系统、农林生态系统、森林生态系统、草原生态系统和水域生态系统等。

1. 评价等级划分

公路建设项目应按公路所经地区的不同生态系统类型进行分段评价,并确定评价工作的等级。路段评价工作的等级划分原则如下。

三级评价:评价范围内无野生动植物保护物种或成片原生植被,不涉及省级以上自然保护区或风景名胜区,不涉及荒漠化地区、大中型湖泊、水库或水土流失重点防治区的路段。

二级评价:评价范围内涉及荒漠化地区、大中型湖泊、水库或水土流失重点防治区,但评价范围内无野生动植物保护物种或成片原生植被,不涉及省级以上自然保护区或风景名胜区的路段。

一级评价:评价范围内涉及野生动植物保护物种或成片原生植被,或涉及省级以上自然保护区或风景名胜区的路段。

2. 主要评价内容

生态环境影响评价,主要包括地区生态环境现状分析、项目影响预测评价和防治措施(建议)三部分内容。对各级评价的路段,评价的要求如下。

三级评价的路段:分析项目征用土地对项目直接影响区土地资源和农林牧渔业生产、主要动植物物种和植被覆盖率的影响;分析项目直接影响区土地利用状况的变化。

二级评价路段:除了分析三级评价路段的内容外,还需分析预测项目实施对评价范围内生态敏感区域的潜在影响;分析预测工程实施对项目评价范围内列入保护名录的野生动植物和优势植被的影响,并在此基础上预测评价范围内主要生态因子和生态系统结构可能发生的变化。

一级评价路段:除了分析二级评价路段所需内容外,还需进行植物群落、动物栖息地和迁徙通道的影响分析,并分析评价范围内的生态系统结构、稳定性和物种多样性变化趋势。通过相关图表说明工程对评价范围内生态系统结构、功能及其抗干扰能力的影响,并可用现场摄像和照片资料进行辅助说明。

对于一级和二级评价的路段,宜用生物量、物种多样性、植被覆盖率、频率、密度和优势度等指标,利用现状调查、收集资料,按照工程设计资料,对评价范围内的生态特征进行工程建设前后对比定量分析。

3. 生态环境影响评价方法

根据工程和评价区域的性质、特点,生态环境影响预测可分别或以组合方式采用类比预测法、图形叠加法及经验分析与专家咨询法。预测方法各有其优势和局限性,应根据实际情况选用。

(1)类比预测法

根据已建成的类似项目对生态环境的影响分析预测拟建项目的生态环境影响。类比预测法大量应用于宏观分析和预测,要求拟建项目及其周边生态环境特征与类比项目相似,且类比项目的生态环境影响已趋于稳定;实际评价中很难出现完全类同的项目,因此类比法多适用于分析预测拟建项目部分工程或某一因子的生态环境影响。

(2)图形叠加法

将项目设施、评价区域生态特征、受影响环境要素和潜在生态影响因子叠合在地形图或卫星、航测照片上,直观地说明项目生态环境影响。图形叠加法使用简便,且非常直观,特别适合对于自然保护区、敏感生态系统影响的判定,是目前兼具操作性和科学性的评价方法,其与GIS结合代表了国内外建设项目生态环境影响评价方法的主流;其缺陷是在定量分析上尚不够精确。

(3)经验分析与专家咨询法

通过以往积累的经验和专家系统评估项目可能产生的生态环境影响,对于多维、多因子、不确定性较大的生态环境影响,经验分析与专家咨询法提供了一种行之有效的分析手段,实用性好;缺点是精度、准确性受到限制,随意性较大。一般用作辅助分析方法。

三、水土保持评价

水土保持在公路建设项目的环境影响评价中主要指:由于风雨侵蚀和由于公路建设破坏植被引起的水土流失。而水土流失主要发生在公路施工期和营运初期,包括路线施工中高填、深挖处的坡面及取弃土(渣)场地,扰动后容易引起塌方、泥石流等地质病害路段对沿线水土保持所产生的影响。由于工程防护措施和恢复植被措施的实施,营运中后期水土流失将基本稳定。水土保持评价的主要内容如下:

(1)依据现状调查结果,确定项目的水土流失防治责任分区;

(2)依据相关规范进行项目的水土流失预测及其危害性分析;

(3)分析评价主体工程设计中已采取的防护与排水工程、绿化工程等的水土保持功能;

(4)拟定水土保持方案,提出新增水土保持措施内容、投资估算及效益分析。

水土保持方案是为防治土壤侵蚀而拟定的措施方案,应针对土壤侵蚀的形式、规模和地点等设计,进行设计时应执行相应的技术规范。路基防护工程和排水工程设计,是项目水土保持方案的重要组成部分。

效益分析,主要指采取各项水土保持措施后减少或控制水土流失量的效益,减少土地沙化及改善路域生态环境的效益,以及做好水土保持对项目防洪保安全,增加经济效益的作用等。

四、声环境影响评价

声音超过人们生活和生产活动所容许的程度就成为噪声污染。噪声的污染是多方面的,噪声会损伤人的听力,引起多种疾病;噪声会影响人们的休息和工作,降低劳动生产率;噪声会干扰语言和通信联络;特强的噪声还会影响设备的正常运转,损坏建筑物。由各种机动车辆所产生的交通噪声，无论从它们所产生的噪声能量还是影响的范围来说，都是现实生活中最主要的噪声源。根据公路建设项目的特点，公路建设对环境带来的噪声污染主要是施工期施工车辆、施工机械噪声等对周围环境所产生的影响和公路营运期交通噪声对公路沿线产生的污染。

1. 评价内容

声环境影响评价的内容主要有地区声环境现状评价、项目施工期噪声和营运期噪声对环境的影响预测评价、敏感点的噪声污染防治措施（建议）等。

营运期评价分为路段交通噪声评价和敏感点（路段）噪声评价。敏感点（路段）噪声评价应根据噪声敏感目标的位置、功能、规模及路段交通量确定评价工作等级，工作等级划分标准及基本要求详见《公路建设项目环境影响评价规范》（JTG B03—2006）；路段交通噪声评价只进行一般性的预测分析。

2. 现状评价

声环境现状评价主要调查内容包括：现状调查范围内的噪声源种类、数量，与路线位置关系及相应的噪声级；评价范围内的环境噪声级、噪声超标情况；评价范围内噪声敏感点、保护目标、人口分布等；评价范围内的声环境功能区划；现有交通噪声分布情况等。

根据监测获得的环境噪声值与相应的环境标准进行评价，分析达标情况，并说明超标原因。分析噪声源位置，计算声压等级，研究噪声特征及其对环境造成的危害程度，编制噪声源一览表，如表 13-6 所示。

噪声源一览表 表 13-6

序号	噪声源位置	噪声源名称	台数	技术参数	噪声特征			声压级 dB(A)		
					连续	间断	瞬间	估算值	参考值	采用值
1										
2										
…										

3. 施工期评价

施工期声环境影响评述应针对不同工程作业时的机械噪声及工程车辆交通噪声进行评述，提出综合防治措施；评述范围为施工场边界 100m 范围；评述对象为噪声敏感目标。影响评述参照表 13-7。

公路工程施工机械噪声测试值 表 13-7

序号	机械类型	型号	测点距施工机械距离(m)	最大声级 L_{max}(dB)
1	轮式装载机	ZL40 型	5	90
2	轮式装载机	ZL50 型	5	90
3	平地机	PY160A 型	5	90
4	振动式压路机	YZJ10B 型	5	86
5	双轮振动压路机	CC21 型	5	81
6	三轮压路机		5	81
7	轮胎压路机	ZL16 型	5	76
8	推土机	T140 型	5	86
9	轮胎式液压挖掘机	W4—60C 型	5	84

续上表

序号	机械类型	型号	测点距施工机械距离(m)	最大声级 L_{max}(dB)
10	摊铺机(英国)	Fifond311 ABG CO	5	82
11	摊铺机(德国)	VOGELE	5	87
12	发电机组(2台)	FKV—75	1	98
13	冲击式钻井机	22型	1	87
14	锥形反转出料混凝土搅拌机	JZC350型	1	79
15	沥青混凝土搅拌机	Parker LB1000型(英国)	2	88
16	沥青混凝土搅拌机	LB30型(西筑)	2	90
17	沥青混凝土搅拌机	LB2.5型(西筑)	2	84
18	沥青混凝土搅拌机	MARINI(意大利)	2	90

注:以上数据是施工机械满负荷运转时测试的。

4. 营运期评价

营运期声环境影响评价宜采用模式预测法预测噪声,具体预测模式参数的选择详见《公路建设项目环境影响评价规范》(JTG B03—2006),有条件可采用类比分析法。环境噪声等级计算公式如下:

$$L_H = 10\lg(10^{0.1L_J} + 10^{0.1L_B}) \quad (13\text{-}5)$$

式中:L_H——预测点的环境噪声值,dB;

L_J——预测点的公路交通噪声值,dB;

L_B——预测点的背景噪声值,dB。

根据环境噪声执行标准对预测分析结果进行噪声评价,分析超标情况。改扩建项目,应对噪声影响变化情况进行分析和评价。

五、景观影响评价

本书的景观是指公路路线、路面、沿线构造物、沿线设施、附属设施等人工构造物同公路通过地带的自然景观与人文景观相互融合后构成的景观。公路景观评价分为内部景观评价与外部景观评价。

1. 评价对象

内部景观评价对象为工程构造物,指公路线形、工程构造物两部分,通常划分为桥梁、隧道、跨线桥、服务区建筑物、互通和边坡等类别。无特殊构造物时,可不进行内部景观评价。

外部景观评价对象为景观敏感区,景观敏感区是指路线通过或公路使用者视线可及的省级以上自然保护区、风景名胜区、森林公园、文物保护单位、历史文化保护地等对沿线当地有特殊价值的外部景观因子。无景观敏感区时可不进行外部景观评价。

2. 评价内容

内部景观评价应选取代表性构造物进行评价,如对工程构造物的造型、色彩、比例、韵律和对比均衡等美学特性评价,并对其与周围环境的协调性进行评价。

外部景观评价时应对景观敏感路段逐段进行评价,对景观敏感区的完整性、美学价值、科学价值、生态价值及文化价值等方面因公路建设所受到的影响进行评价。

3. 评价方法

内部景观评价时，可以采用“文字描述”结合“效果模拟分析”法进行评价。

外部景观评价时，可以采用“文字描述”及“眺望点视觉模拟分析法”对景观敏感区受到的影响进行评价。对特别敏感的景观敏感区还可采用“专家评议法”进行评价。

六、地表水环境影响评价

通常道路项目仅对地表水有影响，因此地表水环境影响评价只对公路所经过区域河流（包括河口）、湖泊和水库的环境影响进行评价，不包括沼泽、冻土区以及水生生态。

地表水环境影响评价主要包括现状评价、影响预测评价和地表水环境保护措施三部分。营运期评价可根据项目具体的污染特征和地表水环境现状，划分为敏感路段和一般路段分别进行。

1. 地表水环境现状评价

现状评价应在充分的现状调查基础上进行，调查范围应在评价范围的基础上适当扩大。公路建设项目对水环境的主要影响因素有：路基、桥梁对水文的影响，桥梁施工对水质的影响，施工期的施工废水和施工营地污水对水质的影响，营运期的路面径流、服务区的生活污水和洗车废水、收费站等地的生活污水对水质的影响等。

根据水环境现状资料，对受纳水体地表水环境质量分项进行达标状况评价；对改扩建项目，应评价既有污水排放的达标现状，并对既有污染源污水处理设施处理效果和处理能力进行评述。

2. 地表水环境影响预测评价

调查了解施工方案、施工临时驻地位置、集中机械维修点、大型隧道和桥梁施工点，以及相邻地表径流方向和水域功能；分析施工期废水排放的原因、地点及施工期废水的水质特征；可采用类比调查方法预测施工期污水排放量和污水水质，对照排放标准评价施工期排放废水可能产生的影响范围、影响程度和时效性。

营运期应主要评价服务区生活污水和洗车污水等；敏感路段应进行水环境现状评价和污染源预测评价，提出切实可行的水环境保护措施；一般路段不进行地面水环境影响评价，可简要说明污水排放数量、排放方向、受纳水体情况，并对照评价标准进行简要的环境影响分析，提出水环境保护措施。

3. 地表水环境保护措施

水环境污染控制目前有两种方法：第一种是水体中某污染物总容量控制；第二种是排放源污染物控制，即排放源污水排放到某类功能水体中，其排放污水污染物必须在某类功能水体限值以内，否则必须经过处理方可排放。为此，施工、生活服务区污水和洗车污水，不得排入《地面水环境质量标准》（GB 3838—2002）中所规定的Ⅰ、Ⅱ类水域，排入其他水域时，必须符合相应的标准，不符合时要进行水质处理。

七、环境空气影响评价

道路项目对环境空气的影响因子主要有施工期扬尘和沥青烟尘、营运期汽车排放的有害气体。对于长隧道须评价其通风设施，防止隧道内空气严重污染影响行车安全和人员健康。

机动车辆排放物中，对人体健康有直接危害作用的为CO（一氧化碳）、NO_2（二氧化氮）、IP（可吸入颗粒物）和Pb（铅）等。在我国不同地区的监测中，已发现环境空气的上述污染物中，车辆排放量占有较高的分担率，如 CO 占 65% ~80%，NO_2 占 50% ~60%；Pb 占 80% ~90%。随着我国车辆保有量地增加，上述各项污染物的排放量亦将呈上升趋势，因此，车辆排放物将成为我国环境空气的主要污染源之一。在公路附近地区上空，往往形成一浓度较高且持续时间较长的污染物区域，这一污染物区域对动物，植物，人类赖以生存的水、土等环境均有不同程度的影响。

环境空气影响评价专题由地区环境空气质量现状评价、项目对环境空气影响预测评价和空气污染减缓措施（建议）三部分组成。评价分施工期和营运期，营运期评价又分为敏感点（路段）评价和路段评价，路段评价长度一般采用工程可行性研究报告交通量预测划分，敏感点（路段）评价长度按敏感目标分布确定。

1. 评价因子

环境空气评价因子分施工期评价因子和营运期评价因子。施工期评价因子为总悬浮颗粒物（TSP），必要时增加沥青烟；营运期评价因子为二氧化氮（NO_2），必要时增加一氧化碳（CO）。

2. 环境空气现状评价

环境空气现状评价应在调查基础上进行，收集项目范围内地形、地貌特点和现有工业污染源的情况等，确定环境空气敏感点；收集项目直接影响区环境空气质量常规检测资料，统计分析各点的主要污染物的浓度值、超标量和变化趋势；收集直接影响区近 3 年气象资料等。

分析评价因子日均浓度值变化范围超标率及超标原因，采用单因子指数法对评价因子达标情况进行分析评价，并对环境空气现状作出评价。单因子指数法公式如下：

$$P = C_i / C_{0i} \tag{13-6}$$

式中：P——i 因子质量指数；

C_i——i 因子浓度实测值，mg/m^3；

C_{0i}——i 因子标准值，mg/m^3。

对评价范围内现有环境空气敏感点所在区域的功能划分、环境空气质量现状和现有污染源等情况进行评价分析。

3. 环境空气质量预测

对施工期环境空气影响不做模式预测，可只根据现有资料进行类比分析，评价重点为施工路面扬尘（含施工便道及新铺路面）、场站扬尘（搅拌站及堆料场等）。

对营运期汽车尾气中污染物，可采用模式预测法或类比分析法估算其扩散浓度，根据公路沿线设施的锅炉所采用的燃料种类，简要分析其烟尘排放情况，并提出排放控制要求。

此外，公路建设项目还有事故污染风险分析。对营运过程中危险化学货物的泄漏进行事故污染风险分析，其重点应针对敏感水体进行，并提出风险防范和管理对策。此处不再进行赘述。

第五节　工程环境保护对策

在分析环境影响因素及其影响程度的基础上，按照国家有关环境保护法律、法规的要求，研究提出环境保护对策。

一、环境保护对策

1. 制订减轻影响的计划

减轻影响的计划（也称为“行动计划”或者“环境管理计划”）应对所建议的工作计划和进

程提供详细情况。这类细节将有助于确保在整个项目实施过程中，所建议的环境行动与工程和其他活动同时协调。如果减轻影响的计划不通，或无投资效益，那么此计划应考虑补偿措施。

2. 环境管理和培训

按地方、机构和部门级别决定具有环境影响评价技术资质单位，并对其人员培训等作建议和监督，保障环境评价的建议能成功实施。

3. 环境监督职责

监督职责的规范包括：监督行动的类型和费用、监督主体、向谁报告、补充措施以及资金来源。在施工期间，应对监督予以特别的关注。

二、各阶段的保护措施

1. 公路设计阶段的环境保护措施

路线布设尽量避开饮用水源，防止污染。公路经过城镇时，应该与城镇规划相协调，选择路线尽量做到"靠而不近，离而不远"的原则，对部分路段无法避免穿越城镇地段，建议在下阶段的设计工作中将影响环境的因素降低到最低限度。设置必要的立体交叉、分离和通道，使新建公路既能促进城乡建设和经济发展，又能不因全封闭而给沿线群众生产和生活带来不便。设施完善的排水、排灌系统，防止出现对地方农林水布局的破坏。公路设计时，要以社会、自然环境的综合标准进行设计，使自然景观与公路工程达到有机的协调。经过风景旅游区段一定要同周围的风景相结合，以尽量做到不破坏风景为原则。

2. 施工期的环境保护措施

公路施工期间，对运送散装材料的汽车、船舶及堆料场，尽可能遮盖，防止跑、冒、滴、漏，装卸材料，做到文明施工，汽车行驶路面勤洒水，以防扬尘。尽量采用低噪声的设备，合理选择施工方法和施工时间，城区附近必要时采取临时隔音措施，严禁夜间打桩作业。公路施工期间，应迅速实现边坡的防护，防止水土流失，施工完后，及时清理场地，恢复植被。沥青拌和工厂设置大气污染防护设备，并远离居民区，设于村庄的下风方向。

3. 公路营运期间的环境保护措施

公路两侧200m慎重规划，不要规划建设噪声敏感建筑。公路途径居民密集区、学校等，应加密种植树木，并使之形成绿化立体屏障，从而减少交通噪声的影响。对汽车废气污染，应采取措施以减轻废气危害，公路两侧植树造林净化空气等。加强公路路面管理，经常整修路面，保持足够的平整度，以降低交通噪声的影响。利用现有环境监测机构，对公路不同时期的环境进行环保指导和管理，以控制工程对环境的影响和采取相应的处理措施。

总之，公路工程对环境影响是多方面的，因此，必须重视公路工程对环境影响的减缓措施，本文所述的保护措施仅为参考，具体项目应针对其特点制订不同的环境保护措施。

思　考　题

1. 经济损益分析的指标有哪些？

2. 掌握环境影响分析的内容与方法。

3. 了解环境保护对策内容。

第十四章 节能评价

交通运输系统使用的能源主要是矿物燃料(石油、天然气和煤),而能源的主要消耗者为公路车辆。

能源消耗速度在未来几年会继续加大,目前大约5亿辆机动车辆消耗世界年开采石油量的近1/2。估计到2030年世界机动车辆可能达到10亿辆。因此,节约能源确实是十分必要与迫切的。

公路节能是指在完成相同运输生产任务的前提下,通过采取一定的措施,使能源的消耗减少,其实质是提高能源利用效率,主要包括建设期间的节能和公路营运期间的节能两部分。建设期的能源消耗是一次性投入,主要是人力、物力的大量投入,节能的潜力不大;营运期的能源消耗是一种长期的连续投入,体现在运输过程中各种公路运输工具的燃耗。随着公路交通日益发展,汽车的燃耗也会越来越大,因此在营运过程中采取节能措施对国民经济具有十分重要的意义。

第一节 能源消耗分析

公路能源消耗主要可分为直接能源消耗和间接能源消耗。

1. 直接能源消耗

交通运输上的直接能源消耗主要是指驱动车辆所消耗的能源。首先了解能源的经济性,是指单个车辆使用单位能量所行驶的距离;能源消耗率是指单个车辆行驶单位里程所消耗的能量。通过对能源使用效率的分析可知,影响公路运输的能源使用效率的因素主要包括:车辆的特性(车型、载质量、车龄和发动机排放量)、公路的几何特性与状况(坡度、曲率和路面维护状况)和交通条件(交通流为自由流或阻塞)。对于大多数车型而言,最低油耗率对应于50~60km/h的行驶速度。

交通需求预测模型系统可以获得交通流的车型构成以及交通条件,根据这些预测值,可以计算交通运输网络的能源需求。车辆出行的能源消耗可以通过燃油模型计算,其中通常用一元线性回归模型来计算单车出行的能源消耗。针对不同的车型(小轿车、载货汽车、牵引车-挂车、公共汽车)和不同的交通条件(高速公路、城市主干道)建立不同的能源消耗模型,并且分别以出行时间、平均速度或出行距离为自变量。应用时可根据具体情况进行选择。

有了单位出行能耗、交通流的构成以及交通总量,就很容易求出交通运输系统的能源消耗总量。在进行项目有无对比或者某项措施实施前后对比时,可以利用出行时间、出行距离和平均速度等的前后变化,计算能源消耗的增量对项目或措施进行评价。

2. 间接能源消耗

交通运输系统的能源消耗除了直接的能源消耗,还有间接的能源消耗,具体包括建设、维护和运营交通运输系统所需要的能源。其中,最主要的是运输车辆的制造与维修的能源消耗和道路修筑与养护的能源消耗两大部分。

道路建造的间接能耗可以采用过程分析法或者输入输出法计算。过程分析法是按道路建造过程对每一作业指定一定能耗值，这种方法在确定能源密集型作业分析设计或其他变化的效果方面是有用的。输入输出法是对各个经济部门如公路工程部门指定一个能源—费用比。由于输入输出法简便、迅速，并且在工程项目准备阶段，费用常常是唯一可以得到的数据，所以这种方法是很有效的，不过可能不太精确。道路维护指修补、填补裂纹等日常维护。道路养护的间接能耗依照道路等级与铺面类型而定。一般来说，高等级公路年度能耗比一般公路要高，沥青混凝土路面年度能耗比水泥混凝土路面要高，道路大修一般参照公路建设项目计算。

第二节　能耗影响因素分析

影响公路运输燃油消耗的因素很多，主要有两类：第一类是车辆本身的燃油经济性，这是由车辆本身的构造和制造工艺决定的，出厂前就已经定值；第二类是车辆的行驶状态，这取决于车辆运行具体环境以及驾驶员的操作技能。

本书主要对第二类能耗因素进行分析，主要可概括为如下几方面：

（1）车辆特性，包括物理特性和行驶特性（发动机功率、转速和车辆重量等）；

（2）道路条件，包括几何特征（纵坡、曲率和路面宽度等）和路面特性（平整度）；

（3）交通状况，包括交通流量、交通组成、行人流量和非机动车流量等；

（4）地区因素，驾驶员的驾驶行为和车速限制等。

本书主要对前面两个因素进行分析。

一、车速对油耗的影响

汽车行进必须克服各种妨碍行进的阻力，即滚动阻力、空气阻力和惯性力。这三种阻力都与车速有直接关系，随车速的变化而变化。实验证明这种变化关系较复杂，但有规律可循。图14-1 给出了汽车在无纵坡路面上以 120km/h 等速行驶、90km/h 等速行驶和“欧洲循环”（在标准环路上控制的）变速行驶时的能耗比例。

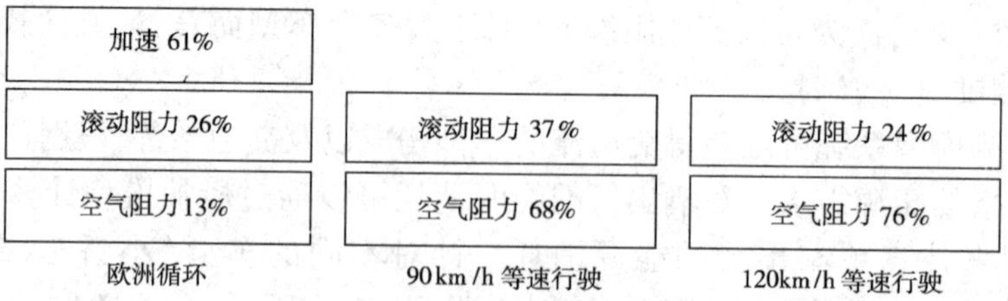

图 14-1　汽车的能耗比例图

从图 14-1 可以看出，汽车运行速度不同造成能耗的不同分配，即车速变化引起滚动阻力、空气阻力和惯性阻力消耗能量的变化，这几种阻力能量消耗可用以下数学关系式表达出来：

滚动阻力　$F_1 = R \times M \times g$

空气阻力　$F_2 = 0.5 \times \rho \times S \times C_\chi \times v^2$

惯性力　$F_3 = (M + \sum M^*) \times \gamma$

汽车重量切线分力　$F_4 = M \times g \times \sin\alpha$

总阻力　$F = F_1 + F_2 + F_3 + F_4$

以上式中：R——滚动阻力系数；

M——汽车质量，kg；

$\sum M^*$——旋转件当量质量总和，kg；

g——重力加速度，m/s^2；

ρ——空气密度，kg/m^3；

S——汽车下面面积，m^2；

C_χ——空气阻力系数；

v——汽车速度，m/s；

γ——汽车加速度，m/s^2；

α——坡度角，rad。

当车辆和道路固定时，能耗就只跟车速有关。但从图 14-1 中可以看出，车速与油耗的关系比较复杂，车速变化不但能引起油耗变化，而且还能引起油耗在各种阻力和汽车内耗中分配的变化。另外据法国 IRT-CERNE 的研究表明，道路的纵横坡度对汽车油耗有影响；汽车重量有碍于上坡行驶，但有助于下坡行驶；转弯时，滚动阻力随车轮侧滑角的变化而增加。为了表达车速与油耗之间的关系，必须在一定技术等级的道路上进行详细调研，才能具体标定出车速与油耗之间的关系模型。

通过分析影响到路上运营车辆燃油消耗的因素，其中车辆性能是最主要的因素。建立油耗—车速的模型，其基本的表达式为：

$$F = h(av^2 + bv + c) \tag{14-1}$$

式中：F——汽车燃油消耗，L/百车公里；

v——汽车行驶速度；

a,b,c——运用高速公路资料的回归系数；

h——高速公路的油耗速度关系式换算到一般二级路的换算系数。

二、道路条件对油耗的影响

道路几何条件对燃油消耗的影响由平曲线半径、纵坡、路面状况和道路横坡决定。当车辆由直线段驶入曲线时，车辆的燃油消耗就要增加。试验表明，当路线纵坡较小时（$-3\% \sim +3\%$），行车速度主要随平曲线曲率的增加而降低，并当平曲线半径小于 400m 时，车辆行驶速度才明显降低。

道路纵坡对油耗影响很大，在上坡时燃油消耗随着坡度的增加而增加，但下坡时，油耗节约比较有限。根据美国的研究，当道路纵坡从 6% 下降至 3% 时，小客车可节油 20%，货车可节油 70%。

路面状况对车辆油耗也有直接影响，主要为路面平整度，如货车在高级及次高级路面上行驶要比在非高级路面上行驶节油 30%～40%。车辆在非高级路面要克服较大的滚动阻力，一般来说直接或间接地受下列因素的影响：

（1）道路表面特性，包括所有道路构造上的特点；

（2）车行道表面材料的松散情况；

（3）润滑或表面覆盖介质，如水、霜、冰、泥浆或雪。

在讨论直接影响之前先对涉及几个描述道路表面特性的三个名词：微观构造、宏观构造和大构造作一个注释。

（1）微观构造

一级表面不平整度，这一级包括沥青胶浆和水泥砂浆的构造。它们在沥青和水泥混凝土路面表面上的裸露颗粒之间占大部分。微观构造主要影响轮胎磨耗、肇事的危害性（包括所有车速）和高频振动产生的噪声。微观构造对油耗影响不大。由于接触区内橡胶分子的伸缩而引起的微迟滞能的损失，微观构造的增加在恒速下能导致滚动阻力的微小增加，但由于滚动阻力一般来说仅是车辆全部能量损失的百分之几（对中型轿车以 80km/h 的车速在一般沥青路面上行驶的情况来说约为 6%），所以它对油耗实际上影响不大。

（2）宏观构造

二级表面不平整度，首先是由粗集料（粒径大于 2.5mm）的尺寸、间距、排列和分布形成的表面，其次是凹槽表面，凹槽式样有不同宽度、深度和间距，最后是表面与内部的孔隙相连通（例如在透水性面层中）的部分。这一级构造对经济和能源费用的影响主要表现在滚动阻力（影响燃料和油料费用）、肇事（在中高车速时受溅水影响而降低能见度）以及低频振动产生的噪声。宏观构造的增加会引起滚动阻力的极大增加。由于气候变化会对表面特性产生较大影响，即任何润滑或表面覆盖介质（如水、霜、冰、泥浆或雪）都会对滚动阻力产生影响从而引起油耗的变化，其主要影响如下：当路面干燥时，在车辙内（即使辙深达 80mm）行驶对油耗没有显著影响；但当路面潮湿时，油耗可能比在无车辙的湿路上行驶时高 14%。当路上有水、冰和雪存在时，油耗随车速提高大幅度增加，最高可达 300% 左右（对 13cm 厚的雪层）。

（3）大构造

三级表面不平整度，包括不同车辙、坑洞及不同宽度和高度的复杂裂缝。大构造和较大不平整度的增加，或松散砾石、深雪或泥土的影响，常常有使驾驶员减速至低于 50km/h 的作用，由于滚动阻力和速度的相同作用，低车速将引起油耗的增加。

综上所述，关于表面特性对油耗的影响主要有：宏观构造、大构造和不平整度对油耗有较大影响；坏天气改变道路状况（有雨水的车辙、泥土、冰或雪）明显地增加油耗，其增量高达 300%，而这种油耗的增加严格地说不完全是由于滚动阻力的增加，而与车轮打滑有很大关系。

车辆在单位时间内的燃油消耗量不但与车辆特性和运行速度有关，而且随道路特性不同而变化，可以通过油耗—平整度关系式计算燃油消耗量：

$$F = a + b \times \mathrm{IRI} \tag{14-2}$$

式中：F——燃油消耗量；

IRI——国际平整度指数，m/km；

a,b——回归系数。

第三节　节能计算方法

项目建成后的油耗节约效益可采用“有无比较法”来计算，无此项目时的汽车燃油消耗与建设此项目后新路汽车燃油消耗之差即为油耗节约量。

1. 公路晋级所产生的油耗节约

公路建设项目的实施，使得车辆单位里程的燃油消耗减少而节约的燃油量计算公式如下：

$$B_1 = (C_{00} - C_N) \times L_N \times Q_N \times 365 \tag{14-3}$$

式中：B_1——公路晋级的燃油节约量，L/年；

C_{00}——无此项目时，老路上的平均燃油消耗，L/(公里·车)；

C_N——新建项目上的平均燃油消耗，L/(公里·车)；

L_N——新建项目的里程，km；

Q_N——新建项目上的年平均日交通量，辆/日。

2. 老路减少拥挤所产生的油耗节约

无此项目时，原有相关的交通量不断增加，平均行车速度相应降低，停车次数增加。有此项目后，使原有相关公路部分交通量发生转移从而减少拥挤，降低能耗，计算方法如下：

$$B_2 = (C_{00} - C_{01}) \times L_0 \times Q_0 \times 365 \tag{14-4}$$

式中：B_2——减少拥挤所产生的燃油节约量，L/年；

C_{01}——新建项目后，老路上的平均燃油消耗，L/(公里·车)；

L_0——老路的里程，km；

Q_0——建设项目后，老路上的平均日交通量，辆/日；

其他符号意义同前。

3. 缩短里程而产生的油耗节约

新的公路建设项目缩短了里程，从而直接节约了在其上运行车辆的燃油消耗，其计算方法如下：

$$B_3 = (L_0 - L_N) \times Q_N \times C_{00} \times 365 \tag{14-5}$$

式中：B_3——缩短里程产生的燃油节约量，L；

其他符号意义同前。

第四节 节约能源的策略

针对能源消耗的影响因素寻找节约能源的策略，影响能源消耗效率的因素主要有车辆、道路条件、交通服务设施、价格政策和组织管理，所以就从这五个方面进行策略制订。

(1)对运输车辆进行改进。主要包括改善发动机的燃料经济性，减轻车辆自重，减少行驶阻力(子午线轮胎、流线型车身等)，改进变速箱和传动系。

(2)改善道路交通条件。主要是指改进交通信号，合适的建立单行线网络，拓宽交叉口，实施高速公路的全线监控。

(3)经营费用政策。包括车辆购置费、注册费、养路费(或燃油税)、停车费以及过路过桥费。

(4)运输组织的改进。主要包括改变货运车辆吨位构成，提高里程利用率与实载率。

(5)管理方面要采取有效的节能措施，加强宣传教育，提高人们的节能意识，尽量运用最小的能源消耗运输最大的客货量。

随着交通事业的快速发展，交通运输对能源的消耗已是一个不容忽视的重大问题，交通运输消耗了很大一部分的能源，特别是石油资源。地球上的原油最终将耗尽枯竭，节约能源刻不容缓。一定要全面贯彻执行有关节能措施，这些措施涉及车辆技术性能，道路设计、施工与养护，交通管理和控制，居民出行方式选择以及城市发展模式等各个方面，这就要求全社会配合有关部门搞好节能工作，造福人类，造福子孙。

思考题

1. 熟悉油耗原理以及相关模型。
2. 了解进行节能分析的必要性和内容。

第十五章　安全评价

传统的公路工程规范与路线技术标准是建立在汽车动力学基础上的,遵照传统的设计与建造规程,保障汽车运动的力学稳定性,提供行驶的基本支撑条件,并具有基本的安全性能。为了提高整个交通系统的安全水平,需要将"安全意识"引入公路网的规划设计中,在规划设计阶段就重视安全因素,使公路设计能有效地降低未来事故的发生几率。因此,必须对拟建设项目可行性研究阶段进行交通安全评价,分析各分项工程与道路使用者的安全影响关系,对事故潜在隐患的各种因素进行鉴别并分析,提出消除或减轻安全隐患的保证措施,为多方案比选提供支撑。可行性研究阶段的安全评价主要意义如下。

(1)能够针对性地消除安全隐患,现有的公路除极少数路段,绝大多数都符合规范与技术标准的要求,但在运营一段时间后,往往出现了交通事故记录的显著偏差,产生了事故明显集中的事故多发段和事故多发点。事故多发点段的存在说明公路规范或技术标准不能界定公路交通系统所有的安全问题,只有进行安全的专项分析,才能消除路段将出现的安全隐患,这也是安全评价的基本意义所在。

(2)能够更全面地分析安全影响因素,传统的设计规程之外附加公路安全评价,就能专门针对公路安全进行深入的探讨和研究,能够设想各种车辆运营中可能的安全隐患,并且考虑公路各种设施之间的适配性及其在运营中呈现的动态特性。

(3)能够有效地扩展公路的安全空间和"宽容度",公路安全评价通过对公路技术的回溯,发现碰撞风险较高的区段,然后有针对性地采用一些补救措施,从而降低碰撞发生的概率,或者减弱可能碰撞的严重程度。

第一节　现状安全评价

一、资料调查

要进行安全评价必须获得有关建设项目的背景材料,这些材料的获取一是由设计单位提供,二是通过现场调查。主要包括如下基础资料。

第一,项目的意向。建设目的意义、任务来源;需要说明的问题和做出的折中方案和理由;从咨询和讨论中得出的共同意见。

第二,现场数据。主要包括预测的近期和远期交通量(注意邻近路网交通量的转移变化);沿线土地的利用和开发,特别是沿线城镇的发展规划;沿线自然环境情况,包括工程地质、水文、气候条件;对现有公路改扩建,应有交通事故历史资料(包括时间、类型、频率、主要成因和伤亡损失等)。

第三,设计标准和所用规范、指南等。

第四,设计方案及相关图纸、基础资料。

二、事故黑点分析

改扩建公路首先从该公路历年交通事故四项指标统计、历年交通事故分类、历年交通事故形态和历年事故主因进行分析，判断该路的整体安全水平，然后进行事故黑点分析。事故黑点是改扩建设计和安全评价的重点，黑点分析首先进行事故黑点鉴别与诊断，再进行事故黑点道路影响评价，主要步骤如下。

1. 评价指标确定

通过分析待鉴别路段所属公路等级特性(包括技术等级和行政等级)，以及相应的道路条件、交通状况，确定黑点鉴别评价指标；评价指标的选取是否合理，直接影响到事故黑点鉴别结果的准确与否，但指标并不是选取得越多就越全面。指标太多了，指标重复的可能性增大，而且有些指标之间具有互相交叉或包含关系，对鉴别过程具有一定的干扰；指标太少，可能所选的指标缺乏足够的代表性，会产生片面性。

对于一个发生了大量交通事故的多发地点而言，其累计事故诱导因素通常是多方面的，除涉及到车辆状况、交通参与者的行为特征等因素外，还涉及道路条件、交通运行状况、交通安全设施、服务养护设施以及道路的管理与监控、安全环境等诸多影响因素，它们直接或潜在地导致交通事故的发生。

本书在综合分析公路交通事故各影响因素基础上，将事故黑点影响因素共分为七大类进行分析，建立事故黑点鉴别评价指标体系，如图 15-1 所示。

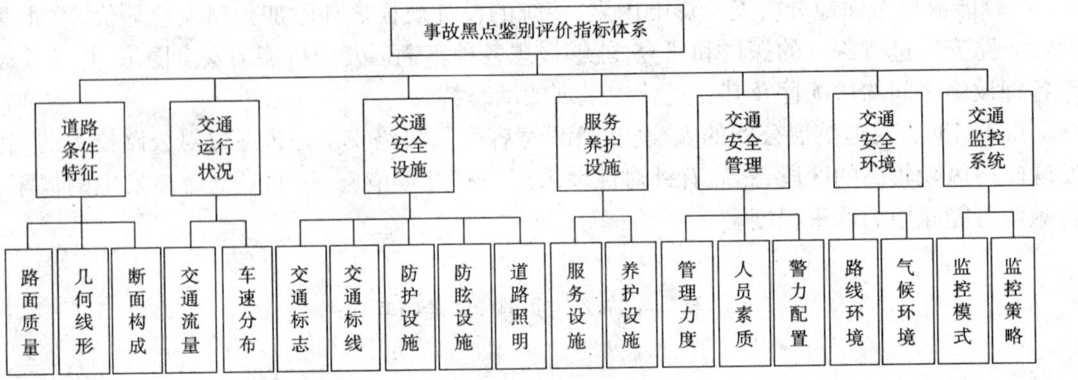

图 15-1　事故黑点鉴别评价指标体系

2. 单元路段划分与事故统计

根据待鉴别路段或线路里程长短，按照相应的长度单元进行路段单元划分。通常，若公路里程较短(一般不超过 50km)，长度单元取 100m 或 500m；若公路里程较长(超过 50km)，则取 1km 为长度单元进行路段单元划分。按照事故统计表中每起事故发生时的起讫点桩号，统计分析各单元路段事故发生总起数以及人员伤亡、经济损失情况。采集各单元路段各关键评价指标数据，并加以分析处理。表 15-1 为示例。

3. 指标的无量纲化

在错综复杂的评价指标体系中，一些指标可以量化(定量指标)，而一些指标却不能直接量化(定性指标)，即使是定量指标，各指标之间也是异量纲的，而且数值差异较大，直接将它们用到鉴别模型中是不合适的，也没有实际意义。因此有必要对指标数据进行无量纲化处理，亦称指标数据的规格化，把指标值转化为无量纲的相对数。

单元路段统计表　　表 15-1

编　号	起点桩号	终点桩号	事故数	死亡人数	受伤人数
1	K0 +000	K1 +000	73	2	36
2	K1 +000	K2 +000	4	0	0
…	…	…	…	…	…
162	K161 +000	K162 +000	7	1	0
163	K162 +000	K163 +000	18	0	3
…	…	…	…	…	…
合　计			1 623	213	437

指标数据无量纲化的步骤如下：第一步，定性指标的量化；第二步，逆指标和适度指标的处理；第三步，指标值的无量纲化。

4. 鉴别模型选取

在分析各鉴别方法和模型适用条件及优缺点基础上，结合待鉴别路段或线路实际情况，选取既切合实际又操作方便的事故黑点鉴别模型。本书主要介绍改进的事故频数法和综合影响强度事故率法。

5. 事故黑点初选

(1)改进的事故频数法

计算各单元路段平均事故数 λ(起/公里)：

$$\lambda = \frac{\sum P_i}{n} \tag{15-1}$$

式中：P_i——路段 i 的标准化事故次数，起；

n——路段单元总数。

最后，取置信水平为 95%，则事故次数临界值 R(起/公里)为：

$$R = \lambda + 1.96\sqrt{\lambda} \tag{15-2}$$

将各单元路段统计年度内标准化事故次数与临界值 R 对比，若大于 R 则判定该路段为事故黑点，得到事故黑点初选结果。

(2)综合影响强度事故率法

首先，确定标准事故率 R。按照综合加权的方法将绝对事故数标准化，实现各路段交通事故严重程度的可比性，计算方法如下式：

$$P = \sum_{i=1}^{n} f_i P_i \tag{15-3}$$

式中：P——标准事故数；

i——事故等级的序号；

f_i——第 i 级事故的加权系数；

P_i——第 i 级事故发生数；

n——事故分级数。

通过车辆换算系数，把各种车型折算为标准小汽车，综合加权后得到标准化后的路段交通量 Q。标准事故率 R 可由 $R = P/Q$(事故起数/百万辆标准小汽车)计算得到。

其次，确定分影响强度 ρ_{kij}。路段 k 的影响因素 K_{ij} 对事故率 R_k 的分影响强度 ρ_{kij} 的计算公式如下：

$$\rho_{kij} = \frac{R_k}{R'_k} \tag{15-4}$$

式中：ρ_{kij}——影响因素 K_{ij} 对事故率 R_k 的分影响强度；

R_k——路段 k 影响因素 K_{ij} 的标准化事故率；

R'_k——不含影响因素 K_{ij}，而其他条件相同或相近的标准化事故率；

K_{ij}——路段 k 第 i 类因素中的第 j 个子因素。

再次，确定综合影响强度 ρ_k。通过德尔菲法（Delphi）（亦可采用其他方法，如相邻指标比较法）确定各分影响因素指标 ρ_{kij} 的权重 A_{kij}，然后采用加权平均的方法计算各单元路段次综合影响强度 ρ_{ki} 值，计算公式如下：

$$\rho_{ki} = \frac{\sum_{j=1}^{m} A_{kij} g \rho_{kij}}{\sum_{j=1}^{m} A_{kij}} \tag{15-5}$$

式中：ρ_{ki}——单元路段的次综合影响强度；

A_{kij}——分影响因素指标 ρ_{kij} 的权重；

ρ_{kij}——影响因素 K_{ij} 对事故率 R_k 的分影响强度。

按照以上同样的方法确定各路段 k 的综合影响强度 ρ_k，相应路段 k 的综合影响强度事故率 C'_k 的计算公式如下：

$$C'_k = \rho_k \cdot R_k \tag{15-6}$$

式中：C'_k——路段 k 的综合影响强度事故率；

ρ_k——各路段 k 的综合影响强度；

R_k——各路段 k 的标准化事故率。

最后，确定各路段 k 的综合影响强度事故率临界值，即：

$$\left.\begin{aligned} C_k^+ &= A + \alpha\sqrt{\frac{A}{\overline{Q}}} + \frac{1}{2\overline{Q} \times 10} \\ C_k^- &= A - \alpha\sqrt{\frac{A}{\overline{Q}}} + \frac{1}{2\overline{Q} \times 10} \end{aligned}\right\} \tag{15-7}$$

式中：C_k——路段 k 综合影响强度事故率临界值，C_k^+ 为上限值，C_k^- 为下限值；

A——包含路段 k 的全线平均综合影响强度事故率；

α——统计常数，若取 95% 置信度，则 $\alpha = 1.96$；

$\overline{Q}$——全线调查期间的平均交通量，以百万车辆计。

若路段 k 综合影响强度事故率 C'_k 大于上限 C_k^+，就作为初选事故黑点。

6. 事故黑点排查结果修正

在事故黑点鉴别分析过程中，可能会因为单元的划分而使本来是事故黑点的路段一分为二。为此，可运用"修正截面技术"进一步修正，补充被漏选的事故黑点。主要方法如下：若相邻路段中的一个或多个路段事故率较高，在初次鉴别中未被鉴别为事故黑点，可根据该相邻路段的事故分布情况，适当地移动划分单元截面，按上述步骤对新的路段进行分析；若在某处找到事故黑点，则增补为事故黑点，而相邻路段内其他新划分的单元的事故率明显偏低，或若在该相邻路段内数次移动划分单元截面均未找到事故黑点，终止该相邻路段内划分单元截面的移动，转到其他相邻路段。

7. 公路事故黑点影响因素分析

分别从道路线形、横断面、道路视距、路面状况、交叉口及交通工程设施方面统计分析道路事故黑点对交通安全的影响。

第二节　可行性研究安全评价的内容

可行性研究阶段安全评价是设计人员对道路安全核查的前期阶段，此阶段核查的内容主要是在宏观层面上。与规划阶段的安全评价不同，可行性研究阶段的安全评价其视角不是"面上"的整体安全性能，而是"线上"的安全性能，本文分别从技术标准和技术方案两方面进行评价。

一、技术标准评价

公路建设项目可行性研究阶段的任务之一就是明确技术标准、建设规模，在此基础上制订项目的技术方案。技术标准主要包括技术等级的选择、设计速度的确定和路基横断面宽度的设定等。

1. 公路等级

根据项目沿线城镇及人口分布情况、预测交通量、交通组成、项目功能以及在路网中的地位等，对拟定的公路等级从适应行车安全性要求方面进行评价。

2. 设计速度

根据拟建公路项目等级，结合预测交通量及其组成、沿线地形情况等对设计速度进行安全性评价。不同设计速度的相邻路段设计速度差不宜大于 20km/h。设计速度差大于 20km/h 的相邻路段间宜设置过渡路段。过渡路段的长度应能够保证线形指标过渡的需要，并设置交通设施引导驾驶员调整运行速度。

3. 路基横断面宽度

新建项目应根据预测交通量及其组成，从行车安全性角度评价路基横断面形式及其行车道、硬路肩、中央分隔带、路缘带等宽度的适应情况。

分期实施项目应根据远景规划评价前期实施工程与后期预留工程对行车安全性的影响。

改扩建项目应根据路基宽度和设施变化的协调性等情况评价对行车安全性的影响。

二、技术方案评价

1. 技术指标

平、纵面线形指标应与设计速度相适应。以大、中型货车通行为主的项目应尽量提高纵断面、横断面及平面指标。分期建设的项目应注意近期工程对行车安全性的影响。改建项目应注意改建前后技术指标的协调性以及对行车安全性的影响。

2. 起讫点

根据预测交通量对路线起讫点与相关道路的连接方式、交通组织等进行评价。如果起终点为城镇，要对公路与城市道路衔接时是否保持道路运行特性的平滑过渡作评价，包括线形指标、设计速度等方面的协调性。如果起终点为其他道路的端点，应评价其是否造成错位交叉。如果起终点与其他道路相接时，评价其设计速度是否与这些道路偏差很大，一般不能相差 20km/h。

3. 平面交叉

根据地形条件、主线技术标准、相交道路状况、预测交通量等情况对平面交叉口设置的必要性、形式、交通组织及交叉口间距等进行评价，评价标准为尽量减少行车冲突点。

4. 互通式立交

根据路网条件、出入交通量及沿线城镇布局等情况对互通式立交设置的必要性、形式、与被交道路连接方式，与相邻互通立交、隧道等大型构造物以及其他管理服务设施的间距等进行评价。当最小间距不满足现行规范要求时，应增设辅助车道及标志、标线等安全设施。

5. 跨线桥及通道

对未能设置平面交叉或互通立交的其他路线交叉口，应评价跨线桥或通道设置的必要性标准及设置间距。

6. 施工期间的交通组织

公路改建项目在施工期间不中断交通或将主线交通量分流到相关道路时，应对施工组织方案的行车安全性影响及其采取的相应安全措施进行评价。

第三节　安全评价方法

公路建设项目可行性研究阶段的安全评价是根据可行性研究的框架体系进行的，主要有核查表法和速度一致性法，下面主要介绍这两种方法。

一、核查表法

核查表法是进行安全评价、查找事故隐患和预防事故的一种有效工具。核查表法事先把公路设计各个阶段的项目加以分析，把大系统分解成小的子系统，查出不安全因素所在，然后确定检查项目，以提问方式，将检查项目按系统或子系统顺序编排成表，对各个因素逐一进行核查，确定因素能否适应安全性的要求，若不满足要求则提出改进意见。表 15-2 为某公路可行性研究阶段交通安全核查表法示例。

公路可行性研究阶段安全核查表　　　　表 15-2

类型	评价项目	评价结果	说明
技术标准	是否适应预测远景交通量	是	本项目拟采用 100km/h 设计车速的一级公路标准
	是否符合公路的使用性质和功能	符合	能达到市、县快速通道要求
	设计年限内是否会发生交通拥挤并成为事故隐患	否	交通量最大的×××～×××段远景年交通仅 26 153pcu/d
	对地形划分是否正确	是	
分段建设	分段长度是否足够	是	
	分段衔接处是否能使驾驶员明显识别而不致有突变感	较小	综合考虑各种影响因素，灵活地运用直线、圆曲线等线形要素，顺应地形、地物
	相邻路段计算行车速度之差是否合适	合适	尽可能采用较高的平面线形指标，并力求平面线形指标间的均衡
	相邻路段的技术指标是否呈逐渐变化	是	曲线、直线路段技术指标顺畅过渡

续上表

类型	评价项目	评价结果	说明
路线走向	路线起、终点和城乡道路网的规划衔接是否合理	否	没有考虑××省道的改道，只沟通了××与××间的联系
	起、终点前后一长度范围内的线形及连续、交叉方式是否存在不利交通安全的地形或环境条件	有	集镇化程度较高，起点前后交叉口较多，封闭难度较大
	路线所经地区有无不良地质现象	有	线路通过区主要为长江三角洲冲积、湖积平原地貌区，地势低洼平坦，河塘众多，河道纵横，分布有淤泥质亚黏土，路基稳定性不够，路堤容易沉降变形
	沿线城镇的分布现状和发展规划，对路线或联络线是否存在交通干扰和安全问题	较少	沿线城镇居民出行对主线交通干扰，且封闭难度较少
桥梁	桥址的工程地质是否存在不良地质问题	存在	分布有淤泥质亚黏土，地质条件较差
	桥梁及其引产的设计洪水频率是否符合规范规定	符合	按照百年一遇最高洪水位
	桥梁通航净空或桥下净宽是否影响桥下通行	否	跨河桥梁通航净空满足通航等级要求；跨线桥梁桥下净宽符合被交叉公路的等级要求
交叉	交叉口的分布间距和位置选择，是否适应当地交通需求和满足安全间距要求	满足	沿线交叉口相对较少
	平面交叉处的地形、线形和环境条件是否适应安全要求	是	交叉点前后各交叉公路的停车视距长度所构成的三角形范围内，能保证通视
	平面交通的小于45°时，是否采取了安全措施	无	
	平面交叉的最小间距是否考虑了交织长度、左转弯车道长度、视距以及识别距离等因素	是	减速车道长度为90m，加速车道长度为190m，转弯车道的最小分流长度为80m

二、速度一致性法

车辆在道路上的运行速度的变化反映了道路设计一致性程度，道路设计的一致性是道路设计安全性的重要组成部分。可以通过预测相邻路段的线形特征点（如直线起、终点，平曲线起、终点及曲中点，竖曲线变坡点等）的运行速度差值，并通过速度一致性评价标准确定存在安全隐患的道路设计。

1. 分析路段划分

根据曲线半径和纵坡坡度的大小将整条路段划分为直线段、纵坡段、平曲线段和弯坡组合段等若干个分析单元，每个单元的起、终点为预测运行速度线形特征点。其中，纵坡坡度小于3%的直线段和半径大于1 000m的大半径曲线自成一段；其余小半径曲线段和纵坡坡度大于3%、坡长大于300m的纵坡路段以及弯坡组合段，作为独立单元分别进行运行速度测算；当直线段位于两小半径曲线段之间，且长度小于临界值200m时，则该直线视为短直线，车辆在此路段上的运行速度保持不变。

2. 运行速度 v_{85} 的计算

根据《公路项目安全性评价指南》，在任选一个方向进行第一次的运行速度 v_{85} 测算时，首先要推算与设计路段衔接的相邻路段速度，作为本路段的初始运行速度 v_{85}，然后根据所划分的路段类型，按直线段、平曲线段和长大纵坡路段等分别进行运行速度 v_{85} 的测算。

(1)初始运行速度

一般可以通过调查点的现场观测或按表 15-3 估算各种设计速度对应的小客车和大货车的运行速度，作为预测路段的初始运行速度 v_0。

设计速度与运行速度 v_0 间的对应关系表　　表 15-3

设计速度(km/h)		60	80	100	120
初始运行速度 v_0	小客车	80	95	110	120
	大型货车	55	65	75	75

(2)直线段上的加速过程和稳定运行速度

在平直路段上，小客车和大货车在直线上都有一个期望行驶速度。当初始运行速度 v_0 小于期望运行速度时为加速过程，直至达到稳定的期望车速后匀速行驶。平直路段上车辆的加速过程，按式(15-8)和表 15-4 测算车辆在直线上的运行速度。

$$v_s = \sqrt{v_0^2 + 2a_0 s} \tag{15-8}$$

式中：v_s——直线段上的期望车速，m/s；

v_0——驶出曲线后的运行速度，m/s；

a_0——车辆的加速度，m/s^2；

s——直线段距离，m。

平直路段上期望运行速度和推荐加速度值见表 15-4。

平直路段上期望运行速度和推荐加速度值　　表 15-4

车　型	小 客 车	大 货 车
期望运行车速 v_e(km/h)	120	75
推荐加速度值 a_0(m/s^2)	0.15～0.50	0.20～0.25

(3)小半径曲线段的运行速度

对于平曲线半径小于 1 000m 的路段，分别对曲线中部和曲线出口处的运行速度进行预测。根据曲线入口速度 v_{in}、当前路段的曲线半径 R_{now} 和前接曲线的半径 R_{back}，预测曲线中部的速度 v_{middle}；然后根据曲线中部速度 v_{middle}、当前路段的曲线半径 R_{now} 和后续路段的曲线半径 R_{front}，预测曲线出口处的运行速度 v_{out}。

曲线中部速度 v_{middle} 和曲线出口处的运行速度 v_{out} 分别按表 15-5 中的速度预测模型进行计算。

平曲线上的速度预测模型　　表 15-5

曲线连接形式		平曲线模型
入口直线—曲线	小客车	$v_{middle} = -24.212 + 0.834v_{in} + 5.729\ln R_{now}$
	大货车	$v_{middle} = -9.432 + 0.963v_{in} + 1.522\ln R_{now}$
入口曲线—曲线	小客车	$v_{middle} = 1.277 + 0.924v_{in} + 6.19\ln R_{now} - 5.959\ln R_{back}$
	大货车	$v_{middle} = -24.472 + 0.990v_{in} + 3.629\ln R_{now}$

续上表

曲线连接形式		平曲线模型
出口曲线—直线	小客车	$v_{out} = -11.946 + 0.908v_{middle}$
	大货车	$v_{out} = 5.217 + 0.926v_{middle}$
出口曲线—曲线	小客车	$v_{out} = -11.299 + 0.936v_{middle} - 2.0601\ln R_{now} + 5.203\ln R_{front}$
	大货车	$v_{out} = 5.899 + 0.925v_{middle} - 1.0051\ln R_{now} + 0.329\ln R_{front}$

(4)纵坡路段的运行速度

当纵坡坡度大于3%、坡长大于300m时,按表15-6对小客车和大货车的运行速度v_{85}进行修正。

特殊纵坡下各种车型运行速度的修正 表15-6

纵坡坡度		速度调整值	
		小客车	大货车
上坡	坡度≤4%	降低5km/(h·1 000m)	速度修正按照图15-2
	坡度>4%	降低8km/(h·1 000m)	
下坡	坡度≤4%	增加10km/(h·500m)至期望运行速度	增加10km/(h·500m)至期望运行速度
	坡度>4%	增加10km/(h·500m)至期望运行速度	增加15km/(h·500m)至期望运行速度

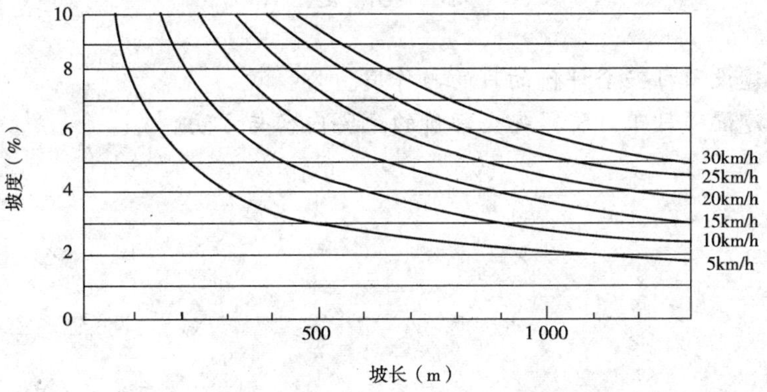

图15-2　速度折减量与坡长的关系曲线图

(5)弯坡组合路段的运行速度

根据划分路段曲线前的入口速度、曲线半径和纵坡坡度,按表15-7计算小客车和大货车在弯坡组合线形中点的运行速度v_{85}。

弯坡组合线形下的运行速度预测模型 表15-7

曲线连接形式		弯坡组合运行速度预测值
入口直线—曲线	小客车	$v_{middle} = -31.669 + 0.574v_{in} + 11.714\ln R_{now} + 0.176i_{now1}$
	大货车	$v_{middle} = 1.782 + 0.859v_{in} - 0.51i_{now1} + 1.196\ln R_{now}$
入口曲线—曲线	小客车	$v_{middle} = 0.750 + 0.802v_{in} + 2.717\ln R_{now} - 0.281i_{now1}$
	大货车	$v_{middle} = -1.798 + 0.248\ln R_{now} + 0.977v_{in} - 0.133i_{now1} + 0.23\ln R_{back}$

续上表

曲线连接形式		弯坡组合运行速度预测值
出口曲线—直线	小客车	$v_{out}=27.294+0.720v_{middle}-1.444i_{now2}$
	大货车	$v_{out}=13.490+0.797v_{middle}-0.697i_{now2}$
出口曲线—曲线	小客车	$v_{out}=1.819+0.839v_{middle}+1.427\ln R_{now}+0.782\ln R_{front}-0.48i_{now2}$
	大货车	$v_{out}=26.837+0.109\ln R_{front}-3.039\ln R_{now}-0.594i_{now2}+0.830v_{middle}$

注：①表中 $R\in[120,1\,000]\cup[2\%,6\%]$；

②v_{in}、v_{middle}、v_{out}分别为驶入曲线的速度、曲中或变坡点前的速度、驶出曲线的速度；

③R_{back}、R_{now}、R_{front}分别为驶入曲线前的半径、所在曲线的半径、前曲线的半径；

④i_{now1}、i_{now2}分别为曲线前后两段的不同坡度。

3. 评价标准

评价指标采用相邻路段运行速度的差值 Δv_{85}。

$|\Delta v_{85}|<10$km/h：运行速度协调性好。

$|\Delta v_{85}|=10\sim20$km/h：运行速度协调性较好。条件允许时宜适当调整相邻路段技术指标，使运行车速的差值小于或等于 10km/h。

$|\Delta v_{85}|>20$km/h：运行速度协调性不良，相邻路段需要重新调整平、纵面设计。

当同一路段设计速度和运行速度的差值大于 20km/h 时，应对该路段的相关技术指标进行安全性验算。

思 考 题

1. 了解公路建设项目安全评价的目的与作用。
2. 掌握公路建设项目工可阶段安全评价的主要内容与方法。

附录1　预可行性研究报告内容要求

1. 概　　述

1.1　编制依据

1.2　研究过程及内容

1.3　主要结论

2. 现状、发展及建设的必要性

2.1　研究区域概况

- 地理位置、区域特点、发展沿革
- 项目影响区域及划分

2.2　项目影响区域社会经济状况及发展

2.2.1　社会经济状况

- 社会发展概况(人口、国土面积、自然资源、区域优势等)
- 经济发展状况(经济水平、经济布局、经济结构、对外贸易等)

2.2.2　社会经济发展趋势

- 社会经济发展趋势分析
- 主要社会经济指标预测

2.3　项目影响区域交通运输现状及发展

2.3.1　交通运输现状

- 运输网
- 运输量发展水平及特点
- 公路运输的地位和作用

2.3.2　相关公路技术状况及存在问题

- 技术状况
- 交通量
- 适应程度

2.3.3　交通运输发展趋势

- 公路网
- 其他相关运输方式

2.4　建设的必要性

3. 交通分析及预测

3.1 公路交通调查与分析

3.1.1 调查综述

3.1.2 调查资料分析

3.2 其他运输方式相关线路的调查与分析

3.2.1 调查概述

3.2.2 资料分析

3.3 预测思路与方法

3.3.1 交通量预测的总体思路

3.3.2 交通量预测方法及步骤概述

3.4 交通量预测

3.4.1 特征年路网

3.4.2 交通生成

3.4.3 交通分布

3.4.4 诱增交通需求及其他运输方式转移量预测

3.4.5 交通分配

4. 技术条件、技术标准及初步方案

4.1 建设条件

4.1.1 地形、地质、水文等条件

4.1.2 筑路材料及运输条件

4.1.3 社会环境

4.1.4 拟建项目与其他交通衔接情况

4.2 工程环境影响

4.3 技术标准

4.4 建设方案

4.4.1 建设项目起讫点论证

4.4.2 方案主要控制因素及可能的路线方案

4.4.3 建设方案比较

4.4.4 推荐方案工程概况

4.4.5 建设项目实施意见

5. 投资估算及资金筹措

5.1 投资估算

5.2 资金筹措

6. 经 济 评 价

6.1 国民经济评价

6.1.1 参数选择与确定

6.1.2 费用调整

6.1.3 效益计算

6.1.4 评价指标及计算

6.1.5 敏感性分析

6.2 财务评价

6.2.1 资金构成及条件

6.2.2 养护、大修、管理费的测算

6.2.3 收费标准的确定及收费额的计算

6.2.4 评价指标及计算

6.2.5 敏感性分析

7. 问 题 建 议

7.1 存在的主要问题

7.2 建议

附表及附图

以下所述图表在正文篇和图表篇中有一部分可以重复引用。

(1)地理位置图

图符范围按路线影响区范围确定,比例尺为1:50万~1:200万(置于报告正文第一页)。

(2)工程部分

- 路线方案示意图(在1:5万地形图上示出路线平纵面方案)
- 主要技术经济指标表
- 路基标准横断面
- 主要工程数量估算表
- 投资估算表

(3)经济评价及交通量预测部分

- 项目影响区划分图
- ××省(市、地、县)主要社会经济指标表
- ××省(市、地、县)社会经济指标预测结果表
- 相关公路技术状况表
- 历年相关公路交通量表
- 项目影响区公路网状图
- 项目影响区 OD 布点图

- ××年(基年)项目影响区现状 OD 表
- ××年(基年)项目影响区汽车出行分布示意图
- ××年(未来各特征年)有、无拟建项目路网图
- ××年(未来各特征年)项目影响区距离 OD 表
- ××年(未来各特征年)路网节点图
- ××年(未来各特征年)项目影响 OD 图
- ××年(未来各特征年)分路段交通量预测结果表
- 国民经济评价中主要投入物影子价格调整表
- 国民经济评价中车辆运营成本及主要投入物影子价格测算表
- 国民经济效益汇总表
- 国民经济评价效益费用流量表(全部投资)
- 国民经济评价效益费用流量表(国内投资)
- 国民经济评价敏感性分析表
- 财务现金流量表(全部投资)
- 财务现金流量表(中方投资)
- 财务现金流量表(外方投资)
- 财务评价敏感性分析表

附录2　工程可行性研究报告内容要求

1. 概　　述

1.1　编制依据

1.2　研究过程及内容

1.3　主要结论

1.3.1　建设理由

1.3.2　交通量预测结果

1.3.3　技术标准

1.3.4　路线走向及主要控制点

1.3.5　工程环境影响

1.3.6　投资估算及资金筹措（含人工及主要材料数量）

1.3.7　工期安排及项目经济评价结果

1.3.8　节能分析结果

1.3.9　问题及建议

2. 现状及发展

2.1　研究区域概况

地理位置、区域特点、发展沿革、项目影响区域及划分。

2.2　项目影响区域社会经济状况及发展

2.2.1　社会经济状况（社会发展概况、经济发展状况）

2.2.2　社会经济发展趋势（社会经济发展趋势分析和主要社会经济指标预测）

2.3　项目影响区域交通运输现状及发展

2.3.1　交通运输现状

- 运输网
- 运输量发展水平及特点
- 公路运输的地位和作用

2.3.2　相关公路技术状况及存在问题

- 技术状况
- 交通量
- 适应程度

2.3.3　交通运输发展趋势

- 公路网规划及本项目在路网中的地位和作用

◆ 其他相关运输方式

3. 交通分析及预测

3.1 公路交通的回顾与评价

3.1.1 已有资料的回顾与评价

3.1.2 调查综述

3.1.3 调查资料的进一步分析

3.2 其他运输方式相关线路的调查与分析

3.2.1 调查概述

3.2.2 资料分析

3.3 预测思路与方法

3.3.1 交通量预测的总体思路

3.3.2 交通量预测方法及步骤概述

3.4 交通量预测

3.4.1 特征年路网

3.4.2 交通生成

3.4.3 交通分布

3.4.4 诱增交通需求及其他运输方式转移量预测

3.4.5 交通分配

4. 技术标准

4.1 技术依据

4.2 道路等级及设计车速

4.3 车道数确定

4.4 道路服务水平分析

4.5 技术标准

5. 备选方案的拟订

5.1 建设条件

5.1.1 地形、地质、水文等条件

5.1.2 筑路材料及运输条件

5.1.3 社会环境

5.1.4 拟建项目与其他交通衔接情况

5.2 备选方案

5.2.1 建设项目起讫点论证

◆ 建设项目前后衔接情况

◆ 与城市衔接的关系

5.2.2　建设项目与沿线主要城市的连接方案论证

- 连接城市的进出口规划
- 互通立交的位置和数量
- 连接道路的技术标准

5.2.3　控制方案主要因素

- 地形、地质、水文等因素
- 沿线重要城镇规划
- 其他因素

5.2.4　可能的替代方案

- 走向及控制点
- 标准规模
- 优缺点
- 值得进一步比较的备选方案

6. 工程环境影响分析

6.1　沿线环境特征

6.1.1　生态环境

6.1.2　社会环境

6.1.3　土地利用、类型及人均占有量

6.2　建设项目工程环境影响

6.2.1　对生态环境可能的影响

6.2.2　对社会环境可能的影响

6.2.3　对土地利用可能的影响

6.3　减缓工程环境影响的对策

6.3.1　路线方案的对策

6.3.2　借方和弃方及水土保护对策

6.3.3　绿化恢复植被对策

6.3.4　其他对策

7. 投资估算及资金筹措

7.1　投资估算

7.2　资金筹措

8. 经 济 评 价

8.1　国民经济评价

8.1.1　参数选择与确定

8.1.2　费用调整

8.1.3　效益计算

8.1.4　评价指标及计算

8.1.5　敏感性分析

8.2　财务评价

8.2.1　资金构成及条件

8.2.2　养护、大修、管理费的测算

8.2.3　收费标准的确定及收费额的计算

8.2.4　盈利能力分析

8.2.5　敏感性分析

8.2.6　清偿能力分析

8.2.7　外汇平衡分析

9. 节 能 评 价

9.1　燃油节约量的计算

9.2　节能分析

10. 综 合 选 定

10.1　建设方案选定

10.2　推荐方案起终点及主要控制点

10.3　推荐方案的规模、标准及主要技术经济指标

10.4　推荐方案工程概况

10.4.1　路基

10.4.2　路面

10.4.3　桥涵、隧道

10.4.4　交叉工程及沿线设施

10.4.5　交通工程

11. 实 施 方 案

11.1　实施方案

11.2　建设工期安排与实施计划

12. 问 题 建 议

附表及附图

以下所述图表在正文篇和图表篇中有一部分可以重复引用。

(1)地理位置图
图符范围按路线影响区范围确定,比例尺为1:50万~1:20万(置于报告正文第一页)。
(2)工程部分
- 路线平纵面缩图
- 路线方案比较表及路线方案比较图
- 路线起终点及主要控制点布置图
- 主要技术经济指标表
- 路基标准横断面
- 土石方数量估算表
- 不良地质地段表
- 路面结构方案图
- 路面工程量估算表
- 桥涵工程量估算表
- 典型大桥桥型布置表
- 隧道方案图比较图
- 隧道工程量估算表
- 路线交叉表
- 典型互通立体交叉方案图
- 防护工程估算表
- 占用土地估算表
- 筑路材料料场调查表
- 筑路材料运距示意图
- 投资估算表
- 其他备选方案主要工程数量和投资估算表

(3)经济评价及交通量预测部分
- 项目影响区划分图
- ××省(市、地、县)社会经济发展状况表
- ××省(市、地、县)社会经济发展主要指标预测结果表
- 项目影响区交通运输现状表
- 相关公路技术状况表
- 相关公路历年交通量表
- 项目影响区公路网状图
- 项目影响区OD布点图
- ××年(基年)项目影响区现状OD表
- ××年(基年)项目影响区汽车出行分布路线图
- ××年(未来各特征年)有、无拟建项目路网图
- ××年(未来各特征年)项目影响区距离OD表
- ××年(未来各特征年)路网节点图
- ××年(未来各特征年)项目影响OD图
- ××年(未来各特征年)交通量及互通立交匝道交通量预测结果示意图

- 国民经济评价中主要投入物影子价格调整表
- 国民经济评价中车辆运营成本及主要投入物影子价格测算表
- 国民经济评价计算表
- 国民经济评价效益费用流量表(全部投资)
- 国民经济评价效益费用流量表(国内投资)
- 国民经济评价敏感性分析表
- 贷款偿还能力分析表
- 资产负债表
- 损益表
- 资金来源与使用表

参考文献

[1] 中华人民共和国交通部. JTG B01—2003 公路工程技术标准[S]. 北京:人民交通出版社,2004.

[2] 中华人民共和国交通部. JTG D20—2006 公路路线设计规范[S]. 北京:人民交通出版社,2006.

[3] 中华人民共和国交通部. JTG D60—2004 公路桥涵设计通用规范[S]. 北京:人民交通出版社,2004.

[4] 中华人民共和国交通部. JTG B03—2006 公路建设项目环境影响评价规范[S]. 北京:人民交通出版社,2006.

[5] 公路建设项目可行性研究报告编制办法[M]. 2010.

[6] 中华人民共和国交通部. JTG/T B05—2004 公路项目安全性评价指南[S]. 北京:人民交通出版社,2004.

[7] 交通建设项目可行性研究报告编制办法汇编(公路、港口、航道)[M]. 2010.

[8] 交通部公路规划设计院. 公路建设项目可行性研究指南[M]. 吉林:吉林科学出版社,1991.

[9] 国家质量技术监督局. GB 5768—1999 道路交通标志和标线[S]. 北京:中国标准出版社,1994.

[10] 国家计划委员会,建设部. 建设项目经济评价方法与参数[M]. 3 版. 北京:中国计划出版社,2006.

[11] 王炜,过秀成. 交通工程学[M]. 南京:东南大学出版社,2000.

[12] 杨涛. 公路网规划[M]. 北京:人民交通出版社,1998.

[13] 黄晓明. 路面设计原理[M]. 北京:人民交通出版社,2000.

[14] 刘运哲,何显慈. 公路运输项目可行性研究[M]. 北京:人民交通出版社,1998.

[15] 杨兆升. 交通运输系统规划——有关理论方法研究[M]. 北京:人民交通出版社,1998.

[16] 李旭宏. 道路交通规划[M]. 南京:东南大学出版社,1992.

[17] 张雨化. 道路勘察设计[M]. 北京:人民交通出版社,2001.

[18] 孙家驷,等. 公路勘测设计[M]. 重庆:重庆大学出版社,1995.

[19] 吴国雄,等. 公路平面线形曲线型设计方法[M]. 北京:人民交通出版社,2000.

[20] 沈其明,刘燕. 公路工程造价编制与管理[M]. 北京:人民交通出版社,2002.

[21] 江苏省交通厅,上海市市政工程管理局,日本国际协力事业团. 沪宁高速公路工程可行性研究报告[R]. 1987.

[22] 空间运输联系——理论研究、实证分析、预测方法[M]. 北京:中国铁道出版社,1992.

[23] 林晓言,许晓峰,任立. 建设项目经济社会评价[M]. 北京:中华工商联合出版社,2000.

[24] 张玉芬. 道路交通环境工程[M]. 北京:人民交通出版社,2001.

[25] 王建军,严宝杰. 交通调查与分析. 第 2 版. 北京:人民交通出版社,2004.

[26] 周伟,王选仓. 道路经济与管理[M]. 北京:人民交通出版社,1998.

[27] 张雨化.道路勘测设计[M].北京:人民交通出版社,1999.
[28] 周志言,鲍香台,李建梅.公路建设项目后评价[M].北京:航空工业出版社,1999.
[29] 王炜,邓卫,杨琪.公路网规划建设与管理方法[M].北京:科学出版社,2001.
[30] 中国国际工程咨询公司.投资项目可行性研究报告编写范例[M].北京:中国电力出版社,2003.
[31] 王殿海.交通流理论[M].北京:人民交通出版社,2002.
[32] 盛玉刚.区域运输走廊布局规划研究[D].南京:东南大学交通学院,2002.
[33] 江苏省交通科学研究院,江苏省百通交通工程咨询有限公司.国道312沪宁段拓宽改造预可行性研究报告[R].2002.
[34] 中交第二公路勘察设计研究院.江苏省省道主干线南京至启东公路南通(九华)至海门段工程可行性研究报告[R].2000.
[35] 中交第二公路勘察设计研究院.沪宁高速公路(江苏段)扩建工程预可行性研究报告[R].2002.
[36] 江苏省交通规划设计院.苏州绕城公路东北段及至太仓港区公路工程可行性研究报告[R].2002.
[37] 江苏省交通规划设计院.宁沪公路江苏段工程可行性研究报告[R].1987.
[38] 江苏省交通规划设计院,中交公路规划设计院.南京长江第三大桥工程可行性研究报告[R].2000.
[39] 付建广,等.高速公路沿线服务区布局规划研究[J].中国公路学报,2001,14(增刊).
[40] 刘丽君.浅谈投资估算与概(预)算的编制[EB].http://www.zjbew.com,2006.
[41] 中华人民共和国交通运输部.JTG M20—2011 公路工程基本建设项目投资估算编制办法[S].北京:人民交通出版社,2011.
[42] 中华人民共和国交通运输部.JTG/T M21—2011 公路工程估算指标[S].北京:人民交通出版社,2011.
[43] http://www.bblq.com/glql/jsgl/lhgc/200501/1047.html.
[44] http://www.kyzjgzk.com/lilun/kxxyj.htm.